W0212557

© SUSAETA EDICIONES, S.A.
C/ Campezo, s/n - 28022 Madrid
Tel.: 913 009 100 - Fax: 913 009 118
Impreso en España
No está permitida la reproducción del contenido
de este libro, ni su tratamiento informático.

365 Menús
uno para cada día

susaeta ediciones sa

365 Menús

uno para cada día

susaeta ediciones s.a.

Enero

1 de Enero

El menú de cada día

Potaje andaluz

Caldereta de cordero
(pág. 31)

Peras al vino tinto
(pág. 25)

Ingredientes para 6 personas:

* 250 g de arroz
* 3 cebollas
* 1 kg de tomates maduros
* 2 dientes de ajo
* 2 l de caldo de carne
* 1 pimentón morrón
* harina
* perejil
* pimienta en grano
* aceite
* sal

POTAJE ANDALUZ

Tiempo de preparación: 1 hora y 40 minutos
Dificultad: media

Preparación:

1. En una sartén con aceite al fuego, freír las cebollas cortadas en aros, añadir los tomates pelados y picados y dejar sofreír. Echar una pizca de sal.
2. Añadir una cucharada de harina para que se tueste y agregar el caldo.
3. Machacar en el mortero los ajos previamente pelados, el perejil y la pimienta.
4. Añadir el majado a la sartén, sazonar y dejar cocer a fuego lento durante 35 minutos.
5. Pasar el caldo por el chino y agregarlo a una cazuela puesta al fuego y, cuando rompa a hervir, añadir el arroz y el pimiento cortado en tiras.
6. Dejar cocer 25 minutos más y servir.

2 de Enero

El menú de cada día

Pote a la asturiana
(pág. 47)

Churrasco de ternera
(pág. 53)

Bizcocho de nueces

Ingredientes para 6 personas:

* 4 huevos
* 200 g de harina
* 2 cucharaditas de levadura
* 100 g de nueces picadas
* ralladura de limón
* 125 g de mantequilla
* 200 g de azúcar

BIZCOCHO DE NUECES

Tiempo de preparación: 45 minutos
Dificultad: media

Preparación:

1. En un bol, mezclar los huevos, el azúcar y la ralladura de limón trabajando con las varillas.
2. Batir hasta que esté espumoso y añadir la mantequilla derretida.
3. Después, incorporar la harina mezclada con la levadura, poco a poco, sin amasar demasiado.
4. Untar con mantequilla un molde redondo de 24 cm de diámetro y verter en él la mitad del preparado.
5. Esparcir las nueces picadas por encima y, sobre éstas, el resto del preparado, cubriéndolas.
6. Precalentar el horno a 170 °C, colocar la masa del bizcocho y dejar cocer unos 30 minutos.
7. Comprobar el punto de cocción, retirar del horno y dejar enfriar.

3 de Enero

El menú de cada día

Pisto montañés
(pág. 58)

Rabo de toro estofado

Rosquillas caseras
(pág. 64)

Ingredientes para 6 personas:

* 2 kg de rabo de toro
* 6 cebollas
* 3 zanahorias
* 4 dientes de ajo
* 2 puerros
* tomillo
* perejil
* 1 hoja de laurel
* pimienta molida
* nuez moscada
* 1 clavo
* 1 vaso de vino blanco
* 1 vaso de vino tinto
* caldo
* 2 cucharadas de vinagre
* aceite
* sal

RABO DE TORO ESTOFADO

Tiempo de preparación: 1 hora y 25 minutos
Dificultad: baja

Preparación:

1. Trocear el rabo de toro.
2. Pelar y triturar las cebollas, las zanahorias y los dientes de ajo.
3. Atar los puerros, el perejil, el tomillo y la hoja de laurel.
4. En una cazuela de barro con aceite caliente, rehogar los trozos de rabo, las verduras, las hierbas, pimienta molida, sal, nuez moscada y el clavo.
5. Mezclar bien los ingredientes durante unos minutos, rociando con el vino, el vinagre y caldo hasta cubrir.
6. Dejar la cazuela sobre fuego lento hasta que el rabo esté tierno. Rectificar de sal.
7. Disponerlo en una fuente para servir y recubrirlo con la salsa y los ingredientes cuidadosamente pasados por el chino.

4 de Enero

El menú de cada día

Patatas viudas
(pág. 67)

Hígado con cebolla
(pág. 82)

Buñuelos de calabaza

Ingredientes para 4 personas:

* 1 calabaza de 1 1/2 kg
* 300 g de harina
* 200 g de carne de cerdo picada
* 1 huevo
* 50 g de queso rallado
* 25 g de mantequilla
* 500 g de tomates maduros
* 1 zanahoria
* 1 cebolleta
* 1 rama de apio
* sal
* pimienta

BUÑUELOS DE CALABAZA

Tiempo de preparación: 1 hora y 10 minutos
Dificultad: media

Preparación:

1. Quitar la corteza y las semillas a la calabaza, cortar en trozos grandes y hervir en abundante agua y sal, tapado. Comprobar el punto de cocción. Cuando esté en su punto, sacar y escurrir.
2. Comprobar que no quede nada de la parte dura y pasarla por el pasapurés; dejar enfriar.
3. En un bol, trabajar el puré de calabaza con una pizca de sal, la mantequilla y el huevo batido; echarle la harina poco a poco. Cuando esté todo amalgamado, dejar reposar.
4. Mientras, preparar la salsa en una cazuela: con un poco de aceite, rehogar la cebolleta cortada fina, añadir la zanahoria picada y la rama de apio cortada pequeña, dejar dorar un poco y añadir la carne picada de cerdo. Cuando se haya sofrito un poco, agregar los tomates rallados, dejar cocer lentamente; si queda demasiado seco, añadir un poco de caldo o agua caliente. Salpimentar.
5. Poner una olla al fuego con agua. Cuando hierva, echar cucharadas del preparado de calabaza. Darle la vuelta, sacar con la espumadera e ir echando en una fuente honda. Cuando estén todos, echar encima la salsa preparada de cebolla y zanahoria.
6. Espolvorear con el queso rallado, removiendo cuidadosamente para que no se rompan los buñuelos.
7. Servir muy caliente.

5 de Enero

El menú de cada día

Escudella i carn d'olla (Cocido catalán)
(pág. 214)

Bocartes al ajillo
(pág. 202)

Merengues dobles

Ingredientes para 4 personas:

* 6 huevos
* 200 g de azúcar
* 1 limón

MERENGUES DOBLES

Tiempo de preparación: 40 minutos
Dificultad: media

Preparación:

1. Separar las claras de los huevos y batirlas a punto de nieve con el azúcar y una raspadura de limón.
2. En una fuente para hornear, disponer papel blanco de pastelería.
3. Cuando las claras estén bien batidas y absorbido el azúcar y la raspadura de limón, disponer con una cuchara unos pequeños montículos sobre el papel blanco. Espolvorearlos con azúcar.
4. Encender el horno y dejarlo flojo.
5. Introducir los merengues en el horno y, cuando estén un poco doraditos, sacarlos y dejarlos enfriar.
6. Retirarlos con mucho cuidado de los papeles para que no se estropeen, disponerlos en una fuente y servirlos fríos.

6 de Enero

El menú de cada día

Boniatos a la mallorquina

Maganos santanderinos (Calamares)
(pág. 212)

Huesos de santo
(pág. 204)

Ingredientes para 4 personas:

* 1 kg de boniatos
* 250 g de miel
* aceite para freír

BONIATOS A LA MALLORQUINA

Tiempo de preparación: 40 minutos
Dificultad: baja

Preparación:

1. Pelar los boniatos, cortarlos en rodajas anchas de 1/2 centímetro.
2. Freírlos poco a poco, a fuego suave en aceite abundante, para que queden bien cocidos.
3. Retirarlos cuando estén dorados y ponerlos sobre un papel absorbente para que se empape del aceite que sueltan las rodajas.
4. Colocarlos en una bandeja con servilleta y untar por encima con la miel.

7 de Enero

El menú de cada día

Potaje de lentejas con tropezones de cerdo

Lomo de ternera al vino (pág. 194)

Marañuelas (pág. 192)

POTAJE DE LENTEJAS CON TROPEZONES DE CERDO

Tiempo de preparación: 1 hora y 30 minutos
Dificultad: media

Ingredientes para 6 personas:

* 1 kg de lentejas
* 1 chorizo
* 1 tomate
* 1/2 pimiento rojo
* 2 ajos
* 1/2 kg de patatas
* 1/2 cebolla
* un trozo de panceta
* un trozo de tocino con veta
* una ramita de perejil
* aceite
* agua
* sal

Preparación:

1. Dejar las lentejas en remojo durante 12 horas (es preferible dejarlas toda la noche en remojo).
2. En una olla con agua y sal, agregar las lentejas, la panceta, el tocino, el chorizo, el tomate, el pimiento rojo, los ajos, el perejil, la cebolla y un chorrito de aceite.
3. Dejar cocer a fuego lento. Sazonar.
4. Agregar las patatas a la olla y dejarlas cocer durante 20 minutos.
5. Retirar la olla del fuego y servir caliente.

8 de Enero

El menú de cada día

Migas clásicas (pág. 184)

Atún a la asturiana (pág. 174)

Boronitas

BORONITAS

Tiempo de preparación: 25 minutos
Dificultad: baja

Ingredientes para 4 personas:

* 1/2 l de leche
* 200 g de harina de maíz
* 100 g de azúcar
* 5 cucharadas de mantequilla
* azúcar vainillada
* aceite

Preparación:

1. En un recipiente hondo, desleír la harina de maíz con la leche fría.
2. Verter la leche poco a poco.
3. Añadir la mantequilla y el azúcar vainillada.
4. Disponer la mezcla en una cazuela y ésta a fuego normal.
5. Cuando empiece el primer hervor, remover suavemente.
6. Cuando la mezcla esté bien espesa, volcarla sobre un mármol y dejar enfriar.
7. Cortar la masa en cuadraditos.
8. En una sartén con aceite caliente, freír las boronitas hasta que queden doradas; disponerlas en una fuente.
9. Espolvorearlos con azúcar.

9 de Enero

El menú de cada día

Cordero con verduras
(pág. 179)

Berenjenas rellenas

Pan de higos
(pág. 178)

Ingredientes para 4 personas:

* 4 berenjenas pequeñas
* 1 cebolla
* 1 huevo
* 1 lata de anchoas de 100 g
* 4 cucharadas de salsa de tomate
* 150 g de salsa bechamel
* sal
* pimienta
* 1 dl de aceite de oliva

BERENJENAS RELLENAS

Tiempo de preparación: 50 minutos
Dificultad: media

Preparación:

1. Lavar las berenjenas y cortarlas por la mitad a lo largo, sin pelar. Vaciarlas cuidadosamente con una cucharita especial, procurando no romper la piel para que queden como unas barquitas.
2. En un cazo de fondo grueso con un poco de aceite, rehogar la pulpa de las berenjenas juntamente con la cebolla cortadas a trozos. Dejar que se vaya ablandando poco a poco con el cazo tapado, removiendo.
3. Cuando estén en su punto, incorporar la salsa de tomate y las anchoas; mezclar cuidadosamente y aplastar con un tenedor hasta que la salsa quede bien unida.
4. Separar la clara y la yema del huevo, batir a punto de nieve la clara, y mezclarla con la salsa bechamel; después, añadir la yema.
5. Rellenar las berenjenas con la preparación, colocarlas en una bandeja de horno un poco engrasada, y cubrir con la salsa bechamel. Precalentar el horno con el grill encendido y gratinar lentamente.

10 de Enero

El menú de cada día

Cachelada gallega

Molls a la catalana
(Salmonetes)
(pág. 168)

Compota ribereña
(pág. 12)

Ingredientes para 4 personas:

* 1 pulpo de 1 kg
* 1 kg de patatas
* 3 dientes de ajo
* 1 pimiento rojo asado y cortado
* 1 cebolla grande
* 500 g de tomates maduros
* 3 cucharadas de harina
* aceite, laurel, perejil y sal

CACHELADA GALLEGA

Tiempo de preparación: 1 hora y 10 minutos
Dificultad: baja

Preparación:

1. Hervir el pulpo en agua salada con el laurel y media cebolla (escaldándolo previamente tres veces), hasta que resulte tierno.
2. Reservar el agua de cocción.
3. Una vez cocido, escurrir, pelarlo y cortarlo en trozos.
4. Pelar las patatas, trocearlas y dorarlas en aceite.
5. En una cazuela con aceite, sofreír el resto de la cebolla, el tomate y los ajos machacados. Agregar una hoja de laurel y mezclar con las tres cucharadas de harina.
6. Echar la mitad del agua de la cocción del pulpo y dejar hervir por espacio de unos diez minutos.
7. Retirar y pasar por el chino.
8. Rectificar de sal.
9. En una cazuela de barro, poner el pulpo, las patatas y la salsa.
10. Ponerlo todo a fuego vivo durante 4 minutos.
11. Servir adornado con las tiras de pimiento y perejil picado.

11 de Enero

El menú de cada día

Garbanzos con chorizo
(pág. 196)

Tordos de Tudela
(pág. 37)

Mantecadas de Astorga

Ingredientes para 4 personas:

* 1/2 kg de harina
* 1/2 kg de azúcar
* 1/2 kg de manteca
* 12 huevos
* 1/2 cucharada de canela en polvo

MANTECADAS DE ASTORGA

Tiempo de preparación: 40 minutos
Dificultad: media

Preparación:

1. En un recipiente hondo y amplio, disponer la manteca batida y derretida cerca de la lumbre, el azúcar y batir continuamente hasta mezclar bien.
2. Añadir la docena de huevos y, cuando la masa esté bien batida, agregar la harina y la medida de canela en polvo.
3. Cuando todos los ingredientes estén bien mezclados y amasados, sin formar grumos, dejar reposar la masa unos instantes.
4. Mientras, disponer en una fuente para horno, unos moldes de papel engrasado con forma cuadrada y rellenarlos con unas cucharadas de la masa anterior.
5. Introducir la fuente en horno regular o templado y dejar cocer las mantecadas unos diez minutos.
6. Dejarlas enfriar, retirar los papeles con cuidado para que no se partan y disponerlas en una fuente plana de cristal para postre.
7. Pueden también espolvorearse con un poco de canela en polvo.
8. Guardadas en unas cajas de metal puede durar su conservación unos cuantos días.

12 de Enero

El menú de cada día

Huevos al plato

Callos a la asturiana
(pág. 180)

Plàtans a la catalana
(Plátanos)
(pág. 181)

Ingredientes para 4 personas:

* 8 huevos
* 3 dientes de ajo
* 1 rebanada de pan
* almendras crudas, azafrán, canela en polvo, aceite, agua y sal

HUEVOS AL PLATO

Tiempo de preparación: 25 minutos
Dificultad: baja

Preparación:

1. Dar un hervor a las almendras, dejarlas enfriar y pelarlas.
2. En una sartén al fuego con un poco de aceite, freír los ajos pelados y enteros, las almendras y el pan.
3. Retirar el frito y machacarlo en un mortero, añadiendo unas hebras de azafrán y un poco de canela en polvo.
4. Añadir un poco de aceite en el majado, un poco de agua y sal.
5. Repartir la picada en cuatro cazuelitas individuales, cascar dos huevos en cada una, procurando que no se rompan las yemas.
6. Introducir las cazuelitas en el horno caliente hasta que la clara quede cuajada, sazonar y servir.

13 de Enero

El menú de cada día

Caldereta mallorquina

Mero con mejillones

(pág. 192)

Arroz con leche

(pág. 189)

CALDERETA MALLORQUINA

Tiempo de preparación: 1 hora
Dificultad: alta

Ingredientes para 6 personas:

* 1/2 kg cabeza de rape
* 200 g de gambas
* 1 sardina fresca
* 1 anchoa salada
* 1 pescadilla de 200 g
* 30 g de jamón
* 30 g de sobrasada
* 50 g de almendras
* 25 g de piñones
* 1/2 kg de tomates
* 2 cebollas
* 1/2 dl de coñac
* 1/2 dl de jerez
* rebanadas de pan
* aceite
* sal
* pimienta

Preparación:

1. Preparar un caldo de pescado; sofreír las gambas en un cazo.
2. Cuando se hayan rehogado bien, retirar y pelar.
3. En el mismo aceite, sofreír las cebollas cortadas finas. Cuando empiece a tomar color, añadir 200 gramos de tomates, bien lavados y cortados en trozos pequeños, agregar las cabezas de las gambas y las pieles, dorar un poco y poner la cabeza de rape, cortada en trozos. Cocer un poco todos los ingredientes.
4. Mojar con 2 1/2 litros de agua caliente, salpimentar y hervir; dejar cocer unos treinta minutos. Cuando esté listo, colar y reservar.
5. Aparte, en una cazuela de barro, sofreír un poco de cebolla picada, añadir el jamón cortado pequeño y la sobrasada también, luego el resto de los tomates, aromatizar con el coñac y el jerez. Dejar evaporar un poco.
6. Freír la sardina y la pescadilla; quitar las espinas.
7. En el mortero, picar las almendras y los piñones. Añadir la sardina y la pescadilla desmenuzadas, y la anchoa (desalada).
8. Cuando esté bien majado, verter en la cazuela de barro y remover.
9. Cuando esté bien mezclado, verter todo este preparado en el cazo donde tenemos el caldo de pescado y dejar cocer unos quince minutos.
10. Servir en sopera bien caliente, y, en bandeja aparte, las rebanadas de pan tostado.

14 de Enero

El menú de cada día

Guiso de patatas

(pág. 187)

Magras a la maña

(pág. 185)

Compota ribereña

COMPOTA RIBEREÑA

Tiempo de preparación: 1 hora
Dificultad: baja

Preparación:

1. Pelar y trocear las frutas a un tamaño parecido.
2. En un puchero de barro con el vino tinto y 4 cucharadas de azúcar, poner la fruta. Cuando empiece a hervir, rebajar el fuego y dejar cocer hasta que la fruta esté tierna.
3. Retirar los pedazos de fruta, añadir azúcar, al gusto de cada uno, y agua si se considera que el caldo está demasiado fuerte.
4. Cuando vuelva a hervir, añadir la fruta y la rama de canela, y mantener hasta que las frutas estén casi deshechas.
5. Retirar del fuego y dejar enfriar.
6. Servir bien frío.

Ingredientes para 6 personas:

* 4 melocotones grandes
* 2 manzanas grandes
* 5 peras maduras
* 1 rama de canela
* 1 l de vino tinto afrutado
* azúcar

15 de Enero

El menú de cada día

Sopa burgalesa
(pág. 32)

Anguila adobada

Confitura de calabaza
(pág. 170)

Ingredientes para 4 personas:

* 2 anguilas medianas
* 3 dientes de ajo
* 2 huevos
* pimienta
* 1 l de vino blanco
* pan rallado
* aceite
* sal

ANGUILA ADOBADA

Tiempo de preparación:
1 hora y 30 minutos
Dificultad: media

Preparación:

1. Despellejar, limpiar y trocear las anguilas y ponerlas a macerar durante unas 3 horas con los dientes de ajo pelados y triturados y sal.
2. En una cazuela con el vino y la misma cantidad de agua, poner a cocer el pescado y mantenerlo durante 30 minutos, aproximadamente.
3. Retirar, escurrir, dejar enfriar y espolvorear con pimienta el pescado.
4. Batir los huevos crudos en un plato hondo y, en otro, poner el pan rallado.
5. Rebozar los trozos de anguila, pasándolos primero por el huevo batido y, seguidamente, por el pan rallado. Asarlos por los dos lados en una parrilla o plancha durante unos minutos.
6. Evitar que el pan rallado se queme y servir enseguida caliente.

16 de Enero

El menú de cada día

Calabacines a la marinera

Merluza a la baturrica
(pág. 175)

Tarta de queso fresco con salsa de arándanos
(pág. 34)

Ingredientes para 4 personas:

* 4 calabacines del mismo tamaño
* 250 g de pescado blanco
* 250 g de setas de primavera
* 1 huevo
* 500 g de cebollas
* 100 g de zanahorias
* 0,5 dl de aceite de oliva
* un poco de caldo
* 0,2 dl de vermut blanco
* 25 g de pan rallado
* nuez moscada, sal y pimienta

CALABACINES A LA MARINERA

Tiempo de preparación: 40 minutos
Dificultad: media

Preparación:

1. Lavar, pelar y abrir los calabacines en sentido longitudinal (guardar las pieles). Sacar la pulpa y las semillas, sazonar con sal y pimienta.
2. En un cazo rehogar la mitad de la cebolla, picada fina. Cortar pequeñas la pulpa y las semillas y añadir a la cebolla, agregar las setas desmenuzadas y el pescado troceado.
3. Sazonar y poner un poco de nuez moscada, por último incorporar el pan rallado y el huevo batido.
4. Hecha la masa, rellenar con ellas las mitades de calabacín y colocarlas en una bandeja refractaria.
5. Introducir en el horno precalentado a 150 °C unos 10 minutos.
Salsa:
6. Poner aceite en un cazo y rehogar el resto de la cebolla y zanahoria. Cuando esté dorada la cebolla, agregar las peladuras de los calabacines, picadas.
7. Rehogar unos minutos, verter el vermut y un poço de caldo, evaporar.
8. Pasar la salsa por la batidora eléctrica, dejar fina, sazonar y dejar cocer unos minutos. Verter por encima de los calabacines y dejar 10 minutos más al horno.
9. Servir caliente.

17 de Enero

El menú de cada día

Potaje navarro
(pág. 15)

Conejo al vino
(pág. 16)

Roscas de almendras y avellanas

Ingredientes para 4 personas:

* 100 g de almendras tostadas
* 100 g de avellanas tostadas
* 100 g de azúcar
* 4 huevos
* harina
* aceite

ROSCAS DE ALMENDRAS Y AVELLANAS

Tiempo de preparación: 45 minutos
Dificultad: baja

Preparación:

1. Machacar en un mortero las almendras y avellanas sin la piel.
2. En un recipiente, mezclar la pasta de frutos secos, el azúcar y las 4 yemas de huevo.
3. Espolvorear la tabla de trabajo con harina y poner en ella la mezcla. Amasar un buen rato.
4. Formar unas rosquillas, disponerlas en unas placas pasteleras untadas con aceite y cocerlas en horno no muy caliente.

18 de Enero

El menú de cada día

Sopa de espinacas
(pág. 18)

Albóndigas a la bilbaína

Freixós de calabaza
(pág. 20)

Ingredientes para 4 personas:

* 250 g de carne de cerdo
* 250 g de carne de ternera
* 50 g de miga de pan
* 2 huevos
* 2 dientes de ajo
* aceite, harina, perejil, sal, pimienta y leche

Salsa

* 100 g de cebollas
* 30 g de manteca de cerdo
* 1,25 dl de vino blanco seco
* 40 g de salsa de tomate
* 1 zanahoria
* 2,5 dl de caldo de carne
* sal, pimienta y harina

ALBÓNDIGAS A LA BILBAÍNA

Tiempo de preparación: 1 hora
Dificultad: media

Preparación:

1. Picar las carnes de cerdo y de ternera.
2. En un bol grande, mezclar la miga de pan mojada con leche, las carnes picadas, añadir los dientes de ajo y el perejil finamente picados, los huevos batidos.
3. Condimentar con sal y pimienta.
4. Trabajar hasta conseguir una masa bien amalgamada.
5. Moldear las albóndigas y pasarlas por harina.
6. Poner aceite en una sartén y, cuando esté caliente, freír las albóndigas lentamente hasta que estén bien doradas.
7. Poner las albóndigas en una cacerola y cubrirlas con la salsa que prepararemos pasada por el chino.
8. Dejar cocer lentamente unos cuarenta minutos.

Salsa:

9. En un cazo, derretir la manteca de cerdo, freír las cebollas y la zanahoria cortadas finas.
10. Agregar la harina y un poco de caldo, la salsa de tomate y el vaso de vino, aromatizar con la pimienta, sazonar, dejar cocer lentamente unos treinta minutos.

19 de Enero

El menú de cada día

Potaje navarro

Chuletas de cordero a la navarra *(pág. 83)*

Torta de chicharrones *(pág. 90)*

Ingredientes para 4 personas:

* 300 g de tocino
* 4 salchichas
* 1 hueso de jamón
* 1/4 kg de habas tiernas peladas
* 1/4 kg de guisantes tiernos pelados
* 1/4 kg de alubias verdes
* 1/4 kg de berza
* 1/2 kg de patatas
* sal

POTAJE NAVARRO

Tiempo de preparación: 1 hora y 35 minutos
Dificultad: baja

Preparación:

1. Pelar las patatas y cortarlas en dados pequeños, trocear las alubias y picar finamente la berza.
2. En un puchero de barro hondo con agua hirviendo y sal, poner a cocer las habas, los guisantes y la berza.
3. A media cocción añadir las alubias, las patatas, el tocino, el hueso de jamón y las salchichas.
4. Dejar el puchero hasta que todo esté cocido y el potaje algo caldoso.

20 de Enero

El menú de cada día

Habas con jamón *(pág. 125)*

Riñones al jerez *(pág. 112)*

Crema catalana

Ingredientes para 4 - 5 personas:

* 1/2 l de leche
* 4 yemas de huevo
* 125 g de azúcar
* 20 g de almidón en flor
* canela en rama
* la piel de un limón
* 40 g de azúcar para quemar la crema

CREMA CATALANA

Tiempo de preparación: 30 minutos
Dificultad: media

Preparación:

1. Lavar y cepillar un limón. Pelar cortando lo amarillo. Reservar un poco de leche fría y deshacer en ella el almidón. Poner el resto de leche en un cazo al fuego con la piel de limón y la canela en rama; dejarla hasta que rompa a hervir y retirar del fuego.
2. En otro cazo, mezclar las yemas de los huevos con el azúcar, trabajarlo hasta que forme una masa suave y esponjosa. Verter encima de esta preparación la leche, removiendo con un batidor de mano; añadir el almidón pasado por un colador fino. Poner el cazo al fuego, removiendo sin parar hasta que espese pero procurando que no llegue a hervir. Cuando haya espesado un poco, sacar del fuego y remover todavía unos momentos con el batidor para evitar que se corte.
3. Verter en una fuente de servir o en platos individuales.
4. Dejar enfriar a temperatura ambiente. Cuando esté totalmente fría, y en el momento de servir, espolvorear con el azúcar y quemar con la pala especial que habremos puesto a calentar al rojo vivo, formando de esta manera una fina capa de caramelo.

21 de Enero

El menú de cada día

Pipirrana
(pág. 133)

Conejo al vino

Sobaos pasiegos
(pág. 135)

Ingredientes para 4 personas:

* 1 conejo de 1 1/2 kg, aproximadamente
* 1 hoja de laurel
* 1 vaso de vino blanco
* 1/2 cucharada de pimentón
* tomillo
* aceite
* manteca de cerdo
* harina
* sal
* pimienta molida

CONEJO AL VINO

Tiempo de preparación: 50 minutos
Dificultad: media

Preparación:

1. Cortar en trozos regulares el conejo, una vez limpio.
2. En una sartén con una cucharada de manteca y aceite bien caliente, rehogar los pedazos de conejo. Sin dejar que se doren, retirarlos y disponerlos en una cazuela de barro plana.
3. En la grasa sobrante de rehogar los trozos de conejo, dorar una cucharada de harina y rociar inmediatamente con un vaso de vino blanco y otro de caldo o de agua.
4. Remover continuamente y dejar que la salsa dé unos cuantos hervores.
5. Pasar la salsa por el tamiz y rociar los pedazos de conejo.
6. Añadir al guiso el pimentón, laurel, tomillo y dejar a fuego lento hasta que el conejo esté bien tierno y la salsa muy reducida.
7. Antes de servir, retirar el laurel y el tomillo.

22 de Enero

El menú de cada día

Apios a la crema de roquefort

Estofado de congrio
(pág. 157)

Confitura de higos
(pág. 173)

Ingredientes para 4 personas:

* 800 g de tallos de apio
* zumo de 2 limones
* sal

Salsa

100 g de queso roquefort
* 0,5 dl de crema de leche
* 50 g de mantequilla
* 50 g de nueces
* 0,3 dl de brandy
* sal y pimienta

APIOS A LA CREMA DE ROQUEFORT

Tiempo de preparación: 20 minutos
Dificultad: baja

Preparación:

1. Lavar y limpiar bien el apio, sacando los hilos con cuidado de no romper las piezas, aprovechando los trozos más tiernos, gruesos y curvos; cortarlos en trozos de aproximadamente cinco centímetros de largo. Rociar con el jugo de los limones y salar.
2. Mezclar el queso roquefort con la mantequilla previamente ablandada (basta dejarla fuera del frigorífico durante 30 minutos antes de utilizarla), trabajando con una espátula de madera.
3. Añadir el brandy, la crema de leche y las nueces picadas.
4. Salpimentar.
5. Rellenar las barquitas de apio, con la crema preparada, ayudándose de una espátula.
6. Decorar con un trocito de nuez.
7. Disponer las barquitas ya terminadas en una fuente redonda con el cogollo del apio y las ramitas más blancas en el centro, dentro de un cuenco con hielo.
8. Servir frío.

23 de Enero

El menú de cada día

Tupí d'hivern
(Olla de invierno)
(pág. 197)

Ternasco asado
(pág. 115)

Flan de naranja

Ingredientes para 4 personas:

* 4 huevos enteros
* 2 yemas de huevo
* 1/2 l de zumo de naranja
* 150 g de azúcar
* 1 naranja
* 75 g de azúcar para caramelo
* 1 cucharada de fécula

FLAN DE NARANJA

Tiempo de preparación: 55 minutos
Dificultad: media

Preparación:

1. En un cazo pequeño puesto al fuego, añadir 75 gramos de azúcar con unas gotas de agua, dejar derretir hasta que llegue al punto de caramelo.
2. Cuando esté hecho el caramelo, verterlo en un molde para flanes, dejar enfriar.
3. En un cazo que no sea de aluminio, poner el zumo de naranja y el azúcar; remover y añadir cuidadosamente la cucharada de fécula, poner al fuego y remover con la batidora de mano procurando que no se formen grumos.
4. Cuando haya espesado un poco, retirar del fuego y, sin dejar de remover, esperar a que espese un poco más.
5. Cuando esté todo bien mezclado, verter la preparación en un molde acaramelado y poner al baño María hasta que cuaje.
6. Dejar en el molde hasta que esté frío; luego, desmoldar en una fuente adornándolo con la naranja en gajos o en rodajas. Servir fresco.

24 de Enero

El menú de cada día

Coliflor rebozada
(pág. 116)

Cabrito a la castellana

Picardías de Lorca
(pág. 112)

Ingredientes para 6 personas:

* 1 1/2 kg de cabrito (de la paletilla)
* 3 dientes de ajo
* 1/4 kg de zanahorias pequeñas y tiernas
* 2 vasos pequeños de aceite
* 3 cucharadas soperas de vinagre
* un manojo pequeño de perejil
* pimienta blanca molida
* aceite y sal

CABRITO A LA CASTELLANA

Tiempo de preparación: 1 hora y 20 minutos
Dificultad: media

Preparación:

1. Trocear la carne.
2. Pelar las zanahorias y a continuación cortarlas en tiritas, al estilo juliana.
3. Pelar los dientes de ajo.
4. En una sartén amplia con aceite hirviendo, saltear las zanahorias. Salpimentarlas y, una vez doradas, reservarlas en un plato.
5. En el aceite sobrante, dorar los dientes de ajo enteros y ponerlos en un mortero.
6. Freír en la sartén los trozos de cabrito. Espolvorearlos con sal y pimienta. Cuando estén bien dorados, disponerlos en una fuente adecuada para el horno.
7. Machacar los dientes de ajo en el mortero, añadir el perejil y seguir machacando, rociar con el vinagre y un vaso y medio de agua.
8. Verter la mezcla sobre la carne, introducir la fuente en el horno y dejarla unos treinta minutos.
9. Servir el cabrito en la misma fuente, recubriéndolo con las zanahorias.

25 de Enero

El menú de cada día

Sopa de espinacas

Conill a l'allioli
(Conejo al «allioli»)
(pág. 145)

Rosquillas de Santander
(pág. 138)

Ingredientes para 4 personas:

* 500 g de espinacas frescas
* 4 cucharadas de queso rallado
* 1 l de caldo de cocido
* 2 huevos
* aceite
* costrones de pan frito
* sal

SOPA DE ESPINACAS

Tiempo de preparación: 1 hora y 10 minutos
Dificultad: media

Preparación:

1. Limpiar cuidadosamente las espinacas. Dejar las hojas en remojo en agua fría.
2. Freír en aceite los costrones de pan.
3. En una cazuela honda con agua y sal, cocer las espinacas. Escurrirlas y picarlas finamente.
4. En una sartén amplia con un poco de aceite, rehogar las espinacas.
5. Cuando estén frías, añadir los huevos batidos y un poco de queso rallado.
6. Calentar el caldo y verterlo en la sopera sobre los costrones de pan frito.
7. Disponer en la sopera las espinacas y dejar reposar la sopa unos minutos con la sopera tapada.
8. Servir enseguida.

26 de Enero

El menú de cada día

Revuelto de grelos y gambas
(pág. 156)

Pulpo a la asturiana
(pág. 153)

Crema quemada con hojaldre

Ingredientes para 6 personas:

* 500 g de pasta de hojaldre
* 1 l de leche
* 100 g de harina
* 250 g de azúcar
* 6 yemas de huevo
* 1 ramita de canela
* azúcar para quemar

CREMA QUEMADA CON HOJALDRE

Tiempo de preparación: 1 hora y 30 minutos
Dificultad: alta

Preparación:

1. Poner la leche a hervir en una cazuela con la canela en rama.
2. En un poco de leche fría, desleír la harina, el azúcar y las yemas de huevo, batiendo constantemente para que no se formen grumos.
3. Cuando la leche empiece a hervir, agregar la mezcla y remover sin cesar, hasta que espese. Retirar la ramita de canela.
4. Hacer el hojaldre y, una vez conseguido, extenderlo.
5. Encima del hojaldre, disponer una capa de crema, una capa de hojaldre y, finalmente, una capa más de crema.
6. Recubrir esta última capa de crema con azúcar y quemarlo por contacto con una plancha de hierro muy caliente.

27 de Enero

El menú de cada día

Acelgas rehogadas
(pág. 95)

Bacalao encebollado

Tortells de Mallorca
(pág. 109)

Ingredientes para 4 personas:

* 800 g de bacalao
* 1 cebolla grande
* 1 diente de ajo
* 1 ramita de perejil
* 1 cucharadita de orégano
* 4 cucharadas de tomate triturado
* 5 cucharadas de aceite
* sal
* pimienta

BACALAO ENCEBOLLADO

Tiempo total de cocción: 13 minutos
Tiempo de preparación: 18 minutos
Dificultad: media

Preparación:

1. Desalar, secar y trocear el bacalao; pelar y picar finamente la cebolla y el ajo; picar fino el perejil.
2. Calentar el aceite en el microondas durante 2 minutos y sofreír la cebolla durante 3 minutos.
3. Agregar el bacalao, el orégano, pimienta y un poquito de sal, cubrir con el tomate triturado, el ajo y el perejil y cocer 8 minutos.
4. Servir caliente en la misma fuente.

28 de Enero

El menú de cada día

Judías estofadas

Cordero asado a la cazadora
(pág. 70)

Tarta de manzanas
(pág. 73)

Ingredientes para 8 personas:

* 3/4 kg de judías blancas
* 100 g de tocino blanco
* 150 g de morcilla
* 250 g de oreja de cerdo
* 100 g de chorizo
* 1 cabeza de ajos
* 1 cebolla
* sal

JUDÍAS ESTOFADAS

Tiempo de preparación: 2 horas y 15 minutos
Dificultad: media

Preparación:

1. Dejar las judías en remojo toda la noche.
2. Pelar y triturar la cebolla, pelar los dientes de ajo.
3. Cortar el chorizo a rodajas, trocear el tocino y la oreja.
4. Poner las judías remojadas al fuego en una olla con agua fría.
5. Cuando rompa a hervir, cambiar el agua y empezar a cocerlas de nuevo junto con la oreja de cerdo.
6. A los 15 minutos de ebullición agregar la cebolla, unos dientes de ajo (al gusto) el chorizo, el tocino y sal.
7. Cuando las judías estén casi hechas, añadir la morcilla.
8. Retirar la olla del fuego, dejar reposar unos instantes.
9. Servir caliente.

29 de Enero

El menú de cada día

Arroz con conejo a la cacereña
(pág. 122)

Envueltitos de carne
(pág. 97)

Freixós de calabaza

Ingredientes para 6 personas:

* 1 kg de calabaza
* 8 huevos
* 250 g de harina
* 200 g de pasas pequeñas
* canela en polvo
* 200 g de azúcar
* sal
* azúcar de lustre
* aceite para freír

FREIXÓS DE CALABAZA

Tiempo de preparación: 1 hora y 30 minutos
Dificultad: baja

Preparación:

1. Limpiar la calabaza, quitándole la piel y las semillas y poner a cocer en agua con un poco de sal.
2. Una vez cocida, colarla y reducir a una pasta chafándola bien.
3. Mezclar la pasta con la harina, los huevos, el azúcar y las pasas.
4. Formar tortas aplastadas y freír en una sartén con abundante aceite.
5. Una vez fritas, espolvorear con azúcar y canela en polvo.

30 de Enero

El menú de cada día

Consomé de hongos
(pág. 68)

Cabrito al horno

Quesada de la reina
(pág. 58)

Ingredientes para 4 personas:

* 800 g de cabrito
* 1 hoja de laurel
* 3 dientes de ajo
* 1 tomate
* vinagre, manteca de cerdo, aceite, perejil, sal y pimienta

CABRITO AL HORNO

Tiempo de preparación: 2 horas y 20 minutos
Dificultad: media

Preparación:

1. Cortar la carne en trozos no muy grandes.
2. Pelar los dientes de ajo y cortarlos en cuatro, a lo largo.
3. Triturar el perejil.
4. Trocear el tomate; quitarle la piel.
5. En una cazuela para horno, disponer la carne con un buen pedazo de manteca, un chorrito de aceite, 2 dientes de ajo, un poco de perejil, la hoja de laurel, sal y pimienta.
6. Llevar la fuente al horno y dejarla hasta que se dore la carne. Añadir entonces una tacita de agua tibia y el tomate.
7. Mientras, machacar en el mortero un diente de ajo, perejil y un poco de vinagre.
8. Agregar esta salsa a la carne.
9. Dejar la carne en el horno hasta que esté muy tierna y se haya reducido la salsa.
10. Servirla caliente junto con unos costrones de pan frito.

El menú de cada día

Ropa vieja (Restos de cocido)

Chuletas de cordero a la mañica
(pág. 102)

Flores extremeñas
(pág. 97)

Ingredientes para 4 personas:

* pedazos de carne sobrante del cocido
* 2 cebollas medianas
* harina, un poco de caldo sobrante y aceite de oliva

ROPA VIEJA (RESTOS DE COCIDO)

Tiempo de preparación: 30 minutos
Dificultad: baja

Preparación:

1. Pelar las cebollas y cortarlas en arandelas muy finas.
2. Cortar la carne sobrante en rodajas.
3. En una sartén con aceite caliente, rehogar la cebolla, dejándola unos instantes a fuego lento hasta que quede transparente, es decir, no debe de quedar cruda, pero tampoco quemarse en las puntas, ya que le daría un sabor amargo al guiso.
4. Cuando las arandelas de cebolla estén en su punto, agregar una cucharada de harina, removiendo rápidamente para que no se formen grumos y, a continuación, añadir un poco de caldo.
5. Seguir mezclando la salsa con la ayuda de una espátula de madera y dejarla a fuego lento unos quince minutos.
6. Espolvorear con sal y pimienta molida.
7. Disponer en una fuente refractaria la carne sobrante del cocido cortada en rodajas y verter encima la salsa.
8. Introducir la fuente en el horno a fuego medio unos diez minutos antes de servirla.

Febrero

1 de Febrero

El menú de cada día

Sopa de pescado
(pág. 180)

Pulpo a la granadina

Alfajores
(pág. 80)

Ingredientes para 4 personas:

* 1 pulpo de 1 kg o 1 1/2 kg
* 1/2 kg de pimientos rojos
* 300 g de cebollas
* 1 limón
* 6 dientes de ajo
* 1 hoja de laurel
* aceite
* vinagre
* sal

PULPO A LA GRANADINA

Tiempo de preparación: 1 hora y 25 minutos
Dificultad: media

Preparación:

1. Limpiar cuidadosamente el pulpo y ablandarlo.
2. En una olla al fuego con abundante agua, añadir una hoja de laurel y abundante sal.
3. Cuando empiece a hervir el agua, introducir el pulpo un momento, sacarlo, esperar a que el agua vuelva a hervir e introducir de nuevo el pulpo.
4. Repetir la misma operación dos veces más.
5. A continuación, dejar cocer el pulpo durante una hora, aproximadamente.
6. Retirar el pulpo del agua, escurrirlo y eliminar el resto de pieles que hayan podido quedar.
7. Trocearlo.
8. Asar los pimientos, sacarles la piel y cortarlos en tiras de igual tamaño.
9. Picar la cebolla, los dientes de ajo, añadir el zumo de limón, previamente exprimido, el aceite, el vinagre y la sal.
10. Mezclar todo bien y añadir el pulpo.
11. Dejar reposar durante dos horas.
12. Servir frío, en cazuelitas de barro.

2 de Febrero

El menú de cada día

Lentejas con costrones

Pollo a la sal
(pág. 85)

Tarta de Sacromonte
(pág. 77)

Ingredientes para 4 personas:

* 1/2 kg de lentejas
* una cebolla y un pimiento
* 5 dientes de ajo
* 2 rebanadas de pan del día anterior
* 1 hoja de laurel
* 1/2 cucharada de pimentón
* 8 cucharadas de manteca de cerdo
* aceite y sal

LENTEJAS CON COSTRONES

Tiempo de preparación: 1 hora y 20 minutos
Dificultad: baja

Preparación:

1. Poner las lentejas en remojo con agua fría el día anterior.
2. Pelar y triturar la cebolla.
3. Cortar por la mitad a lo largo los dientes de ajo pelados.
4. Cortar a cuadrados el pimiento.
5. Partir en triángulos las rebanadas de pan y freírlas en aceite hirviendo.
6. En un puchero con agua fría, poner a cocer las lentejas. A media cocción, añadir la cebolla, los ajos, el pimiento, el pimentón, el laurel y sal; terminar la cocción y escurrir.
7. En una cazuela de barro amplia con la manteca de cerdo caliente, saltear las lentejas; rehogarlas bien y servirlas en la misma cazuela adornadas con los costrones de pan.

3 de Febrero

El menú de cada día

Nabos al estilo de Badajoz
(pág. 119)

Pollo al vino tinto
(pág. 117)

Peras al vino tinto

Ingredientes para 6 personas:

* 6 peras
* 150 g de azúcar
* 1/2 l de vino tinto
* 1 ramita de canela
* agua

PERAS AL VINO TINTO

Tiempo de preparación: 25 minutos
Dificultad: baja

Preparación:

1. Poner a cocer las peras en agua hirviendo durante unos minutos, sacarlas y pasarlas por agua fría.
2. Cuando estén frías, pelarlas inmediatamente.
3. En un cazo al fuego, poner el azúcar, el vino, el agua y la ramita de canela.
4. Cuando arranque a hervir, colocar las peras y dejar cocer a fuego lento hasta que las peras estén tiernas.
5. Cuando estén tiernas, sacar las peras y disponerlas en un recipiente de cristal.
6. Dejar reducir el almíbar y verter sobre las peras.
7. Dejar enfriar antes de servir o, si se desea, presentar templadas.

4 de Febrero

El menú de cada día

Arroz a la zamorana
(pág. 94)

Cabrito al ajo cabañil

Tarta de Santiago
(pág. 124)

Ingredientes para 4 personas:

* 1/2 cabrito tierno
* 2 dientes de ajo
* 2 pimientos
* 2 rebanadas de pan
* pimentón dulce, orégano, pimienta blanca, aceite, vinagre, y sal

CABRITO AL AJO CABAÑIL

Tiempo de preparación: 45 minutos
Dificultad: media

Preparación:

1. Cortar el cabrito en trozos pequeños y sazonar.
2. En una sartén con aceite, freír los trozos de carne hasta que estén bien dorados.
3. Asar los pimientos, pelar y machacar en el mortero junto con los ajos, el orégano, el pimentón, la pimienta y las rebanadas de pan empapadas con vinagre.
4. Freír el hígado del cabrito y machacarlo también.
5. Aclarar el majado con un poco de agua y añadirlo todo junto a la sartén con la carne.
6. Dejar cocer unos minutos.
7. Servir caliente.

5 de Febrero

El menú de cada día

Potaje castizo

Chuletas de cordero al ajo cabañil
(pág. 86)

Tortas de Cáceres
(pág. 89)

Ingredientes para 4 personas:

* 5 tomates
* 500 g de morcilla de vaca
* 2 puerros
* 1 cuello y una molleja de gallina
* 2 zanahorias
* 2 nabos
* aceite
* 2 claras de huevo
* 1 copita de jerez
* sal

POTAJE CASTIZO

Tiempo de preparación: 1 hora y 45 minutos
Dificultad: baja

Preparación:

1. Pelar y trocear los puerros, las zanahorias, los nabos y los tomates.
2. Retirar del cuello de la gallina la piel y los huesos.
3. Limpiar cuidadosamente la molleja y trocearla junto con la carne del cuello de la gallina.
4. En una sartén con aceite caliente, saltear los tomates troceados y reservar en un plato.
5. En una cazuela con agua fría, poner a cocer la carne, el cuello y molleja troceados. Añadir las claras de huevo y el jerez.
6. Cuando empiece el primer hervor, añadir a la olla las hortalizas troceadas, excepto el tomate.
7. Dejar cocer el potaje a fuego muy lento durante al menos 1 hora y 30 minutos.
8. Añadir entonces el tomate, sazonar con sal y mezclar.
9. Retirar la carne que estará ya tierna y cortarla en pedazos pequeños. Incorporarla de nuevo a la olla y servir caliente.

6 de Febrero

El menú de cada día

Sopa de castañas
(pág. 171)

Merluza al horno
(pág. 178)

Emparedados de membrillo y queso

Ingredientes para 4 personas:

* 700 g de queso del país, fresco
* 350 g de membrillo
* 100 g de azúcar
* 3 huevos
* 100 g de harina
* pan rallado, canela en polvo y aceite para freír

EMPAREDADOS DE MEMBRILLO Y QUESO

Tiempo de preparación: 25 minutos
Dificultad: baja

Preparación:

1. Cortar el queso en lonchas muy finas.
2. Cortar también en lonchas el membrillo.
3. Disponer cada loncha de membrillo entre dos de las de queso.
4. Rebozar con harina, huevo batido y, finalmente, con pan rallado cada uno de los emparedados de membrillo y queso.
5. Poner abundante aceite en una sartén; cuando esté muy caliente, freír en ella los emparedados de membrillo y queso.
6. Una vez fritos, escurrir bien.
7. Espolvorear con azúcar y canela en polvo.

7 de Febrero

El menú de cada día

Sopa de pescado
(pág. 180)

Rape de Cantabria

Quesada pasiega
(pág. 166)

Ingredientes para 4 personas:

* 800 g de rape
* 150 g de gambas
* 250 g de almejas
* 3 dientes de ajo
* 1 lata de espárragos
* 3 huevos
* 60 g de harina
* 3 dl de aceite
* sal
* perejil
* pimienta

RAPE DE CANTABRIA

Tiempo de preparación: 1 hora y 10 minutos
Dificultad: media

Preparación:

1. Cortar el rape en rodajas y salpimentar.
2. En un mortero picar los dientes de ajo y el perejil. Esparcir sobre las rodajas de rape y dejar macerar durante 30 minutos.
3. Pasado este tiempo, pasar las rodajas de rape por harina, y huevo batido.
4. Calentar aceite en una sartén y freír el pescado; escurrir y reservar.
5. Abrir la lata de espárragos, escurrir y reservar el agua.
6. En una cazuela de barro con un poco de aceite de freír el rape, echar una cucharada de harina, remover bien y añadir el agua de los espárragos.
7. Incorporar el rape a la cazuela, añadir las almejas y las gambas. Comprobar el punto de sal. Mover la cazuela con regularidad hasta que vaya espesando la salsa y se vayan abriendo las almejas. Debe cocer unos 10 minutos.
8. Cuando todo el conjunto esté en su punto, añadirle los espárragos troceados.

8 de Febrero

El menú de cada día

Lentejas estofadas

Sardinas en salmorejo
(pág. 141)

Rosquillas castellanas
(pág. 132)

Ingredientes para 4 personas:

* 1/2 kg de lentejas
* 100 g de arroz
* 1/2 kg de patatas
* 2 cebollas
* una hora de laurel, aceite y sal

LENTEJAS ESTOFADAS

Tiempo de preparación: 1 hora y 5 minutos
Dificultad: baja

Preparación:

1. Poner las lentejas en remojo en agua fría el día anterior.
2. En un puchero con agua, poner a cocer las lentejas junto con la hoja de laurel, las cebollas peladas y picadas, y por último un chorro de aceite y sal.
3. Cuando las lentejas estén cocidas, pasarlas por el pasapurés y poner el puré resultante en un puchero sobre el fuego junto con el caldo de su cocción.
4. Con el primer hervor, añadir las patatas peladas y cortadas a dados.
5. Pasado el segundo hervor, agregar el arroz y dejar a fuego lento hasta que las patatas y el arroz estén en su punto.
6. Rectificar de sal.
7. Servir de inmediato.

9 de Febrero

El menú de cada día

Crema de borrajas
(pág. 158)

Delicias de lenguado al txacolí
(pág. 151)

Tarta típica de Portomarín

Ingredientes para 6 -8 personas:

* Pasta de hojaldre
* 800 g de almendras picadas
* 1/2 l de azúcar en almíbar
* 8 huevos
* 100 g de harina

TARTA TÍPICA DE PORTOMARÍN

Tiempo de preparación: 1 hora y 30 minutos
Dificultad: alta

Preparación:

1. Amasar la harina junto con la almendra, el azúcar en almíbar y los huevos, hasta conseguir una pasta bien ligada.
2. Una vez conseguida la masa en su punto, dejar reposar.
3. Forrar un molde de cobre de unos dos centímetros de alto con la pasta de hojaldre.
4. Verter sobre el hojaldre la masa preparada anteriormente.
5. Introducir en el horno, calentado a 175 °C, por espacio de una hora.

10 de Febrero

El menú de cada día

Hongos al horno
(pág. 88)

Cachopo

Cañas de nata con chocolate
(pág. 123)

Ingredientes para 4 personas:

* 8 filetes de ternera de 100 g cada uno
* 4 lonchas de jamón magro
* 4 lonchas de queso tierno
* 3 dientes de ajo
* 3 huevos
* pan rallado, aceite y sal

CACHOPO

Tiempo de preparación: 50 minutos
Dificultad: baja

Preparación:

1. Aplastar los filetes de carne con el puño hasta dejarlos muy finos.
2. Pelar y triturar los dientes de ajo.
3. Disponer los filetes en un recipiente hondo, espolvoreándolos con sal y recubriéndolos con los dientes de ajo machacados. Dejarlos en reposo.
4. Mientras, batir los huevos en un plato hondo y disponer el pan rallado en otro.
5. Quitar la sal y el ajo a los filetes de carne.
6. Poner los filetes en la mesa o mármol de cocina, colocar encima de cada uno una loncha de queso, otra de jamón y recubrir, finalmente, con otro filete de carne.
7. Apretar con suavidad y dejar en reposo.
8. Unos minutos después, recoger la carne, rebozarla primero en huevo batido. Dejar que se impregne bien y finalmente pasarla en pan rallado.
9. Freírlos en una sartén con abundante aceite de oliva muy caliente.
10. Cuando estén dorados por ambos lados, retirarlos, escurriendo bien el aceite, servirlos con patatas fritas.

11 de Febrero

El menú de cada día

Sopa de almendras

Besugo a la aragonesa
(pág. 134)

Reinetas con salsa de chocolate
(pág. 148)

SOPA DE ALMENDRAS

Tiempo de preparación: 1 hora
Dificultad: baja

Ingredientes para 9 personas:

* 450 g de almendras crudas sin piel
* 2 yemas de huevo
* 8 cucharadas de azúcar
* 2 rebanaditas de pan
* una pizca de canela en polvo
* 3 cucharadas de mantequilla
* 1 1/2 l de leche
* sal

Preparación:

1. En un mortero, machacar las almendras.
2. Tostar las rebanaditas de pan y machacarlas en el mortero.
3. En una cazuela, poner a cocer la leche junto con las almendras, el pan picado, el azúcar, la mantequilla y sal.
4. Dejar la cazuela a fuego muy lento durante unos 30 minutos y remover para evitar que se pegue.
5. En una sopera, desleír las 2 yemas de huevo y cuando la sopa esté espesa agregarla a las dos yemas. Mezclar y espolvorear con la canela en polvo. Servir caliente.

12 de Febrero

El menú de cada día

Revuelto de verduras
(pág. 159)

Rape a la catalana
(pág. 150)

Fariñes (gachas de harina de maíz)

FARIÑES (GACHAS DE HARINA DE MAÍZ)

Tiempo de preparación: 1 hora
Dificultad: media

Ingredientes para 6 personas:

* 200 g de harina de maíz
* 6 tazones de agua
* sal
* miel

Preparación:

1. En un cuenco hondo, disponer la harina de maíz y mezclar con agua, revolviendo continuamente con una espátula de madera hasta que quede una mezcla lisa y sin grumos.
2. Ponerla en una olla al fuego, espolvorearla con un poco de sal y seguir mezclando hasta que comience a hervir.
3. Las «fariñes» tienen que ir cociendo durante bastante rato.
4. Remover hasta que la harina quede completamente cocida.
5. Servir las gachas en platos individuales y recubrirlas con un poco de miel.

13 de Febrero

El menú de cada día

Salpicón de bogavante
(pág. 163)

Truchas al jamón

Natillas
(pág. 154)

Ingredientes para 4 personas:

* 4 truchas de 1/4 kg cada una, aproximadamente
* 4 lonchas de jamón grandes
* 200 g de tocino entreverado
* aceite
* sal

TRUCHAS AL JAMÓN

Tiempo de preparación: 1 hora y 5 minutos
Dificultad: baja

Preparación:

1. Vaciar, limpiar, secar y sazonar las truchas.
2. En una sartén amplia con aceite, freír el tocino troceado. Retirar los chicharrones y, en la grasa sobrante, saltear las lonchas de jamón.
3. Retirar las lonchas de jamón y disponerlas en una fuente para servir.
4. Seguidamente, freír las truchas en la misma sartén. Retirarlas, disponerlas encima del jamón y servir enseguida.

14 de Febrero

El menú de cada día

Arròs negre
(Arroz negro)

Bocartes al ajillo
(pág. 202)

Turrón de guirlache
(pág. 207)

Ingredientes para 4 personas:

* 400 g de arroz de grano normal
* 500 g de sepias pequeñas (reservar todas las tintas)
* 100 g de cebollas
* 1 pimiento verde
* 250 g de tomates maduros
* 3 dientes de ajo
* 2 dl de aceite
* 1 1/4 l de agua
* sal y perejil

ARRÒS NEGRE (ARROZ NEGRO)

Tiempo de preparación: 45 minutos
Dificultad: media

Preparación:

1. Limpiar las sepias y trocearlas.
2. Separar y reservar las tintas.
3. Calentar aceite en una cazuela de barro. Cuando esté caliente, sofreír la sepia troceada.
4. Cuando la sepia tome un poco de color, añadir la cebolla cortada fina, dejar dorar un poco y poner los ajos picados, luego el pimiento troceado y, pasado un momento, los tomates.
5. Remover y dejar que todo tome un color un poco oscuro pero cuidando que no se queme.
6. Cuando esté todo bien sofrito, añadir el agua caliente y tapar, dejar cocer unos veinte minutos.
7. Pasado este tiempo, diluir la tinta de las sepias en un poco de agua caliente y añadirla.
8. Sazonar.
9. Aumentar la intensidad del fuego y añadir el arroz repartido por igual; remover.
10. Cocer destapado y a fuego medio 18 o 20 minutos. Comprobar el punto de cocción.
11. Dejar descansar 5 minutos y servir.

15 de Febrero

El menú de cada día

Patatas a la extremeña
(pág. 202)

Marmita de bonito
(pág. 177)

Espuma de chocolate

Ingredientes para 4 personas:

* 200 g de chocolate fondant
* 30 g de mantequilla
* 75 g de azúcar
* 3 yemas de huevo
* 4 claras
* 1 cucharada de brandy
* 300 g de nata

ESPUMA DE CHOCOLATE

Tiempo de preparación: 45 minutos
Dificultad: media

Preparación:

1. Fundir el chocolate en un cazo junto con una cucharada de agua y la mantequilla; hacerlo al baño María, sin que el agua llegue a hervir.
2. Trabajar las yemas con el azúcar, hasta que esté disuelto, aromatizar con el brandy.
3. Trabajar un poco más y añadir el chocolate derretido, remover bien y dejar enfriar.
4. Montar la nata con la batidora y añadirla con cuidado.
5. Montar las claras a punto de nieve fuerte, trabajarlo con cuidado de abajo arriba, sin resolver para que no se baje y quede esponjoso.
6. Servir muy frío, pero sin que llegue a estar helado, repartido en copas altas con un adorno de nata y virutas de chocolate.

16 de Febrero

El menú de cada día

Sopa de vigilia
(pág. 217)

Caldereta de cordero

Crema frita
(pág. 172)

Ingredientes para 6 personas:

* 1 1/4 kg de cordero
* 150 g de jamón
* 3 cebollas medianas
* 2 pimientos verdes
* 4 dientes de ajo
* 1 vaso de vino tinto
* 1 vaso de agua
* 1 cucharada de harina
* 1 hoja de laurel
* perejil
* pimienta
* aceite
* sal

CALDERETA DE CORDERO

Tiempo de preparación: 1 hora y 40 minutos
Dificultad: media

Preparación:

1. Cortar el cordero en trozos pequeños.
2. Condimentarlo con sal y pimienta.
3. Picar las cebollas, los ajos, los pimientos, el jamón, el laurel y el perejil.
4. En una cazuela de barro, poner una parte del picadillo, añadir encima la mitad del cordero, cubrir con otra parte del picadillo; encima, la otra mitad del cordero y terminar con el resto del picadillo.
5. Rociar con el aceite, el vino y el agua, tapar la cazuela.
6. Cocer a fuego lento hasta que el cordero esté tierno.
7. Añadir la harina a la salsa para que espese y acabar de cocer unos minutos más.
8. Servir caliente en la misma cazuela.

17 de Febrero

El menú de cada día

Sopa burgalesa

Fardeles
(pág. 88)

Bizcochos de la reina
(pág. 86)

SOPA BURGALESA

Tiempo de preparación: 1 hora y 20 minutos
Dificultad: baja

Ingredientes para 4 personas:

* 250 g de carne de cordero sin piel ni huesos
* 250 g de colas de cangrejos
* 1 cebolla
* 1 1/2 l de caldo de cocido
* aceite o manteca de cerdo
* sal
* pimienta molida
* perejil
* harina

Preparación:

1. Cortar la carne en trozos pequeños.
2. Lavar las colas de cangrejo y cocerlas en un poco de agua hirviendo.
3. Pelar la cebolla y picarla junto con el perejil.
4. En una cazuela con la manteca o el aceite caliente, freír los trozos de carne junto con la cebolla y el perejil.
5. Agregar una cucharada de harina y, cuando ésta empiece a tomar color, rociar con el caldo y dejar la cazuela a fuego lento hasta que el caldo quede reducido a la mitad.
6. Salpimentar, agregar las colas de cangrejo y servir caliente.

18 de Febrero

El menú de cada día

Setas a la navarra
(pág. 78)

Conejo a la pastora
(pág. 63)

Mantecadas borrachas

MANTECADAS BORRACHAS

Tiempo de preparación: 50 minutos
Dificultad: baja

Ingredientes para 4 personas:

* 200 g de manteca de cerdo
* 150 g de azúcar
* 150 g de harina
* 1/4 l de vino
* unas gotas de esencia de limón

Preparación:

1. En un recipiente, batir unos instantes la manteca.
2. Añadir poco a poco, al batir, el vino, la harina y unas gotas de esencia de limón.
3. Seguir mezclando unos instantes más y agregar el azúcar.
4. Cuando quede una masa manejable, aplastarla con un rodillo y dejarla de 1 centímetro de espesor.
5. Cortar unos redondeles con ayuda de unos moldes especiales de pastelería o con la ayuda de una copita o vaso de vino.
6. Espolvorear con harina una lata de pastelería para horno y disponer encima las mantecadas recubiertas previamente con un poco de azúcar.
7. Introducirlas en horno muy suave y cocerlas unos veinte minutos.

19 de Febrero

El menú de cada día

L'empedrat (ensalada de judías y bacalao) (pág. 79)

Patatas con sardinas

Moñitas extremeñas (pág. 100)

Ingredientes para 4 personas:

* 1 kg de patatas
* 12 sardinas frescas
* 1 hoja de laurel
* 1 cebolla grande
* 2 pimientos rojos
* 1 hoja de laurel
* aceite de oliva
* sal
* perejil

PATATAS CON SARDINAS

Tiempo de preparación: 1 hora y 5 minutos
Dificultad: baja

Preparación:

1. Pelar y cortar las patatas en rodajas finas.
2. Retirar la cabeza y la espina central a las sardinas, lavarlas y secarlas.
3. Pelar y picar la cebolla.
4. Triturar el perejil.
5. Una vez asados los pimientos, quitarles la piel y las pepitas y cortarlos en tiritas.
6. Cortar en trozos la hoja de laurel.
7. En una cazuela adecuada para ir al horno poner un chorrito de aceite de oliva y, disponer las rodajas de patatas.
8. Una vez colocadas las patatas, poner encima la cebolla picada y el perejil triturado. Sobre la cebolla y el perejil, disponer las sardinas una al lado de la otra, abiertas.
9. Habiendo colocado las sardinas, proceder a recubrir con otra capa de cebolla y perejil y espolvorear con sal.
10. Finalmente, disponer una última capa de patatas y el laurel. Recubrir todo con las tiras de pimiento. Rociar con un buen chorro de aceite, poner un poco más de sal y llevar al horno hasta que las patatas estén hechas.

20 de Febrero

El menú de cada día

Puré de patatas horneado (pág. 107)

Perdices con chocolate (pág. 106)

Hojuelas

Ingredientes para 4 personas:

* 300 g de harina
* 2 huevos
* 100 g de azúcar
* 1 copita de anís
* una cucharadita de levadura en polvo
* ralladura de la piel de 1 limón
* sal
* aceite

HOJUELAS

Tiempo de preparación: 1 hora y 5 minutos
Dificultad: baja

Preparación:

1. En un recipiente hondo y amplio, disponer la harina. Formar un hueco en el centro y en él poner los huevos, la levadura disuelta en un poco de agua tibia, una pizca de sal, el anís, la raspadura de limón y, si fuera necesario, un poco de leche.
2. Mezclar todos los ingredientes y amasarlos durante un buen rato, hasta obtener una masa espesa que pueda estirarse con el rodillo.
3. Formar una bola con la masa, espolvorearla de harina y dejarla reposar una media hora.
4. Estirar la pasta con el rodillo hasta dejarla muy fina y formar unos triangulitos con un cortapastas.
5. En una sartén amplia con aceite hirviendo, freír las hojuelas por ambos lados y escurrirles el aceite con un papel absorbente.
6. Disponerlas en una fuente plana, espolvorearlos con azúcar, o con miel, y servirlas.

21 de Febrero

El menú de cada día

Ensalada de judías tiernas (pág. 85)

Gallina con pisto (pág. 162)

Tarta de queso fresco con salsa de arándanos

TARTA DE QUESO FRESCO CON SALSA DE ARÁNDANOS

Tiempo de preparación: 40 minutos, más el tiempo de refrigeración
Dificultad: media

Ingredientes para 4 personas:

Pasta brisa
* 200 g de harina
* 100 g de mantequilla
* 1 huevo
* 1 cucharada de agua
* 25 g de azúcar
* sal
Relleno
* 1/2 kg de queso fresco
* 1/2 l de leche fresca
* 250 g de nata líquida
* 25 g de azúcar
* 6 hojas de gelatina fina
Salsa
* 150 g de mermelada de arándanos
* 25 g de azúcar
* 1 cucharada de agua

Preparación:

1. Formar un volcán con la harina, poner en el centro la mantequilla, el huevo entero, el azúcar, la sal y la cucharada de agua.
2. Trabajar con un tenedor y después con la punta de los dedos, hasta que todos los ingredientes queden unidos. Brisar tres veces. Formar una bola y dejar reposar 2 horas en el frigorífico.
3. Pasado ese tiempo, extender la pasta con el rodillo y forrar un molde redondo de tarta desmontable de unos veinticuatro centímetros, pinchar el fondo con la punta de un cuchillo bien afilado, para que no suba al cocer.
4. Llevarla al horno, precalentado a 225 °C, cocer unos quince minutos y dejar enfriar.
5. Mientras, preparar el relleno. En un cazo al fuego, templar la leche mezclada con la nata y el azúcar. Añadir las hojas de gelatina, mojadas en agua fría y bien escurridas, con las manos.
6. Al poner la gelatina, remover vivamente con el batidor de mano para que se disuelva bien.
7. Cuando estén bien disueltas, retirar del fuego, añadir el queso fresco en trocitos, remover con el batidor de mano para que todo quede bien amalgamado; debe quedar una pasta fina, sin grumos.
8. Una vez logrado, verter todo este preparado dentro de la tarta cocida, igualar bien e introducir en el frigorífico hasta que se solidifique, unas cuatro horas por lo menos.
9. Cuando esté en su punto, cubrirla con la mermelada de arándanos ya preparada.

Mermelada de arándanos:

10. En un cazo al fuego, poner la mermelada, el azúcar y la cucharada de agua, dejar hervir unos minutos, enfriar y cubrir la tarta.

22 de Febrero

El menú de cada día

Huevos rellenos

Angulas a la ovetense (pág. 121)

Pastel de dátiles (pág. 118)

HUEVOS RELLENOS

Tiempo de preparación: 45 minutos
Dificultad: baja

Ingredientes para 4 personas:

* 8 huevos frescos
* 250 g de merluza fresca
* 100 g de salsa de tomate
* 40 g de harina
* 40 g de mantequilla
* 2 1/2 dl de leche
* sal y pimienta
* nuez moscada

Preparación:

1. Hervir los huevos con abundante agua y un poco de sal durante 12 minutos a partir del primer hervor. Pasarlos por agua fría.
2. Pelar y partir los huevos por la mitad a lo largo. Sacar las yemas cuidadosamente. Reservar.
3. Hervir la merluza con un poco de agua y sal, sólo unos minutos. Escurrirla, quitarle la piel y las espinas y desmenuzarla. Mezclar con la salsa de tomate formando una pasta para relleno. Con esta preparación, rellenar las claras de huevo.
4. En un cazo aparte, derretir la mantequilla, añadir la harina y dejar cocer, sin que tome color, removiendo con las varillas. Verter la leche tibia, removiendo para que no se formen grumos; dejar espesar.
5. Sazonar con sal, pimienta y nuez moscada.
6. Cubrir los huevos con esta bechamel y adornar con el sobrante de yemas desmenuzadas.

23 de Febrero

El menú de cada día

Pastel de setas y espárragos trigueros *(pág. 84)*

Cordero en salsa picante *(pág. 77)*

Orellas de carnaval

ORELLAS DE CARNAVAL

Tiempo de preparación: 30 minutos
Dificultad: media

Ingredientes para 6 - 8 personas:

* 1/2 kg de harina
* 100 g de azúcar
* 3 huevos
* 1 dl de leche
* 1 naranja
* 1 limón
* 50 g de mantequilla
* 1 cucharadita de anís
* canela en polvo
* aceite para freír
* azúcar para espolvorear

Preparación:

1. En un bol grande, amasar la harina con un huevo entero, las dos yemas restantes, la mantequilla fundida, un poco de canela, el zumo de la naranja y el del limón, el anís, el azúcar y la leche.
2. Trabajar bien todos los ingredientes, hasta conseguir una masa homogénea.
3. Batir las claras de huevo a punto de nieve e incorporar a la pasta mezclándolas a la misma.
4. Colocar la masa sobre una superficie plana, enharinar por encima y estirar con el rodillo.
5. Cortar en trozos rectangulares.
6. Freír en una sartén con aceite a fuego no muy fuerte.
7. Una vez fritas, espolvorear con azúcar.

24 de Febrero

El menú de cada día

Ensalada de jamón y sesos *(pág. 105)*

Caldero de pastor

Torta de anís *(pág. 103)*

CALDERO DE PASTOR

Tiempo de preparación: 1 hora y 25 minutos
Dificultad: baja

Ingredientes para 4 personas:

* 1 kg de cordero o ternasco
* 2 cebollas
* 4 tomates maduros
* 1 kg de patatas
* pimienta blanca molida
* aceite
* sal

Preparación:

1. Trocear la carne.
2. Pelar y cortar las cebollas.
3. Pelar las patatas y cortarlas en rodajas de 1 cm de espesor. Freírlas en aceite y conservarlas.
4. Escaldar los tomates en agua hirviendo, retirarles la piel y enseguida convertirlos en puré.
5. En una cazuela de barro amplia y plana con aceite hirviendo, dorar la carne. A media cocción, añadir la cebolla y, cuando esté transparente, agregar el tomate.
6. Salpimentar.
7. Cuando el sofrito esté en su punto, agregar las patatas y mezclar carne, patatas y sofrito.
8. Dejar la cazuela sobre fuego mínimo durante unos 20 minutos.
9. Servir caliente en la misma cazuela.

25 de Febrero

El menú de cada día

Sopa a la maña

Codornices con verduras al estilo aragonés
(pág. 99)

Tortas de Chanchigorri
(pág. 95)

Ingredientes para 4 personas:

* 4 dientes de ajo
* 300 g de pan del día anterior
* 150 g de chorizo
* 4 cucharadas de puré de tomate
* 1 pimiento pequeño asado
* 4 huevos
* aceite
* sal

SOPA A LA MAÑA

Tiempo de preparación: 1 hora
Dificultad: media

Preparación:

1. Pelar los dientes de ajo y cortarlos por la mitad a lo largo.
2. Pelar y trocear el pimiento.
3. Cortar el pan en rebanadas finas.
4. En un perol de barro con aceite hirviendo, sofreír los ajos.
5. Añadir el puré de tomate y el pimiento.
6. Remover el sofrito durante unos segundos y agregar el chorizo troceado y el pan.
7. Rociar con 1 litro de agua hirviendo y espolvorear con sal.
8. Dejar el perol sobre fuego normal hasta que espese el caldo.
9. Introducir en el horno y gratinar durante unos segundos. Cascar los huevos encima e introducir de nuevo en el horno hasta que coagulen. Servir enseguida.

26 de Febrero

El menú de cada día

Ensalada de espinacas
(pág. 144)

Huevos empanados
(pág. 156)

Mel i mató (Miel y requesón)

Ingredientes para 4 personas:

* 1 l de leche de cabra o de vaca
* 10 g de cuajo en polvo
* 2 dl de agua

MEL I MATÓ (MIEL Y REQUESÓN)

Tiempo de preparación: 30 minutos
Dificultad: baja

Preparación:

1. Primero mezclar el agua con el cuajo en polvo.
2. Poner la leche en un cazo al fuego y que hierva. Cuando haya hervido y esté aún caliente, añadirle 4 cucharadas de la mezcla del cuajo.
3. Seguidamente, colar la leche en un recipiente, con cuidado, con un colador de malla muy fina. Comprobar que el suero que desprende la leche pasa al recipiente y en el colador queda el «mató».
4. Este «mató» se puede servir con azúcar o con almendras picadas, pero la manera más exquisita de tomarlo es con miel.
5. Se pone el «mató» obtenido repartido en 4 platos y se vierte una cucharada de miel sobre cada porción de «mató».

27 de Febrero

El menú de cada día

Conejo a la pastora
(pág. 63)

Tordos de Tudela

Crema frita con salsa de frambuesa
(pág. 176)

TORDOS DE TUDELA

Tiempo de preparación: 55 minutos
Dificultad: media

Ingredientes para 4 personas:

* 8 tordos
* 150 g de jamón
* 4 cebollas
* 3 dientes de ajo
* 1 hoja de laurel
* 1 clavo
* 1 vaso de vino
* 1 vaso de aceite
* sal

Preparación:

1. Limpiar cuidadosamente los tordos, cortar el jamón en 8 pedazos, y pelar y picar bien las cebollas.
2. Meter dentro de cada tordo un pedazo de jamón.
3. En una cazuela plana con aceite, dorar los tordos. Añadir al mismo tiempo y en crudo la cebolla, los dientes de ajo sin pelar y enteros, el laurel, el clavo, el vino y sal.
4. Dejar la cazuela a fuego lento y, cuando los tordos estén tiernos, retirarlos y servirlos rociados con su salsa, previamente, pasada por el tamiz.

28 de Febrero

El menú de cada día

Potaje de espinacas extremeño

Pollo a las finas hierbas
(pág. 79)

Tarta de mirabeles (Fruta típica gallega)
(pág. 78)

POTAJE DE ESPINACAS EXTREMEÑO

Tiempo de preparación: 1 hora
Dificultad: media

Ingredientes para 4 personas:

* 1/4 kg de espinacas
* 400 g de garbanzos cocidos
* 150 g de jamón en lonchas muy finas
* 1 yema de huevo
* 2 cucharadas de harina
* aceite y sal

Preparación:

1. Limpiar cuidadosamente las espinacas bajo el grifo de agua fría; cocerlas en una cazuela con 1 litro de agua hirviendo y sal durante unos 20 minutos; escurrirlas y dejarlas enfriar.
2. Calentar unas 6 cucharadas de aceite en otra cazuela y diluir en él la harina; antes de que tome color, rociar con el jugo de las espinacas hasta formar una mezcla un poco clara; espolvorear con sal, dejar sobre fuego lento unos 5 minutos y retirar del fuego.
3. Pasar las espinacas por el pasapurés y añadirlas a la salsa anterior; remover la mezcla continuamente, ligar con la yema de huevo y agregar los garbanzos. Seguir mezclando durante un rato y añadir el caldo sobrante de las espinacas.
4. En una sartén con un poco de aceite, saltear las lonchas de jamón.
5. Por último, servirlas junto con el puré.

Marzo

1 de Marzo

El menú de cada día

Caracoles en salsa
(pág. 90)

Huevos con hortalizas
(pág. 76)

Intxaursalsa

Ingredientes para 6 personas:

* 1/2 kg de nueces peladas
* 1/2 kg de azúcar
* 1 palito de canela
* 1 1/2 l de leche

INTXAURSALSA

Tiempo de preparación:
1 hora y 15 minutos
Dificultad: baja

Preparación:

1. Picar las nueces con un cuchillo o, mejor, machacarlas en el mortero.
2. En un cazo al fuego, poner a hervir un litro de leche.
3. Cuando empiece a hervir, añadir las nueces machacadas, añadir el azúcar y el palito de canela.
4. Dejar hervir lentamente, unos tres cuartos de hora, vigilando que no se derrame y añadiendo poco a poco el medio litro de leche, según se vaya reduciendo.
5. Debe quedar de una consistencia como de natillas.
6. Retirar la ramita de canela. Dejar enfriar y servir en tazas.

2 de Marzo

El menú de cada día

Huevos revueltos con espárragos
(pág. 42)

Callos a la madrileña

Suspiros de monja
(pág. 121)

Ingredientes para 6 personas:

* 2 kg de callos
* 1 kg de morro de vaca o ternera
* 1 kg de pata de vaca o ternera
* una punta de jamón
* 100 g de tocino de jamón y un hueso de jamón
* 2 morcillas
* 2 chorizos
* 1 cabeza de ajo
* 1 cebolla pequeña
* pimentón picante y una guindilla
* 1 cucharadita de pimienta blanca molida
* perejil
* una hoja de laurel

CALLOS A LA MADRILEÑA

Tiempo de preparación: 1 hora y 45 minutos
Dificultad: baja

Preparación:

1. Limpiar cuidadosamente los callos con agua fresca y un poco de vinagre.
2. Limpiar también el morro y la pata de ternera.
3. En una cazuela con agua hirviendo, poner a cocer los callos, el morro, la pata, el jamón, las morcillas, los chorizos, la cabeza de ajo, la guindilla, el perejil, el laurel, sal y pimienta. Dejar a fuego lento 1 hora y treinta minutos,
4. Mientras preparar un sofrito con la cebolla triturada, una cucharadita de harina y media cucharada de pimentón picante.
5. Añadirlo a los callos y dejar hervir 15 minutos.
6. Servir en la misma cazuela si es de barro.

3 de Marzo

El menú de cada día

Olla aranesa

Chuletas en adobo
(pág. 89)

Torta a la navarra
(pág. 87)

Ingredientes para 6 personas:

* 8 l de agua
* 1 hueso de jamón
* 1 hueso de rodilla de ternera
* 1/2 oreja de cerdo y 1/2 morro
* 200 g de tocino fresco
* 1/4 de gallina
* 1 butifarra cruda de 100 g
* 1 butifarra negra de 300 g
* 1 cebolla y 1 cabeza de ajos
* 2 ramas de apio
* 3 puerros
* 6 zanahorias
* 4 clavos de especia
* 1 kg de patatas
* 1/2 col verde
* 200 g de judías ya cocidas
* 150 g de fideos
* 50 g de arroz
* sal y pimienta

«Pilota»

* 300 g de carne de cerdo picada
* 1 huevo
* 1 cucharada de pan rallado
* un poco de harina
* sal, pimienta y aceite

OLLA ARANESA

Tiempo de preparación:
2 horas y 40 minutos
Dificultad: alta

Preparación:

1. Chamuscar en el fuego la oreja, el morro, la gallina, para que queden limpios; pasar por agua fría. Pelar las verduras y hortalizas y cortar en dados.
2. Poner una olla al fuego con el agua indicada, esperar a que empiece a hervir, añadir los clavos de especia, la cebolla, los ajos, la oreja de cerdo, la gallina y el tocino. Dejar que hierva lentamente, durante tres cuartos de hora (a partir de la ebullición), espumar con el cucharón varias veces, para eliminar las impurezas y grasas que suben a la superficie. Añadir entonces las verduras limpias y cortadas en dados y dejar que vuelva a hervir tres cuartos de hora más, destapada.

«Pilota»:

3. Mezclar la carne picada con el huevo, el pan rallado, sal y pimienta, trabajar primero con un tenedor y luego con las manos, formar una pelota, alargada, bien apretada, enharinarla y freírla con aceite.
4. Añadirla al caldo, junto con las butifarras. Dejar cocer durante 30 minutos.
5. Luego añadir los fideos y el arroz. Antes de finalizar la cocción, añadir las judías ya hervidas.
6. En el momento de llevar la olla a la mesa, retirar el apio, los ajos y los huesos. Cortar la «pilota», las carnes y las butifarras a trozos. Servir bien caliente.

4 de Marzo

El menú de cada día

Potaje gallego
(pág. 82)

Cabrito a la castellana
(pág. 17)

Pestiños castellanos

Ingredientes para 4 personas:

* 250 g de harina
* miel
* 1/2 taza pequeña de aceite caliente
* 2 tacitas de vino blanco seco
* 1 copita de anís

PESTIÑOS CASTELLANOS

Tiempo de preparación: 30 minutos
Dificultad: baja

Preparación:

1. Poner a calentar el aceite en un pucherito.
2. En otro, calentar el vino blanco.
3. En un recipiente hondo, disponer la harina, el aceite, el anís, el vino blanco y amasar durante un buen rato hasta obtener una masa lisa.
4. Cuando la masa esté bien lisa y suave, aplastarla con el rodillo y espolvorearla con un poco de harina.
5. Dejar la masa con un espesor de 1/2 centímetro.
6. Con la ayuda de un vaso de vino, o de unos moldes de pastelería para recortar, formar los pestiños.
7. En una sartén amplia y con aceite abundante y muy caliente, freír dichas figuras de masa.
8. Servirlos en una fuente rociándolas con miel o con azúcar.

5 de Marzo

El menú de cada día

Espencat (Ensalada)
(pág. 140)

Liebre en escabeche

Yemas de coco
(pág. 133)

LIEBRE EN ESCABECHE

Tiempo de preparación: 1 hora y 40 minutos
Dificultad: baja

Ingredientes para 4 personas:

* 1 liebre
* 100 g de cebollitas
* 100 g de zanahorias tiernas
* 3 dientes de ajo
* 1 limón
* 1 hoja de laurel
* tomillo
* perejil
* pimienta en grano
* 1 vasito de vino
* 1 vasito de vinagre
* aceite
* sal

Preparación:

1. Trocear la liebre, exprimir el limón, pelar las cebollitas, raspar las zanahorias, y pelar los dientes de ajo y picarlos junto con el perejil.
2. En una cazuela plana de barro con aceite hirviendo, rehogar los trozos de liebre hasta que tomen color.
3. Retirar la cazuela del fuego y rociar con el vino, el vinagre y 2 cucharadas de zumo de limón.
4. Añadir las cebollitas, las zanahorias, el perejil, el ajo, el laurel y el tomillo; sazonar con sal y 2 o 3 granos de pimienta.
5. Colocar de nuevo la cazuela sobre el fuego y dejarla hasta que la liebre quede bien tierna.
6. Retirar los trozos de liebre, colocarlos en una fuente de barro y disponer alrededor las cebollitas, las zanahorias y el laurel. Colar el jugo de cocción y recubrir con él la liebre.

6 de Marzo

El menú de cada día

Huevos revueltos con espárragos

Cordero lechal asado
(pág. 80)

Espuma de chocolate
(pág. 31)

HUEVOS REVUELTOS CON ESPÁRRAGOS

Tiempo de preparación: 45 minutos
Dificultad: baja

Ingredientes para 4 personas:

* 1 manojo de espárragos
* 8 huevos
* mantequilla
* pimienta molida
* sal

Preparación:

1. Limpiar los espárragos y cortar la parte tierna en pedazos de 1 cm. Ponerlos a blanquear en una cazuela con agua hirviendo y sal durante unos 15 minutos. Escurrirlos.
2. Tras retirarlos y escurrirlos, rehogar los espárragos a fuego lento en una sartén con mantequilla.
3. En una cazuela aparte, cascar los huevos, salpimentarlos y añadir un poco de mantequilla, mezclándolos continuamente, a fuego vivo, con una cuchara de madera para evitar que se peguen.
4. Cuando los huevos estén cuajados, retirar la cazuela del fuego, incorporar los espárragos y mezclar.
5. Pueden decorarse con 4 espárragos cocidos enteros que se habrán reservado desde el principio.

7 de Marzo

El menú de cada día

Arroz con vino
(pág. 87)

Anguilas con habichuelas al estilo aragonés
(pág. 91)

Compota de peras al vino

Ingredientes para 6 personas:

* 1 kg de peras de invierno
* 250 g de azúcar
* 1 ramita de canela
* 1 corteza de limón
* 3 dl de vino tinto
* 1/2 dl de coñac

COMPOTA DE PERAS AL VINO

Tiempo de preparación: 45 minutos
Dificultad: baja

Preparación:

1. Pelar las peras, quitarles el corazón y las semillas y partirlas en trozos.
2. En un cazo al fuego, poner las peras cubiertas de agua, añadir la canela, el azúcar y, por último, la corteza de limón. Cuando estén a medio cocer, verter el vino y el coñac.
3. Dejar cocer hasta que las peras estén tiernas y el jugo quede reducido.
4. Antes de servir, retirar la canela y la piel del limón. Dejar enfriar.
5. Esta compota puede acompañarse de nata batida.

8 de Marzo

El menú de cada día

Menestra de verduras
(pág. 101)

Capón asado

Alfajores
(pág. 80)

Ingredientes para 6 personas:

* 1 capón
* 100 g de jamón serrano en lonchas
* 6 cebollas pequeñas
* 4 dientes de ajo
* 1/2 l de caldo de pollo
* sal

CAPÓN ASADO

Tiempo de preparación: 4 horas
Dificultad: alta

Preparación:

1. Limpiar el capón, retirar la grasa de su interior y sazonar por dentro y por fuera.
2. Poner en su interior las cebollas peladas y enteras, los dientes de ajo y las lonchas de jamón.
3. Cerrar la abertura del capón con un bramante.
4. Fundir la mitad de la grasa del capón y añadir el caldo del pollo. Añadir el resto de la grasa al capón.
5. Atravesar el capón con un asador y cocer en el horno muy lentamente. Colocar debajo del capón una bandeja con la grasa mezclada con el caldo y rociar varias veces el capón durante la cocción.
6. Dejar cocer el capón en el horno por espacio de una hora y media o dos horas, según el tamaño.
7. Servir el capón entero.

9 de Marzo

El menú de cada día

Sopa marinera

Merluza del mesonero
(pág. 189)

Torrijas con paletada de miel
(pág. 84)

Ingredientes para 4 personas:

* 1/2 kg de berberechos
* 1/2 kg de mejillones
* 2 dientes de ajo
* 12 rebanadas de pan
* 2 cebollas medianas
* 2 tomates maduros
* 1/2 cucharada de pimentón
* aceite
* perejil
* sal

SOPA MARINERA

Tiempo de preparación: 55 minutos
Dificultad: media

Preparación:

1. Limpiar cuidadosamente los mejillones, quitándoles todas las barbas.
2. Poner en remojo los berberechos en un poco de agua fría con una pizca de sal.
3. Pelar y trocear finamente las cebollas y los dientes de ajo.
4. Retirar la piel de los tomates y triturar la pulpa hasta formar un puré.
5. En una cazuela que se pueda tapar y con un litro de agua hirviendo, dar unos hervores a los berberechos y los mejillones.
6. Colar el caldo y retirar las conchas de los moluscos.
7. En una sartén con un poco de aceite caliente, sofreír la cebolla y los ajos. Añadir el puré de tomate y dejar a fuego lento hasta que se espese.
8. Espolvorear el sofrito con el pimentón y retirar la sartén del fuego.
9. Juntar el sofrito con el caldo, agregar los berberechos y los mejillones.
10. Sazonar y dejar de nuevo al fuego unos diez minutos.
11. Tostar las rebanadas de pan, que deben ser delgaditas.
12. Colocar en una sopera las rebanadas tostadas de pan. Verter el caldo encima y decorar con perejil muy picado.

10 de Marzo

El menú de cada día

Potaje de puerros
(pág. 76)

Estofado de ternera
(pág. 103)

Pudin de piña a la manera cántabra

Ingredientes para 4 personas:

* 1 bote de piña de 1 kg
* 200 g de bizcochos de soletilla
* 100 g de almendras tostadas
* 3 huevos
* 110 g de azúcar
* 30 cl de coñac

PUDÍN DE PIÑA A LA MANERA CÁNTABRA

Tiempo de preparación: 1 hora
Dificultad: media

Preparación:

1. Trabajar con la espátula de madera las yemas de los huevos con 60 g de azúcar hasta que estén espumosas.
2. Triturar con la batidora las rodajas de piña, sin jugo. Mezclar con la crema de huevos y azúcar. Añadir los bizcochos desmenuzados, las almendras molidas y el coñac; trabajar bien.
3. Montar las claras de los huevos a punto de nieve e incorporarlas a la mezcla anterior. A continuación, verter toda la crema preparada en una flanera previamente caramelizada.
4. Precalentar el horno e introducir la flanera al baño María. Dejar cocer durante unos 30 minutos a fuego moderado, unos 180 °C.
5. Desmoldar cuando esté completamente frío.

11 de Marzo

El menú de cada día

Ensalada de bogavante y berros
(pág. 96)

Manjar de gallina

Tocinillos de cielo
(pág. 81)

Ingredientes para 6 personas:

* 1 gallina
* 1 cebolla
* 2 cucharadas de harina
* 1 tazón de leche
* azúcar
* sal

MANJAR DE GALLINA

Tiempo de preparación: 2 horas
Dificultad: media

Preparación:

1. En un puchero con agua hirviendo, sal y la cebolla pelada y troceada, cocer la gallina partida en cuartos.
2. Cuando esté tierna, quitar el puchero del fuego, retirar la gallina, y dejar enfriar el caldo.
3. Separar la carne de los huesos de la gallina, y reservarla.
4. Conservar el caldo durante una noche en el frigorífico. Pasado este tiempo, retirar la grasa de la superficie y ponerlo a cocer de nuevo, a fuego lento, añadiendo de vez en cuando 1 cucharada de leche y harina mezcladas.
5. Cuando el caldo esté espeso, agregar la carne de gallina cortada en pequeños trozos, rectificar de sal y espolvorear con bastante azúcar.
6. Dejar hervir durante unos 10 minutos a fuego lento, y servir.

12 de Marzo

El menú de cada día

Fideuà (Fideos con pescado)

Ostras a la pimienta negra
(pág. 195)

Perrunillas
(pág. 83)

Ingredientes para 4 personas:

* 400 g de fideos curvados y huecos del n.º 2
* 4 cigalas
* 300 g de rape
* 1 cucharada de pimentón picante
* 1 cebolla
* 2 dientes de ajo
* 400 g de tomates maduros
* 1 dl de aceite de oliva
* azafrán, perejil, sal y pimienta
* caldo de pescado, el doble en volumen que fideos

FIDEUÀ (FIDEOS CON PESCADO)

Tiempo de preparación: 40 minutos
Dificultad: baja

Preparación:

1. En una paella, poner el aceite a calentar y rehogar en él las cigalas. Reservar.
2. En el mismo aceite, rehogar el rape cortado en trozos, añadir la cebolla cortada fina. Antes de que tome color, añadir los ajos y el perejil picados, luego los tomates pelados y picados pequeños.
3. Salpimentar. Sofreír sin dejar de remover el pimentón picante, remover y ligar bien con los demás ingredientes.
4. Añadir enseguida los fideos bien repartidos, remover la paella con cuidado.
5. Añadir el caldo de pescado caliente, aromatizar con las hebras de azafrán tostado.
6. Probar el punto de sal y rectificar, si es necesario.
7. Dejar hervir a fuego medio unos doce minutos.
8. Antes de finalizar la cocción, decorar con las cigalas reservadas, dejar 5 minutos; si fuera necesario, añadir un poco más de caldo.
9. Dejar reposar unos minutos y servir en la misma cazuela.

13 de Marzo

El menú de cada día

Paella a la marinera
(pág. 114)

Truchas a la asturiana
(pág. 188)

Leche frita

Ingredientes para 4 personas:

* 3/4 l de leche
* 2 huevos
* harina
* 6 cucharadas de azúcar
* 8 cucharadas de sémola
* vainilla
* 1 corteza de limón

LECHE FRITA

Tiempo de preparación:
1 hora
Dificultad: baja

Preparación:

1. Poner en un cazo la leche con el azúcar, la corteza de limón y un poco de vainilla.
2. Cuando dé el primer hervor, añadir poco a poco la sémola, removiendo continuamente, y dejar sobre fuego lento unos 15 minutos, vigilando que no desborde en ningún momento el cazo.
3. Verter en una fuente, dejar enfriar y cortar la masa a cuadrados iguales.
4. Rebozar los cuadraditos con harina y huevo batido y, finalmente, con harina. Freírlos en una sartén con aceite hirviendo y espolvorearlos con azúcar.

14 de Marzo

El menú de cada día

Fabada asturiana

Caldereta de lomo
(pág. 108)

Coquillos
(pág. 94)

Ingredientes para 10 personas:

* 1 kg de «fabes» (judías blancas)
* 1 pedazo de lacón (paletilla de cerdo salada y curada como el jamón)
* 1 oreja de cerdo
* 1 morcilla asturiana
* 1 longaniza
* 1 pedazo de cecina
* 250 g de tocino con costillas
* 100 g de unto (manteca de cerdo ahumada)
* 1 repollo
* 4 berzas
* 1/2 kg de patatas
* nabizas

FABADA ASTURIANA

Tiempo de preparación: 25 minutos más el tiempo de cocción de las «fabes»
Dificultad: media

Preparación:

1. En un pote o marmita de buen tamaño, poner las «fabes» (que habrán estado en remojo durante toda la noche anterior), el lacón, la oreja, la morcilla, la longaniza, la cecina y el trozo de tocino con costillas.
2. Recubrir con agua fría y disponer la olla a fuego normal. Dejar hervir y espumar.
3. Quitar las primeras hojas y lavar el repollo con agua fría.
4. Trocear las berzas.
5. Pelar las nabizas y las patatas. Hacer trozos grandes de estas últimas.
6. Cuando las judías y las carnes estén a medio cocer, añadir el repollo, las berzas, las nabizas y las patatas. Agregar también el unto.
7. Dejar cocer la marmita a fuego normal y retirarla cuando las «fabes», las carnes y hortalizas estén en su punto.
8. Comprobar el punto de sal y rectificar si es preciso (las carnes, al ser en buena parte sazonadas, ya dan el punto de sal).

15 de Marzo

El menú de cada día

Pote a la asturiana

Pajaritos con jamón
(pág. 114)

Tocinillo de cielo
a la crema de frambuesas
(pág. 113)

Ingredientes para 4 personas:

* 200 g de judías blancas de la granja
* 100 g jamón magro
* 2 chorizos
* 100 g de tocino magro
* 1 cebolla
* 1 diente de ajo
* aceite
* sal
* pimienta

POTE A LA ASTURIANA

Tiempo de preparación: 55 minutos, más el tiempo de cocción de las judías
Dificultad: baja

Preparación:

1. Poner las judías en remojo en agua fría la noche anterior.
2. Al día siguiente, ponerlas a cocer en agua fría hasta que estén tiernas.
3. Pelar y picar la cebolla y el diente de ajo.
4. Cortar el tocino, el chorizo y el diente de ajo.
5. Escurrir las judías ya cocidas y reservar el caldo de cocción.
6. En un pote con aceite caliente, sofreír la cebolla, el diente de ajo, el jamón, el chorizo y el tocino. Cuando todo empiece a tomar color, agregar las judías y 1/4 de litro del caldo de su cocción.
7. Salpimentar y dejar a fuego lento durante una media hora.

16 de Marzo

El menú de cada día

Titaina (pimiento,
tomate y atún)
(pág. 117)

Tortilla a la maña
(pág. 137)

Quesada aragonesa

Ingredientes para 4 personas:

* 1/2 kg de requesón
* 1 limón
* 7 cucharadas de azúcar fino
* 7 huevos

QUESADA ARAGONESA

Tiempo de preparación: 1 hora y 15 minutos
Dificultad: baja

Preparación:

1. En un recipiente hondo, mezclar el requesón, el azúcar y la ralladura de 1 limón, aplastando con un tenedor.
2. Cuando esté todo bien mezclado agregar los huevos batidos. Seguir mezclando.
3. Poner la quesada en un molde redondo y cocer en horno suave, al baño María, durante 1 hora aproximadamente.
4. Servir fríos.

17 de Marzo

El menú de cada día

Patatas con rape

Cazuela marinera
(pág. 143)

Marañuelas leonesas
(pág. 139)

PATATAS CON RAPE

Tiempo de preparación: 55 minutos
Dificultad: media

Ingredientes para 6 personas:

* 500 g de rape
* 1 1/2 kg de patatas
* 2 cebollas grandes
* 4 tomates maduros
* 2 dientes de ajo
* 1 pimiento rojo
* azafrán
* pimentón dulce
* aceite
* sal

Preparación:

1. En una cazuela de barro con aceite, agregar las cebollas y los ajos pelados y picados finos.
2. Una vez rehogado, añadir los tomates pelados y picados y el pimiento limpio y cortado en trozos pequeños.
3. Dejar rehogar e incorporar las patatas peladas y cortadas en trozos; añadir unas hebras de azafrán, un poco de pimentón y sal.
4. Agregar agua hasta cubrir las patatas; dejar cocer durante veinticinco minutos, aproximadamente.
5. Casi al final de la cocción, agregar el rape y rectificar de sal.
6. Dejar cocer el rape durante 5 minutos y, a continuación, apartar la cazuela del fuego.
7. Servir caliente.

18 de Marzo

El menú de cada día

Olla de invierno
(pág. 206)

Carne con salsa de pimientos

Mamia (Cuajada vasca)
(pág. 213)

CARNE CON SALSA DE PIMIENTOS

Tiempo de preparación: 55 minutos
Dificultad: baja

Ingredientes para 4 personas:

* 1/2 kg de carne de puchero tierna sin desperdicios
* 5 tomates maduros
* 2 pimientos rojos grandes
* caldo
* aceite
* sal

Preparación:

1. Trocear la carne en dados.
2. Escaldar los tomates, retirarles la piel y convertirlos en puré.
3. Asar los pimientos, pelarlos y cortarlos a tiras.
4. En una cazuela de barro con aceite caliente, preparar un sofrito con el tomate y un poco de sal.
5. Pasados 15 minutos, agregar la carne y los pimientos. Rociar con un poco de caldo y dejar a fuego normal unos 15 minutos más.
6. Retirar del fuego y servir en la misma cazuela.

19 de Marzo

El menú de cada día

Sopa de ajo a la Tía Remigia *(pág. 211)*

Sepia guisada *(pág. 193)*

Virutas de san José

Ingredientes para 4 personas:

* 7 cucharadas de harina
* 4 cucharadas de mantequilla
* 7 cucharadas de azúcar de lustre
* 1 huevo
* 1/2 vaso de leche
* unas gotas de esencia de vainilla

VIRUTAS DE SAN JOSÉ

Tiempo de preparación: 40 minutos
Dificultad: baja

Preparación:

1. Cortar en pedacitos la mantequilla; batir el huevo en un plato.
2. Pasar la harina por el tamiz y disponerla en un recipiente hondo.
3. Añadir la leche, el azúcar, la mantequilla, el huevo y la esencia de vainilla, y mezclar con cuidado hasta obtener una masa fina y fluida.
4. Disponer la masa sobre el mármol, previamente espolvoreado con un poco de harina. Aplanarla con un rodillo y cortarla en tiras de 2 cm de ancho y 7 de largo.
5. Untar con mantequilla una placa de horno y disponer las virutas una junto a otra, pero sin que se toquen.
6. Introducir la placa en horno muy fuerte y, en cuanto las virutas tomen color, retirarlas.
7. Con la ayuda de un palo redondo, enrollar las virutas en forma de espiral; dejarlas enfriar.
8. Servirlas enseguida o conservarlas en una caja de metal para que no se ablanden.

20 de Marzo

El menú de cada día

Garbanzos a la andaluza *(pág. 216)*

Cochifrito

Filloas de matanza *(pág. 184)*

Ingredientes para 4 personas:

* 1/4 de cordero lechal
* 1 cebolla
* 2 dientes de ajo
* 1 limón
* 1 cucharada de pimentón
* pimienta en grano
* aceite
* perejil
* sal

COCHIFRITO

Tiempo de preparación: 50 minutos
Dificultad: baja

Preparación:

1. Limpiar y cortar a trozos el cordero, y salarlo.
2. Pelar y trocear la cebolla y los dientes de ajo.
3. En una cazuela amplia de barro sobre el fuego, poner aceite abundante y, cuando esté bien caliente, dorar la carne.
4. Añadir la cebolla, los dientes de ajo, el pimentón, la pimienta machacada, el perejil picado y rociar con el zumo de un limón.
5. Rebajar el fuego al mínimo y remover de vez en cuando, hasta que la carne esté bien tierna.
6. Servir en la misma cazuela.

21 de Marzo

El menú de cada día

Mejillones a la panadeira

Parrillada de mariscos (pág. 204)

Calabazate cocido (pág. 125)

Ingredientes para 6 personas:

* 3 kg de mejillones
* 100 g de bacon
* 6 cebollas pequeñas
* 3 tomates
* 1 pimiento rojo grande
* 1 pimiento verde grande
* 6 dientes de ajo
* 1 cucharada de pimentón dulce
* 2 hojas de laurel
* 1 copa de vino blanco
* perejil, azafrán, aceite y sal
* pan rallado

MEJILLONES A LA PANADEIRA

Tiempo de preparación: 1 hora y 5 minutos
Dificultad: media

Preparación:

1. Limpiar los mejillones bajo un chorro abundante de agua fría, raspando sus valvas con un cuchillo hasta dejarlas completamente limpias.
2. Abrir los mejillones al vapor en una cazuela donde se habrá añadido el vino blanco y las hojas de laurel.
3. Colar y reservar el caldo de la cocción.
4. Preparación de la salsa: en una cazuela con aceite previamente calentado, agregar las cebollas, los ajos, los pimientos, y el bacon finamente picados. Sazonar con sal. Dejar cocer todo junto a fuego lento.
5. A media cocción, añadir el pimentón y después mezclar el tomate triturado, dejándolo cocer 5 minutos.
6. Añadir el azafrán y el caldo de los mejillones.
7. Dejar hervir otros 5 minutos hasta que esté todo bien cocido.
8. Eliminar la valva superior de los mejillones y colocar la inferior, con la carne hacia arriba, en una placa resistente al calor.
9. Verter la salsa por encima de los mejillones, añadir el pan rallado, el perejil trinchado e introducir en el horno hasta que esté bien gratinado.
10. Servir muy caliente.

22 de Marzo

El menú de cada día

Patatas con pimiento (pág. 170)

Codornices a las uvas

Teresicas (pág. 160)

Ingredientes para 4 personas:

* 8 codornices
* 16 lonchas de tocino entreverado
* 8 rebanadas de pan sentado
* 100 g de mantequilla
* 400 g de uva blanca de grano grande
* sal y pimienta

Salsa

* 1 lata de trufa
* 50 g de jamón
* 1 dl de Oporto
* 1 copita de coñac
* 1 1/4 dl de crema de leche
* 25 g de mantequilla
* 20 g de harina

CODORNICES A LAS UVAS

Tiempo de preparación: 1 hora y 15 minutos
Dificultad: media

Preparación:

1. Limpiar bien las aves, chamuscar, salpimentar por dentro y por fuera, introducir dentro de cada una de ellas un trocito de tocino y un grano de uva sin piel ni pepitas.
2. Rodear cada codorniz con una loncha de tocino muy fina, atar.
3. Calentar en una cacerola la mitad de la mantequilla. Cuando empiece a tomar color, añadir las codornices, darles la vuelta con frecuencia, una vez estén bien doradas, apartar la cacerola del fuego y llevar al horno precalentado unos diez minutos para terminar bien su cocción.
4. Mientras, vaciar un poco el centro de las rebanadas de pan, untarlas con mantequilla y tostarlas al horno por ambos lados.
5. Lavar y limpiar bien las uvas, sacar las pepitas, saltear en la misma grasa de saltear las codornices, rociar con el Oporto y el coñac y encender.

Salsa:

6. Calentar un poco de mantequilla en un cazo pequeño y freír el jamón cortado en tiras finas, añadir la trufa picada pequeña, remover, poner la harina, dejar dorar y rociar con la crema de leche y la preparación de las uvas, dejar cocer a fuego lento unos cinco minutos. Colocar sobre cada rebanada de pan una codorniz, rociar con salsa y con las uvas.

23 de Marzo

El menú de cada día

Judías de la huerta con almejas
(pág. 155)

Pollastre farcit a la catalana (Pollo relleno)
(pág. 142)

Buñuelos de san José

Ingredientes para 4 personas:

* 150 g de harina
* 100 g de mantequilla
* 5 huevos
* 250 g de nata de pastelería
* sal
* aceite

BUÑUELOS DE SAN JOSÉ

Tiempo de preparación: 1 hora
Dificultad: media

Preparación:

1. En un cazo, calentar 1/4 l de agua y la mantequilla. Cuando rompa a hervir, añadir la harina y remover continuamente. Retirar del fuego tras unos minutos.
2. Seguir removiendo y volver a colocar el cazo sobre el fuego, mezclando hasta obtener una masa que se despegue de las paredes del cazo.
3. Retirar el recipiente del fuego y, cuando esté tibio, agregar los huevos de uno en uno y mezclar. Espolvorear con un poco de sal.
4. En una sartén con abundante aceite hirviendo, ir friendo la masa en porciones de una cucharada cada una, hasta lograr unos buñuelos redondos.
5. Abrirlos con la ayuda de una tijera y rellenarlos con nata.

24 de Marzo

El menú de cada día

Alcachofas en cazuela
(pág. 149)

Codornices con ternera

Bunyols del Pirineu (Buñuelos del Pirineo)
(pág. 140)

Ingredientes para 4 personas:

* 8 codornices
* 300 g de carne de ternera picada
* 100 g de jamón
* 1 cebolla pequeña
* 50 g de aceitunas verdes
* 1 vaso de vino blanco
* 4 cucharadas de mantequilla
* aceite y sal

CODORNICES CON TERNERA

Tiempo de preparación: 1 hora y 15 minutos
Dificultad: alta

Preparación:

1. Vaciar, limpiar y secar las codornices. Seguidamente salarlas, por dentro y por fuera.
2. Retirar el hueso de las aceitunas y picarlas finamente.
3. Cortar en pedazos el jamón y trocear la cebolla pelada.
4. En un recipiente hondo, mezclar la carne picada, las aceitunas, el jamón, mantequilla y sal.
5. Rellenar las codornices con la mezcla anterior.
6. En una cazuela plana de barro, disponer las codornices y la cebolla. Regar con aceite, 1 vaso de vino y 1/2 de agua.
7. Poner la cazuela sobre el fuego y, cuando dé el primer hervor, bajarlo, dejando cocer las codornices unos 45 minutos, a fuego lento.

25 de Marzo

El menú de cada día

Cazuela de espárragos trigueros

Dorada al horno
(pág. 154)

Bartolillos
(pág. 141)

CAZUELA DE ESPÁRRAGOS TRIGUEROS

Tiempo de preparación: 25 minutos
Dificultad: baja

Ingredientes para 6 personas:

* 3 manojos de espárragos trigueros gruesos a poder ser
* 6 huevos
* 6 dientes de ajo
* pimentón dulce
* pan
* aceite
* vinagre
* sal

Preparación:

1. Cortar las puntas de los espárragos negros y ponerlas a cocer con agua y sal. Escurrir.
2. En una sartén con aceite caliente, freír los ajos enteros y una rebanada de pan.
3. Una vez fritos los ajos y el pan, machacarlo todo junto en un mortero.
4. Añadir también una cucharada de pimentón y 1/2 decilitro de vinagre. Mezclar todo muy bien.
5. En seis cazuelitas de barro individuales, repartir la majada y, a continuación, distribuir las puntas de espárragos.
6. Cascar un huevo en cada cazuelita, sazonar y poner al horno durante 5 minutos.
7. Servir caliente.

26 de Marzo

El menú de cada día

Menestra de verduras santanderina
(pág. 113)

Cabrito al horno
(pág. 20)

Roscón de Almería

ROSCÓN DE ALMERÍA

Tiempo de preparación: 1 hora y 5 minutos
Dificultad: alta

Ingredientes para 6 personas:

* 400 g de harina
* 150 g de azúcar
* 1 huevo
* 1 cucharada de levadura
* 1 copa de anís
* 1 vaso de leche
* 1 vaso pequeño de aceite
* sal

Preparación:

1. Templar la leche, añadir la levadura y un poco de sal. Batir hasta que se deshaga la levadura.
2. Formar un volcán de harina sobre el mármol y agregar los demás ingredientes, finalizando con la leche y la levadura.
3. Mezclar y amasar bien hasta conseguir una pasta homogénea; dejar reposar.
4. Amasar un poco más y estirar la masa.
5. Redondear la masa y unir los dos extremos para así formar el rosco.
6. Colocar el rosco en una bandeja previamente untada con mantequilla, espolvorear con azúcar y llevar al horno, a temperatura media, durante 35 o 40 minutos, aproximadamente.
7. Servir frío.

27 de Marzo

El menú de cada día

Ensalada murciana
(pág. 142)

Churrasco de ternera

Merengue de arroz
(pág. 143)

CHURRASCO DE TERNERA

Tiempo de preparación:
1 hora y 40 minutos
Dificultad: baja

Ingredientes para 6 personas:

* 1 1/2 kg de carne para churrasco
* 3 cebollas
* 3 zanahorias
* 4 dientes de ajo
* 1 hoja de laurel
* 1 vaso pequeño de vino blanco
* 1 vaso de caldo de carne
* perejil
* aceite
* pimienta blanca
* sal

Preparación:

1. En una cazuela de barro, colocar el churrasco cortado en trozos, junto con las cebollas peladas, los ajos, las zanahorias, el laurel, el perejil y la pimienta, todo previamente picado.
2. Añadir también el vino y un chorro de aceite. Sazonar.
3. Introducir la cazuela en el horno y dejar cocer el churrasco, dándole vueltas; añadir caldo, si la salsa se reduce mucho.

28 de Marzo

El menú de cada día

Empanada de congrio

Calamares guisados
(pág. 132)

Suspiros de Murcia
(pág. 115)

EMPANADA DE CONGRIO

Tiempo de preparación: 1 hora y 10 minutos
Dificultad: alta

Ingredientes para 6 personas:

* 1 1/2 kg de congrio en filetes sin espinas
* 5 cebollas
* 2 pimientos morrones
* una pizca de azafrán
* 1/2 l de aceite
* sal

Para la masa

* 1 kg de harina
* 40 g de levadura
* 2 huevos
* 1/4 l de agua
* aceite
* sal

Preparación:

Para la masa:

1. En un recipiente, mezclar agua tibia, levadura y sal.
2. Añadir la harina y los huevos y amasar.
3. Verter un chorrito de aceite.

Para el relleno:

4. Picar las cebollas y los pimientos. Echar en una cazuela y rehogarlos con aceite, la pizca de azafrán y la sal.
5. Trabajar la masa y dejarla reposar durante 15 minutos, tapándola con un paño.
6. Partir la masa en dos mitades y estirarla.
7. Colocar la masa en una placa previamente untada con aceite.
8. Repartir el relleno y los filetes de congrio hasta cubrir la masa.
9. Cubrir con el resto de la masa cerrando bien los bordes de la empanada.
10. Pinchar la masa para que no se hinche.
11. Introducir la placa en el horno a una temperatura de 200 °C, durante 15 minutos.

29 de Marzo

El menú de cada día

Sardinas con pimientos y patatas

Tortilla de cangrejos (pág. 126)

Borrachos de Guadalajara (pág. 127)

SARDINAS CON PIMIENTOS Y PATATAS

Tiempo de preparación: 1 hora y 20 minutos
Dificultad: baja

Ingredientes para 6 personas:

* 1 1/2 kg de sardinas
* 1 kg de patatas
* 1 1/2 kg de pimientos de Herbón
* 1 hoja de laurel
* aceite
* sal

Preparación:

1. Limpiar las sardinas y salarlas.
2. Dejarlas reposar durante dos horas, para que se impregnen de sal.
3. Colocarlas en una parrilla y asarlas por los dos lados.
4. Cortar las patatas con la piel a trozos grandes y ponerlas a cocer con agua, sal y laurel.
5. A media cocción, escurrir el agua y taparlas con un paño.
6. Dejar las patatas al lado del fuego para que se sequen y se terminen de cocer.
7. En una cazuela con abundante aceite, freír lentamente los pimientos y, una vez fritos, escurrir y espolvorear con sal.
8. Colocar las patatas en una bandeja, poner encima las sardinas y adornar con los pimientos.

30 de Marzo

El menú de cada día

Ancas de rana al vino blanco (pág. 98)

Caldero de pastor (pág. 35)

Roscos de vino

ROSCOS DE VINO

Tiempo de preparación: 1 hora y 10 minutos
Dificultad: media

Ingredientes para 4 personas:

* 1 l de buen vino blanco
* 1/2 l de aceite frito
* 200 g de azúcar
* 40 g de granos de anís secos
* harina de trigo
* almíbar a punto de hebra
* azúcar granillo para rebozar
* azúcar de lustre para espolvorear

Preparación:

1. En un recipiente un poco hondo, poner el vino, el aceite frito pero que habremos dejado enfriar antes, el azúcar y los granos de anís, machacados en el mortero.
2. Ir añadiendo la harina, trabajando, hasta formar una masa un poco dura, trabajarla bien con las manos hasta dejarla suave y lisa.
3. Hacer roscos de unos 15 o 20 gramos cada uno, formando unas bolas y con el dedo formar un hueco central.
4. Untar una fuente para horno y colocar los roscos en ella; dejar reposar 20 minutos y cocerlos precalentando el horno un poco fuerte.
5. Cuando estén cocidos, dejar enfriar.
6. Bañar con el almíbar caliente a punto de hebra flojo.
7. Pasarlos por el azúcar granillo y espolvorear con el azúcar de lustre, dejar secar 4 o 5 minutos.

El menú de cada día

Sopa de almendras
(pág. 29)

Calamarcitos al jerez
(pág. 124)

Baltazares de nueces

Ingredientes para 4 personas:

* 4 huevos y 2 yemas
* nueces trituradas (igual peso que el de los 4 huevos más las 2 yemas)
* azúcar (el mismo peso que las nueces)
* harina (la mitad del peso del azúcar)
* mantequilla derretida (el mismo peso que la harina)
* 1 limón
* 2 copitas de ron, o de brandy
* azúcar de lustre

BALTAZARES DE NUECES

Tiempo de preparación: 1 hora y 10 minutos
Dificultad: media

Preparación:

1. En un recipiente hondo, poner los 4 huevos y las 2 yemas, las nueces, el azúcar, la harina, la mantequilla derretida, la ralladura de 1/2 limón y el licor.
2. Mezclar bien y batir durante un buen rato.
3. Cuando la masa esté en su punto, formar a continuación unas pequeñas tortillas.
4. En una sartén pequeña con un poco de mantequilla, saltear las tortillas, dándoles la vuelta.
5. Cuando las piezas estén doradas por los dos lados, enrollarlas rápidamente.
6. Disponerlas en una fuente una al lado de la otra y espolvorearlas con azúcar de lustre.

Abril

1 de Abril

El menú de cada día

Pisto montañés

Rabo de toro estofado
(pág. 7)

Flan de manzana
(pág. 198)

Ingredientes para 4 personas:

* 2 pimientos verdes, grandes
* 1 cebolla grande
* 2 calabacines
* 3 tomates maduros
* 4 huevos
* pan tostado
* 1/2 dl de vino blanco
* 1 cucharada de azúcar
* aceite de oliva
* sal
* pimienta blanca

PISTO MONTAÑÉS

Tiempo de preparación: 45 minutos
Dificultad: baja

Preparación:

1. Partir los pimientos, sacarles las semillas y partirlos en cuadrados. Pelar los calabacines y cortarlos en dados.
2. Pelar los tomates, trocearlos y freírlos en un poco de aceite, sazonar con sal y azúcar. Pasar por el chino y reservar.
3. En un cazo con un poco de aceite, rehogar la cebolla cortada fina y antes de que tome color, añadir los pimientos. Añadir el vino y dejar evaporar. Salpimentar y dejar cocer lentamente, con el cazo tapado.
4. Añadir los calabacines y volver a tapar. Cuando todo esté en su punto, echar los tomates que se habían reservado. Mezclar bien todo e incorporar los huevos ligeramente batidos. Remover cuidadosamente con un tenedor mientras el pisto va cuajando.
5. Servir enseguida, acompañado de rodajas de pan tostado.

2 de Abril

El menú de cada día

Paella a la aragonesa
(pág. 161)

Mejillones en salsa
(pág. 172)

Quesada de la reina

Ingredientes para 6 personas:

* 900 g de requesón
* 200 g de azúcar
* 5 huevos
* 40 g de mantequilla
* azúcar glas
* canela en polvo

QUESADA DE LA REINA

Tiempo de preparación: 1 hora y 10 minutos
Dificultad: baja

Preparación:

1. Con un tenedor, trabajar el requesón aplastándolo bien; agregar, poco a poco, el azúcar, mezclándolo bien.
2. Batir los huevos, azucararlos y añadir la canela.
3. Agregar a la masa del requesón y mezclar bien.
4. Untar un molde con mantequilla y colocar en el mismo la masa preparada.
5. Introducir en el horno y dejar cocer durante una hora, aproximadamente.
6. Servir espolvoreado con azúcar glas y canela en polvo.

3 de Abril

El menú de cada día

Sopa de ostras
(pág. 174)

Merluza con acelgas

Buñuelos de manzanas
(pág. 158)

Ingredientes para 6 personas:

* 6 colas de merluza de unos 200 g cada una
* 1 kg de acelgas
* 700 g de patatas
* aceite
* sal

MERLUZA CON ACELGAS

Tiempo de preparación: 55 minutos
Dificultad: baja

Preparación:

1. Limpiar bien las acelgas con abundante agua.
2. Poner una olla con agua y sal y, cuando empiece a hervir, agregar las acelgas.
3. Dejar cocer durante 10 minutos y añadir las patatas, peladas y troceadas.
4. Añadir las colas de merluza cuando las patatas estén ya casi cocidas. Dejar cocer la merluza unos minutos más.
5. Colocar las colas de pescado en una fuente adornándola con las patatas y las acelgas. Aliñar con un poco de aceite.
6. Es importante servir recién hecho.

4 de Abril

El menú de cada día

Fideos con almejas

Langostinos al ajo
(pág. 160)

Helado de miel
(pág. 126)

Ingredientes para 4 personas:

* 250 g de fideos
* 750 g de almejas
* 2 cebollas pequeñas
* 1 pimiento morrón
* 2 tomates maduros
* ajo
* perejil
* laurel
* aceite
* sal
* azafrán

FIDEOS CON ALMEJAS

Tiempo de preparación: 40 minutos
Dificultad: baja

Preparación:

1. Picar las cebollas, el ajo, el pimiento y el perejil.
2. Triturar los tomates.
3. En una cazuela, calentar aceite.
4. Añadir al aceite caliente las cebollas, el ajo, los pimientos, el perejil y los tomates. Mantener en el fuego hasta terminar el sofrito.
5. Cocer las almejas al vapor, con un poco de laurel.
6. Una vez abiertas las almejas retirarlas del fuego y sacarlas del agua.
7. Colar el agua de las almejas y añadirla al sofrito; dejar que hierva durante 10 minutos.
8. Añadir los fideos al sofrito y dejarlos cocer durante 20 minutos.
9. Añadir las almejas, el azafrán y rectificar de sal.
10. Este plato se sirve caliente.

5 de Abril

El menú de cada día

Michirones (Habas picantes) *(pág. 173)*

Anguila en salsa *(pág. 131)*

Torrijas a la navarra

Ingredientes para 4 personas:

- * 8 rebanadas finas de pan de dos o tres días antes
- * leche
- * azúcar
- * 2 huevos
- * aceite
- * canela en polvo
- * miel

TORRIJAS A LA NAVARRA

Tiempo de preparación: 1 hora y 45 minutos
Dificultad: baja

Preparación:

1. Poner leche fría con azúcar en un recipiente y disponer en ellas las rebanadas de pan.
2. Pasada 1 hora, retirar el pan y escurrirlo apretando con la mano para exprimir la leche.
3. Batir los huevos en un plato hondo.
4. Rebozar el pan con huevos batidos y freír las rebanadas en una sartén con aceite hirviendo.
5. Retirar las rebanadas, espolvorearlas con azúcar y con canela en polvo.
6. Las rebanadas pueden untarse con miel, al gusto, y espolvorearlas de nuevo con canela.

6 de Abril

El menú de cada día

Pringada extremeña *(pág. 153)*

Conejo a la navarra

Roscón de fiestas extremeño *(pág. 152)*

Ingredientes para 4 personas:

- * 1 conejo
- * 1/2 kg de patatas
- * 4 tomates maduros
- * 1/2 kg de cebollitas
- * 2 dientes de ajo
- * 1 limón
- * 1 hoja de laurel
- * romero, perejil, harina, sal y pimienta
- * 1 vasito de vino blanco
- * 100 g de manteca de cerdo

CONEJO A LA NAVARRA

Tiempo de preparación: 3 horas y 15 minutos
Dificultad: media

Preparación:

1. Limpiar, secar y trocear el conejo. Exprimir el limón y rociar con su zumo el conejo.
2. Pelar las cebollitas y pelar y picar los dientes de ajo, escaldar los tomates en agua caliente, pelarlos y trincharlos y pelar y cortar las patatas a rodajas.
3. Preparar un manojo de hierbas compuestos por el laurel, el perejil y el romero.
4. En una cazuela de barro plana con 100 g de manteca caliente, dorar los trozos de conejo pasados por harina. A continuación, agregar las cebollitas, dejándolas durante unos 5 minutos. Espolvorear con sal y añadir los ajos y el vino blanco.
5. Incorporar el tomate, el manojo de hierbas y la pimienta. Tapar la cazuela y dejar a fuego lento unas 2 horas.
6. Antes de terminar la cocción, retirar el ramo compuesto y poner las patatas encima del guiso. Introducir en el horno hasta que éstas estén en su punto, es decir, cuando tomen un tono dorado.
7. Servir en la misma cazuela.

7 de Abril

El menú de cada día

Pimientos rellenos

Ancas de rana al ajillo
(pág. 123)

Teresitas
(pág. 116)

Ingredientes para 4 personas:

* 12 pimientos morrones frescos
* 250 g de picadillo de cerdo
* 2 tazas pequeñas de arroz blanco hervido
* 2 yemas de huevo
* 1 cebolla grande picada
* 1 diente de ajo triturado
* perejil picado
* sal y pimienta molida
* medio tazón de puré de tomate
* 1 vaso de vino blanco seco
* aceite de oliva

PIMIENTOS RELLENOS

Tiempo de preparación: 1 hora
Dificultad: baja

Preparación:

1. En una sartén con aceite caliente sofreír la cebolla y el picadillo de carne removiendo con una cuchara de madera. Salpimentar.
2. Añadir el arroz hervido y el perejil. Mezclar de nuevo y retirar del fuego. Agregar las dos yemas de huevo. Dejar enfriar.
3. Rellenar con la mezcla los pimientos, con la ayuda de una cuchara sopera humedecida con agua.
4. Poner los pimientos uno al lado del otro en una cazuela de barro.
5. En una sartén con aceite, calentar el puré de tomate añadiendo el ajo y el perejil.
6. Recubrir los pimientos con el puré de tomate. Disponer la cazuela sobre el fuego y, al primer hervor, rociar los pimientos con un chorrito de aceite y el vino blanco.
7. Tapar la cazuela y dejarla a fuego muy lento unos treinta minutos; remover de vez en cuando para evitar que se pegue el guiso.

8 de Abril

El menú de cada día

Sopa de perdices
(pág. 177)

Estofado de cordero mechado
(pág. 100)

Rosquillas al horno

Ingredientes para 4 personas:

* 1/2 kg de harina
* 1/2 l de aceite
* 1/4 l de agua
* 250 g de azúcar
* 12 huevos

ROSQUILLAS AL HORNO

Tiempo de preparación: 40 minutos
Dificultad: baja

Preparación:

1. En un recipiente hondo, disponer el aceite y el agua. Poner sobre el fuego y, cuando comience a hervir, añadir la harina en forma de lluvia y el azúcar. Mezclar y retirar del fuego.
2. Cuando la mezcla se haya enfriado, añadir los 12 huevos y amasar.
3. En una placa pastelera untada con aceite, colocar cucharadas de la masa anterior haciendo un agujero en el centro de cada una, dándoles forma de rosquillas.
4. Introducir la placa en horno suave y mantener hasta que las rosquillas estén doradas.

9 de Abril

El menú de cada día

Espárragos a la navarra
(pág. 138)

Truchas en escabeche

Seguillos
(pág. 119)

Ingredientes para 4 personas:

* 4 truchas
* 1/2 l de vinagre
* 1/2 l de aceite
* 1 cucharada de pimentón picante
* 2 hojas de laurel
* sal

TRUCHAS EN ESCABECHE

Tiempo de preparación: 30 minutos
Dificultad: media

Preparación:

1. Limpiar bien las truchas.
2. Sazonarlas y freírlas en una sartén con abundante aceite. Reservar.
3. Dejar enfriar un poco el aceite de la sartén y añadir el pimentón, el vinagre y el laurel. Dejar reposar un buen rato.
4. Añadir las truchas, que deben quedar bien cubiertas por el escabeche.

10 de Abril

El menú de cada día

Croquetas de marisco

Truchas a la turolense
(pág. 120)

Brazo de gitano
(pág. 144)

Ingredientes para 6 personas:

* 400 g de marisco variado (gambas, langostinos, cigalas)
* 400 g de harina
* 2 l de leche
* 1 cebolla
* 150 g de mantequilla
* 2 huevos
* nuez moscada
* pan rallado
* sal

CROQUETAS DE MARISCO

Tiempo de preparación: 50 minutos
Dificultad: media

Preparación:

1. Limpiar bien el marisco y ponerlo a cocer con poca agua.
2. Colar el marisco, pelarlo y trocearlo.
3. En un recipiente aparte, hervir toda la leche.
4. En una sartén con mantequilla, dorar la cebolla, previamente picada.
5. En otra cazuela, dejar fundir el resto de la mantequilla, echándole un poco de sal y nuez moscada.
6. Añadir la harina a la mantequilla, removiéndola constantemente para que no se pegue.
7. Agregar el sofrito de cebolla y remover.
8. Verter la leche y seguir removiendo hasta que se forme la pasta.
9. Cuando la bechamel esté bien cocida, agregar los trocitos de marisco, removiendo con cuidado y constantemente durante 5 minutos, aproximadamente.
10. Dejar enfriar la pasta en otra fuente.
11. Una vez fría la pasta y con ayuda de una cuchara, formar las croquetas.
12. Batir los dos huevos y bañar con ellos todas las croquetas.
13. Rebozar las croquetas en el pan rallado.
14. En una sartén, con aceite muy caliente, freír las croquetas y, seguidamente, pasarlas a una fuente, donde ya estarán dispuestas para servir.

11 de Abril

El menú de cada día

Pote marinero
(pág. 150)
(pág. 150)

Angulas en cazuela
(pág. 118)

Compota de manzanas

COMPOTA DE MANZANAS

Tiempo de preparación: 50 minutos
Dificultad: baja

Ingredientes para 4 personas:

* 1 kg de manzanas
* 10 cucharadas de azúcar
* agua

Preparación:

1. Pelar las manzanas, retirar las semillas, y trocearlas.
2. En una cazuela, colocar las manzanas y el azúcar; cubrir con agua.
3. Poner la cazuela sobre fuego normal y dejar hasta que las manzanas estén blandas.
4. Dejar enfriar y conservar la compota en un tarro de cristal. Guardado en un lugar fresco y resguardado de la luz se mantiene durante semanas.

12 de Abril

El menú de cada día

Setas con salsa de almendras
(pág. 168)

Conejo a la pastora

Flan de frutas cántabro
(pág. 151)

CONEJO A LA PASTORA

Tiempo de preparación: 1 hora y 20 minutos
Dificultad: baja

Ingredientes para 4 personas:

* 1 conejo gordo pero tierno
* 1 cebolla pequeña
* 1 rebanada de pan
* 1 hoja de laurel
* 1 vaso pequeño de vino tinto
* 3 cucharadas de vinagre
* aceite de oliva
* ajo, perejil y sal
* pimienta molida
* media cucharadita de pimentón

Preparación:

1. Limpiar el conejo y trocearlo.
2. Pelar y picar la cebolla.
3. Triturar el ajo pelado y el perejil.
4. En una cazuela con aceite hirviendo, dorar por ambos lados la rebanada de pan. Retirarla y conservar en un plato, empapándola bien de vinagre.
5. En el aceite sobrante, freír la cebolla y añadir enseguida los pedazos de conejo. Remover y dejar a fuego lento hasta que quede bien rehogado.
6. Mientras, machacar en el mortero el ajo y el perejil triturados, el pan frito y espolvorear con sal y pimienta.
7. Espolvorear el conejo con un poco de pimentón y rociarlo con el vino tinto, poner el laurel, y con agua hasta cubrirlo. Añadir la majadilla, remover y dejar a fuego lento.
8. Dejar el guiso hasta llegar al punto justo de cocción.

13 de Abril

El menú de cada día

Arroz con pulpo

Marisco a la plancha
(pág. 166)

Florones
(pág. 190)

Ingredientes para 4 personas:

* 500 g de arroz
* 2 kg de pulpo
* 4 cebollas
* 1 pimiento rojo
* 2 tomates
* 1/2 cucharada de pimentón
* 1 dl de leche

ARROZ CON PULPO

Tiempo de preparación: 1 hora y 15 minutos
Dificultad: media

Preparación:

1. Lavar el pulpo bajo un chorro de agua fría.
2. Poner una olla con agua al fuego y llevarla a ebullición; cocer el pulpo; meterlo y sacarlo del agua tres veces, dejando que en cada intervalo el agua llegue otra vez, a ebullición.
3. Rehogar, en una cazuela de barro con el aceite ya bien caliente, las cebollas picadas, el pimiento, los tomates troceados o triturados y el pulpo troceado y el pimentón.
4. Remover continuamente para evitar por todos los medios de que se pegue.
5. Una vez hecho el sofrito, agregar una cucharada del agua de cocer el pulpo.
6. Dejarlo cocer todo junto durante 20 minutos, añadiendo más agua, si vemos que el sofrito se espesa demasiado.
7. Incorporar el arroz y rehogar unos minutos, añadiendo a continuación 10 cucharadas de agua, aproximadamente.
8. Rectificar de sal y dejar que hierva durante 20 minutos más, aproximadamente.
9. Dejar reposar un momento y servir caliente.

14 de Abril

El menú de cada día

Habas con almejas
(pág. 193)

Rape mozárabe
(pág. 217)

Rosquillas caseras

Ingredientes para 4 personas:

* 400 g de harina
* 150 g de azúcar
* 12 yemas de huevo
* 1 copita de aguardiente
* aceite
* sal

ROSQUILLAS CASERAS

Tiempo de preparación: 45 minutos
Dificultad: baja

Preparación:

1. En una fuente honda disponer la harina formando un hueco en el centro. Disponer en el hueco las yemas de huevo diluidas con el aguardiente y una pizca de sal.
2. Trabajar la masa hasta que quede consistente. Coger pequeñas porciones, dándoles la forma de cordón y unir los extremos.
3. Disponer las rosquillas en una placa de pastelería untada con aceite, pintarlas ligeramente con aceite y cocerlas en horno fuerte.
4. Retirar las rosquillas cuando tomen color y espolvorearlas con azúcar.
5. Servir frías.

15 de Abril

El menú de cada día

Guisantes a la maña
(pág. 167)

Dorada de Alcántara

Rejanes
(pág. 175)

DORADA DE ALCÁNTARA

Tiempo de preparación: 1 hora y 40 minutos
Dificultad: media

Ingredientes para 4 personas:

* 1 dorada de 1 kg, aproximadamente
* 200 g de lucio
* 1/2 kg de mejillones
* 50 g de miga de pan
* 1 cebolla
* 2 huevos
* 1 vasito de vino tinto
* aceite
* sal

Preparación:

1. Limpiar cuidadosamente la dorada, vaciarla, lavarla y secarla; limpiar los mejillones y cocerlos al vapor; por último, pelar y picar la cebolla.
2. Preparar un relleno con el lucio picado, la miga de pan muy desmenuzada, la cebolla picada y una yema de huevo.
3. Espolvorear la dorada con sal por fuera y por dentro; rellenarla con la mezcla anterior, coser el vientre y disponerla en una fuente refractaria untada con aceite.
4. Rociar el pescado con el vino tinto y meter la fuente en el horno, dejándola una hora. Durante la cocción, untar la superficie con el propio jugo de la dorada.
5. Disponer con cuidado el pescado en una fuente para servir, rodearlo con los mejillones y rociarlo con su jugo batido junto con un chorrito de aceite y la otra yema de huevo. Servir caliente.

16 de Abril

El menú de cada día

Costrada

Vieiras al natural
(pág. 196)

Frixuelos
(pág. 186)

COSTRADA

Tiempo de preparación: 1 hora y 5 minutos
Dificultad: media

Ingredientes para 4 personas:

* pan del día anterior (especial para sopas)
* 100 g de chorizo de Pamplona
* 4 zanahorias tiernas
* 4 cebollas
* 4 huevos
* caldo
* aceite
* sal

Preparación:

1. Cortar el pan en rebanadas finas y tostarlas en el horno.
2. Pelar y cortar a rodajas las zanahorias, pelar y triturar las cebollas, y cortar a cuadrados el chorizo.
3. En un puchero con agua hirviendo y sal, cocer las zanahorias y las cebollas. Colarlas y convertirlas en puré.
4. Mientras, en una sartén con aceite, sofreír el chorizo.
5. En una fuente semihonda refractaria, disponer una capa de pan; sobre ella, otra de chorizo y puré de zanahoria y cebolla, y rociar con la grasa del chorizo. Repetir la operación, terminando con una capa de pan.
6. Rociar con caldo y el resto de la grasa del chorizo, cascar los 4 huevos encima, e introducir en el horno muy caliente.
7. Retirar la fuente cuando los huevos estén cuajados. Servir sin cambiar la costrada de recipiente.

17 de Abril

El menú de cada día

Ensalada de rape muy especial (pág. 152)

Mejillones a la vinagreta (pág. 169)

Crema de chocolate

CREMA DE CHOCOLATE

Tiempo de preparación: 30 minutos
Dificultad: baja

Ingredientes para 4 personas:

* 5 cucharadas de chocolate en polvo
* 1/4 l de leche
* 3 huevos
* 100 g de mantequilla
* 2 cucharadas de maicena
* 8 cucharadas de azúcar fino

Preparación:

1. Separar las yemas de las claras de los huevos, y disolver el chocolate en la leche.
2. En un cazo, poner el azúcar, las yemas de huevo y la maicena, y verter la leche con el chocolate.
3. Llevar el cazo al fuego y remover continuamente con una cuchara de madera.
4. Pasados 5 minutos desde el primer hervor, añadir la mantequilla.
5. Seguir mezclando la crema unos minutos más, y retirar del fuego. Dejar enfriar y disponer la crema en una fuente redonda para servir.

18 de Abril

El menú de cada día

Cebollas rellenas al estilo de Cáceres (pág. 205)

Conejo al romero

Carbayón (pág. 199)

CONEJO AL ROMERO

Tiempo de preparación: 1 hora y 25 minutos
Dificultad: baja

Ingredientes para 4 personas:

* 1 conejo
* 1 rodaja de pan frito
* 3 dientes de ajo
* romero en polvo
* perejil
* 1 vaso de vino blanco
* aceite de oliva
* sal

Preparación:

1. Limpiar y secar el conejo y trocearlo en 8 pedazos.
2. Pelar los dientes de ajo, picarlos junto con el perejil.
3. En un mortero, machacar un diente de ajo y el pan frito. Rociar con el vino.
4. Espolvorear el conejo con el romero en polvo y disponerlo en una cazuela de barro; bañarlo con un buen chorro de aceite, salar y agregar el ajo, pan y perejil picados.
5. Dejar macerar durante 2 horas.
6. Añadir la picada del mortero y poner la cazuela a fuego medio. Mantener así hasta que el conejo esté tierno y la salsa espesa.

19 de Abril

El menú de cada día

Patatas viudas

Congrio en salsa marinera
(pág. 197)

Flaó
(Torta de queso)
(pág. 187)

PATATAS VIUDAS

Tiempo de preparación: 1 hora
Dificultad: baja

Ingredientes para 6 personas:

* 2 kg de patatas nuevas
* 1/2 cucharada de pimentón
* 1 cebolla grande
* aceite de oliva
* perejil
* pimentón
* sal

Preparación:

1. Pelar y cortar las patatas en trozos regulares.
2. Picar finamente 2 ramitas de perejil.
3. Pelar y triturar la cebolla.
4. En una cazuela de barro plana pero amplia, con aceite que recubra el fondo, y caliente, sofreír la cebolla.
5. Cuando la cebolla esté transparente, añadir las patatas lavadas y escurridas.
6. Dejar la cazuela a fuego normal, dándole vueltas continuamente a las patatas y cebolla hasta que todo tome un poco de color.
7. Espolvorear con sal y pimentón, remover de nuevo y rociar con agua hasta la mitad de las patatas.
8. Dejar a fuego muy lento hasta que estas últimas estén tiernas y el jugo de cocción quede casi absorbido.
9. Servir en la misma cazuela de barro.

20 de Abril

El menú de cada día

Xató de Sitges
(Ensalada)
(pág. 137)

Congrio con fideos
(pág. 148)

Sopas dulces

SOPAS DULCES

Tiempo de preparación: 1 hora
Dificultad: baja

Ingredientes para 4 personas:

* pan del día anterior
* 1 l de leche
* 200 g de almendras molidas
* 1 rama de canela
* 100 g de azúcar

Preparación:

1. Cortar el pan en rebanadas finas y disponer una capa de ellas en una cazuela de barro refractaria.
2. Espolvorear con azúcar mezclado con almendra molida. Repetir la operación hasta formar 3 capas.
3. En un cazo aparte, calentar la leche con la rama de canela. Colarla y dejarla enfriar. Cuando la leche esté templada, verterla en la cazuela con el pan hasta cubrir la superficie.
4. Introducir la cazuela en horno fuerte y dejarla unos 20 minutos, hasta que la superficie de las sopas de pan esté dorada.

21 de Abril

El menú de cada día

Vedella amb bolets
(Ternera con setas)
(pág. 190)

Tortilla extremeña

Bizcocho de manzanas
(pág. 149)

TORTILLA EXTREMEÑA

Tiempo de preparación: 25 minutos
Dificultad: baja

Ingredientes para 4 personas:

* 8 huevos
* 250 g de chorizo extremeño
* 1 guindilla picante
* 1/2 cucharada de pimentón
* aceite
* sal

Preparación:

1. Cortar el chorizo en rodajas y retirarles la piel; trocear la guindilla, y batir los huevos en un recipiente hondo.
2. En una sartén con un poco de aceite caliente, saltear las rodajas de chorizo junto con la guindilla; espolvorear con un poco de sal y el pimentón y agregar enseguida los huevos batidos.
3. Formar una tortilla redonda, jugosa por dentro pero dorada por fuera, disponerla en una fuente para servir y dejarla reposar unos 5 minutos.

22 de Abril

El menú de cada día

Consomé de hongos

Bacalao en salsa
(pág. 159)

Magdalenas
(pág. 157)

CONSOMÉ DE HONGOS

Tiempo de preparación: 3 horas
Dificultad: media

Ingredientes para 4 personas:

* 1 1/2 kg de hongos
* 2 kg de huesos de buey
* 4 zanahorias
* 2 puerros
* 2 tomates maduros
* agua
* sal
* pimienta

Guarnición

* 300 g de hongos
* unas rebanadas de pan tostado

Preparación:

1. Limpiar cuidadosamente los hongos, cortarles los pies, para que no contengan tierra, pasarlos rápidamente por agua.
2. Pelar los puerros y las zanahorias, cortarlos bien pequeños; pelar los tomates, sacar las pepitas, picarlos pequeños.
3. Poner una olla al fuego con agua y los huesos de buey. Cuando empiece a hervir, espumar varias veces.
4. Una vez limpio, añadir los demás ingredientes picados pequeños.
5. Dejar hervir lentamente unas dos horas; de vez en cuando, añadir un poco de agua fría; salpimentar.
6. Cuando esté de color claro, colar.
7. Añadir las cabezas de los hongos de guarnición cortados en dados, dejar hervir 20 minutos más.
8. Comprobar el punto de sal. Al servir, adornar con dados de pan tostados. Servir caliente.

23 de Abril

El menú de cada día

Tiznao (guiso manchego de patatas y bacalao)
(pág. 185)

Papayuelas asadas (Codornices)
(pág. 171)

Pastel cordobés

Ingredientes para 4 personas:

* 400 g de harina
* 50 g de manteca de cerdo
* 200 g de mantequilla
* 2 huevos
* 400 g de cabello de ángel
* 1 vaso de agua
* canela
* azúcar
* vinagre
* sal

PASTEL CORDOBÉS

Tiempo de preparación: 1 hora y 10 minutos
Dificultad: alta

Preparación:

1. Mezclar la harina con el agua, la manteca, un poco de sal y un chorrito de vinagre; amasar bien hasta conseguir una pasta homogénea.
2. Dejar reposar un rato, estirar la masa con el rodillo enharinado, untar la masa con la mantequilla blanda.
3. Doblar la masa seis veces (como para hacer el hojaldre) y partirla por la mitad.
4. Estirar cada mitad, dándole la misma forma redonda.
5. Cubrir una mitad con cabello de ángel, tapar con la otra mitad.
6. Pintar los extremos con huevo batido y cerrar las dos capas dándoles forma de trenza.
7. Ponerlo en el horno a temperatura alta por 30 o 35 minutos.
8. Una vez cocido, pintar toda la superficie con huevo batido y espolvorear con azúcar y canela.
9. Volver a introducir unos instantes el pastel en el horno ya apagado.
10. Servir caliente o frío.

24 de Abril

El menú de cada día

Tomatada
(pág. 188)

Conejo con castañas

Torrijas
(pág. 169)

Ingredientes para 6 personas:

* 2 conejos
* 1/2 kg de castañas
* 250 g de jamón
* 2 dientes de ajo
* 1 cebolla
* 2 zanahorias
* 1 copa de coñac
* 1 copa de jerez seco
* azafrán en rama
* caldo, maicena, sal y aceite

CONEJO CON CASTAÑAS

Tiempo de preparación: 1 hora y 10 minutos
Dificultad: media

Preparación:

1. Limpiar, trocear y salar el conejo.
2. En una cazuela con aceite, añadir el conejo troceado y los dientes de ajo picados.
3. Dejar dorar el conejo y luego añadir el jamón cortado en tacos muy pequeños, la cebolla, las zanahorias y el azafrán, todo bien picado con anterioridad. Mantener a fuego bajo para que se cueza lentamente.
4. Añadir el coñac, el jerez, el caldo y un poco de maicena, para que espese la salsa.
5. Dejar cocer todo junto durante 40 minutos.
6. En una cazuela aparte, dejar cocer las castañas; una vez hechas, pelarlas.
7. Una vez casi terminada la cocción del conejo, añadir las castañas cocidas y peladas.

25 de Abril

El menú de cada día

Judías verdes al estilo de Huesca

Merluza con patatas a la malagueña
(pág. 186)

Bizcochos de Calatayud
(pág. 155)

JUDÍAS VERDES AL ESTILO DE HUESCA

Tiempo de preparación: 1 hora y 10 minutos
Dificultad: baja

Ingredientes para 4 personas:

* 1 kg de judías tiernas finas
* 1 cebolla
* 2 dientes de ajo
* 8 cucharadas de puré de tomate
* 1/2 cucharada de azúcar
* pimienta molida
* aceite
* sal

Preparación:

1. Limpiar las judías y quitarles los hilos; ponerlas en remojo con agua fría.
2. Pelar y picar la cebolla y los dientes de ajo.
3. En una olla con agua hirviendo y sal, cocer las judías con el recipiente destapado.
4. Escurrir las judías y rociarlas con agua fría.
5. En una cazuela amplia con aceite hirviendo, sofreír ligeramente la cebolla y los ajos y añadir enseguida las judías bien escurridas.
6. Dar la vuelta a la verdura y sofrito. Rectificar de sal y espolvorear con una pizca de pimienta.
7. Cuando las judías empiecen a tomar color, agregar el puré de tomate con un poco de azúcar; remover durante unos minutos y servir caliente.

26 de Abril

El menú de cada día

Tomates horneados
(pág. 191)

Cordero asado a la cazadora

Filloas con crema
(pág. 179)

CORDERO ASADO A LA CAZADORA

Tiempo de preparación: 1 hora y 15 minutos, más una noche de adobo
Dificultad: media

Ingredientes para 6 personas:

* 1 pierna de cordero de 1 1/2 kg, aproximadamente
* 5 dientes de ajo
* 1 hoja de laurel
* 1 limón
* 2 tomates
* manteca de cerdo
* orégano, sal y pimienta
* pimentón dulce

Preparación:

1. Pelar los dientes de ajo.
2. Exprimir el limón y conservar el zumo.
3. Escaldar, pelar y despepitar los tomates y triturarlos.
4. En una fuente honda y amplia, preparar un adobo con los dientes de ajo, una cucharada de pimentón, sal, pimienta, orégano, laurel y un poco de agua fría. Poner la pierna de cordero y dejarla durante toda la noche.
5. Al día siguiente retirar la pierna del adobo, secarla con un trapo y disponerla en una fuente para horno.
6. Untar toda la carne con la manteca de cerdo reblandecida cerca de la lumbre, rociarla con el zumo de limón, añadir el tomate triturado y llevarla al horno.
7. Cuando la carne esté dorada por ambos lados y no suelte agua al pincharla, retirar la pierna, servirla bien caliente, rociada con su jugo de cocción.
8. Trincharla en la mesa en el momento de servirla.

27 de Abril

El menú de cada día

Tumbet mallorquí (verduras en cazuela) (pág. 194)

Congrio con patatas (pág. 191)

Piñonate

Ingredientes para 6 personas:

* 3 docenas de huevos
* 1 bote de miel
* 4 granos de anís
* harina
* 1/2 l de aceite
* 1 vaso de vino blanco dulce
* 200 g de piñones
* 500 g de almendras peladas y fritas
* canela en polvo

PIÑONATE

Tiempo de preparación: 1 hora y 25 minutos
Dificultad: alta

Preparación:

1. Batir los huevos y agregar la harina necesaria hasta formar una masa; añadir una cucharadita de aceite.
2. Amasar bien hasta obtener una pasta homogénea. Dejar reposar.
3. Coger porciones de masa del tamaño de una nuez y formar unas tortitas.
4. En una sartén con abundante aceite caliente, freír las tortitas.
5. Ponerlas en un cazo junto con los piñones, las almendras, la canela, los granos de anís ligeramente tostados y dos cucharadas de harina.
6. En una cazuelita al fuego, dejar hervir la miel hasta que, al echar un poquito de miel en un plato con agua fría, se forme una bola blanda. Entonces, la miel estará en su punto.
7. Mezclar bien los ingredientes del cazo con la miel, revolviendo el conjunto con la ayuda de dos espátulas.
8. Con las manos remojadas en vino, coger porciones de la masa y darles forma de piña. Envolver el piñonate en papel de seda.

28 de Abril

El menú de cada día

Cardos a la crema

Ostras fritas (pág. 199)

Casadielles (pág. 136)

Ingredientes para 4 personas:

* 1 pie de cardo
* 80 g de mantequilla
* 1 limón
* 40 g de harina
* 2,5 dl de leche
* 1 dl de crema de leche

Blanco de verduras

* 2 l de agua con sal
* 40 g harina
* 0,3 dl vinagre

CARDOS A LA CREMA

Tiempo de preparación: 2 horas y 30 minutos
Dificultad: media

Preparación:

1. Pelar cuidadosamente el cardo y quitarle todas las partes fibrosas. Pasarle el limón partido y troceado.
2. Preparar el blanco para cocerlo: en una olla, hervir el agua con sal, diluir la harina con un poco de agua fría y vinagre, echar esta preparación en la olla, dejar hervir un poco más.
3. Cuando haya hervido unos veinte minutos, echar el cardo al blanco de verduras. Debe cocer una hora y media, aproximadamente.
4. Cuando estén tiernos, escurrir.
5. En un cazo, derretir la mantequilla, incorporar los cardos y dejar rehogar bien.
6. Espolvorear con la harina, dejar rehogar 5 minutos a fuego suave, removiendo con la espátula de madera.
7. Verter la leche, dejar espesar y cocer 10 minutos. Añadir la crema de leche, comprobar el punto de sal y dejar cocer 5 minutos más.
8. Servir bien caliente en una fuente honda.

El menú de cada día

Alubias blancas con chorizo

Perdices al rescoldo (pág. 105)

Rosquillas de anís (pág. 122)

ALUBIAS BLANCAS CON CHORIZO

Tiempo de preparación: 2 horas y 10 minutos
Dificultad: baja

Ingredientes para 4 personas:

* 250 g de alubias blancas
* 200 g de chorizo casero
* 1 cebolla
* 2 tomates maduros
* 2 dientes de ajo
* 1 hoja de laurel
* aceite y sal

Preparación:

1. Dejar las alubias en remojo durante 12 horas.
2. Escurrirlas, ponerlas en una olla y cubrirlas con agua fría; añadirles la cebolla troceada, los ajos pelados y cortados, la hoja de laurel y un chorro de aceite. Seguidamente, dejar cocer a fuego lento.
3. A media cocción, añadir el chorizo, los tomates pelados y partidos. Salar, tapar y dejar cocer lentamente.
4. Cuando las alubias estén cocidas, retirar la hoja de laurel y los trozos de cebolla. Dejar en reposo durante media hora.
5. Servir con el caldo de las propias alubias en una fuente honda o en plato sopero.

30 de Abril

El menú de cada día

Ropa vieja (Restos de cocido)
(pág. 21)

Berenjenas rellenas
(pág. 10)

Tarta de manzanas

Ingredientes para 6 personas:

* 400 g de manzanas
* 3 huevos
* 150 g de harina
* 100 g de mantequilla
* zumo de limón
* 50 g de mermelada de albaricoque
* 1 cucharadita de levadura en polvo
* 100 g de azúcar

TARTA DE MANZANAS

Tiempo de preparación: 50 minutos
Dificultad: baja

Preparación:

1. Batir los 3 huevos junto con el azúcar en un bol.
2. Añadir la mantequilla reblandecida; trabajar con las varillas.
3. Aromatizar con el zumo de limón.
4. Cuando esté todo bien mezclado, añadir la harina con la levadura incorporada. Amalgamar bien todo el conjunto.
5. Untar con mantequilla un molde para tartas y verter en él la preparación anterior.
6. Pelar las manzanas, cortarlas a gajos finos y cubrir la crema del molde.
7. Precalentar el horno a temperatura media, introducir el molde y dejar cocer unos 30 minutos.
8. Al retirarlo del horno, cubrir la tarta con la mermelada de albaricoque, dejar enfriar y servir.

Mayo

1 de Mayo

El menú de cada día

Judías estofadas
(pág. 19)

Huevos con hortalizas

Yemas de santa Teresa
(pág. 120)

Ingredientes para 4 personas:

* 8 huevos
* 1 kg de patatas
* 1/2 kg de tomates maduros
* 1/2 kg de guisantes desgranados cocidos
* 1 cebolla
* 150 g de chorizo extremeño
* 150 g de jamón magro
* pimienta
* aceite
* sal

HUEVOS CON HORTALIZAS

Tiempo de preparación: 1 hora y 35 minutos
Dificultad: media

Preparación:

1. Pelar las patatas y cocerlas con agua y sal durante unos 30 minutos; dejarlas enfriar y cortarlas a cuadrados; pelar y picar la cebolla; escaldar los tomates durante unos minutos, retirarles la piel y triturarlos, y trocear el jamón y el chorizo.
2. En una cazuela amplia con aceite hirviendo, sofreír la cebolla y los tomates, y, cuando esté todo bien rehogado, añadir las patatas, el jamón y el chorizo; salpimentar, mezclar y dejar a fuego lento unos 15 minutos.
3. Añadir los guisantes ya cocidos, revolver y cascar encima de la mezcla los huevos.
4. Introducir la cazuela en el horno y dejarla hasta que la clara quede cuajada.

2 de Mayo

El menú de cada día

Potaje de puerros

Patatas con sardinas
(pág. 33)

Mantecadas de Astorga
(pág. 11)

Ingredientes para 6 personas:

* 2 kg de patatas
* 6 puerros grandes
* 1 pan palentino (bobo)
* manteca de cerdo
* caldo de cocido
* sal
* pimienta molida

POTAJE DE PUERROS

Tiempo de preparación: 1 hora y 10 minutos
Dificultad: baja

Preparación:

1. Pelar y trocear las patatas.
2. Cortar la parte blanca de los puerros en rodajas.
3. Cortar el pan en rebanadas pequeñas y asarlas en el horno.
4. En un puchero echar caldo de cocido, sin que llegue a hervir.
5. En una cazuela de barro con unas ocho cucharadas de manteca, rehogar los puerros.
6. Antes de que los puerros tomen color, agregar las patatas, sazonar con sal y pimienta y recubrir con caldo caliente. Dejar a fuego normal durante unos treinta minutos.
7. Disponer las rebanadas de pan tostado sobre cuencos de barro individuales y recubrirlas con el guiso.

3 de Mayo

El menú de cada día

Lentejas estofadas (pág. 27)

Cabrito al ajo cabañil (pág. 25)

Tarta de Sacromonte

Ingredientes para 6 personas:

* 24 huevos
* 1 kg de azúcar
* 600 g de miga de pan seco
* 50 g de manteca
* canela en polvo

TARTA DE SACROMONTE

Tiempo de preparación: 1 hora
Dificultad: media

Preparación:

1. Batir los huevos; incorporar el azúcar y una cucharadita de canela en polvo.
2. Tostar un poco la miga de pan y añadirla a la mezcla, batiéndolo todo junto hasta conseguir una pasta homogénea.
3. Untar un molde con la manteca y distribuir la masa.
4. Seguidamente, llevar al horno a temperatura media por espacio de treinta y cinco minutos.
5. Dejar enfriar y desmoldar con cuidado.
6. Servir frío.

4 de Mayo

El menú de cada día

Potaje castizo (pág. 26)

Cordero en salsa picante

Orellas de carnaval (pág. 35)

Ingredientes para 4 personas:

* 1 pierna de cordero de 1 1/2 kg, aproximadamente
* 2 cebollas
* 2 zanahorias
* pimienta molida
* aceite
* sal
* salsa picante

CORDERO EN SALSA PICANTE

Tiempo de preparación: 1 hora y 40 minutos
Dificultad: media

Preparación:

1. Efectuar tres cortes en la pierna de cordero pasando el hueso pero sin llegar al final de la carne. Salpimentarla y poner en una fuente refractaria.
2. Pelar y cortar las cebollas y las zanahorias; disponerlas alrededor del cordero y rociar con un chorrito de aceite y 2 vasos de agua.
3. Introducir la fuente en horno normal y dejarla hasta que la carne quede crujiente en la superficie y jugosa por dentro. Añadir el agua que sea necesaria durante la cocción.
4. Trocear la carne, disponerla en una fuente y recubrirla con su salsa e ingredientes pasados por el chino.
5. Acompañar la carne con salsa picante.

5 de Mayo

El menú de cada día

Setas a la navarra

Albóndigas a la bilbaína (pág. 14)

Merengues dobles (pág. 8)

Ingredientes para 4 personas:

* 1/2 kg de setas
* 2 dientes de ajo
* 12 almendras peladas sin tostar
* 1/2 cucharada de pimentón
* 4 cucharadas de vino blanco
* manteca de cerdo
* sal

SETAS A LA NAVARRA

Tiempo de preparación: 1 hora y 10 minutos
Dificultad: baja

Preparación:

1. Lavar cuidadosamente las setas con agua fría y sal.
2. Dejar enteras las pequeñas, trocear las más grandes cortando la parte terrosa y dejando el tronco, si no es demasiado seco. Desechar las que no estén en buen estado.
3. Calentar manteca en una sartén amplia y saltear en ella las setas con un poco de sal.
4. Dejar a fuego medio unos 10 minutos, rociarlas con el vino y agregar las almendras, previamente machacadas en un mortero. Espolvorear con pimentón. Mezclar y dejar unos minutos más.
5. Machacar los dientes de ajo pelados y añadirlos a la mezcla.
6. Remover de forma continua y mantener la cocción durante unos 10 minutos más.

6 de Mayo

El menú de cada día

Potaje andaluz (pág. 6)

Cachopo (pág. 28)

Tarta de mirabeles (Fruta típica gallega)

Ingredientes para 6 personas:

* 1 kg de mirabeles
* 1 plancha fina de bizcocho
* 1/2 l de crema pastelera
* 100 g de jalea de albaricoques
* 2 copitas de vino de Oporto
* 100 g de nata
* canela en polvo

TARTA DE MIRABELES (FRUTA TÍPICA GALLEGA)

Tiempo de preparación: 1 hora y 40 minutos
Dificultad: alta

Preparación:

1. Deshuesar los mirabeles.
2. Forrar una fuente un poco honda con la plancha de bizcocho y emborracharla con las dos copitas de vino de Oporto.
3. Hacer la crema pastelera, aromatizarla con canela en polvo; una vez templada la crema, verterla sobre el bizcocho. Introducir en el frigorífico por espacio de cinco o seis horas (hasta conseguir que esté muy fría).
4. Sacar del frigorífico y colocar, de forma simétrica, los mirabeles deshuesados.
5. Calentar un poco de jalea de albaricoque e impregnar con ella totalmente el pastel.
6. Decorar el conjunto con la nata montada.

7 de Mayo

El menú de cada día

Lentejas con costrones (pág. 24)

Pollo a las finas hierbas

Mel i mató (Miel y requesón) (pág. 36)

POLLO A LAS FINAS HIERBAS

Tiempo de preparación: 1 hora y 30 minutos
Dificultad: baja

Ingredientes para 4 personas:

* 1 pollo tierno
* 150 g de tocino entreverado
* 1/2 kg de cebollitas
* 1/2 kg de patatas
* 5 cucharadas de manteca
* 1 hoja de laurel
* tomillo
* orégano
* aceite
* perejil
* sal
* pimienta

Preparación:

1. Pelar las cebollitas y dejarlas enteras.
2. Cortar a dados el tocino.
3. Pelar y trocear las patatas.
4. Picar finamente el perejil.
5. En una cazuela amplia y plana con manteca y aceite, dorar el tocino y las cebollitas.
6. Retirar el tocino y las cebollitas, y dorar en la grasa restante el pollo entero.
7. Disponer alrededor del pollo las patatas y dejar la cazuela al fuego hasta que tanto el pollo como las patatas estén dorados por ambos lados.
8. Añadir al pollo el tocino y las cebollitas, las hierbas, el perejil, sal y pimienta.
9. Tapar la cazuela y dejarla a fuego lento unos treinta minutos.

8 de Mayo

El menú de cada día

L'empedrat (ensalada de judías y bacalao)

Rape de Cantabria (pág. 27)

Mantecadas borrachas (pág. 32)

L'EMPEDRAT (ENSALADA DE JUDÍAS Y BACALAO)

Tiempo de preparación: 1 hora y 30 minutos
Dificultad: baja

Ingredientes para 4 personas:

* 300 g de judías secas finas
* 400 g de bacalao
* 2 huevos duros
* perejil
* 4 tomates de ensalada
* 4 cebollas tiernas
* aceitunas negras y verdes
* 2 dl de aceite
* sal
* vinagre

Preparación:

1. Cocer las judías; si son de buena calidad, no es menester ponerlas en remojo, cocerlas directamente en agua tibia. Poner la sal al final de la cocción. Cuando estén cocidas, dejar enfriar completamente, reservar.
2. Cortar el bacalao en tiras y ponerlo en remojo o desalarlo bajo el chorro de agua del grifo.
3. Cortar el tomate a gajos y las cebollas a trocitos.
4. En cazuelitas individuales de barro o platos individuales, preparar en capas un poco de judías secas, bacalao, tomate cortado a gajos, las cebollas a trocitos.
5. Sazonar con el aceite, vinagre y sal. Colocar medio huevo duro encima y terminar de adornar con las aceitunas.
6. Terminar el adorno con un poco de perejil finamente picado.

9 de Mayo

El menú de cada día

Calabacines a la marinera
(pág. 13)

Pulpo a la granadina
(pág. 24)

Alfajores

Ingredientes para 6 personas:

* 700 g de harina
* 400 g de azúcar
* 8 huevos
* 50 g de mantequilla
* 50 g de coco rallado
* mermelada de melocotón o fresa (al gusto)
* levadura
* vainilla en polvo

ALFAJORES

Tiempo de preparación: 55 minutos
Dificultad: alta

Preparación:

1. En un bol, poner la mantequilla reblandecida, las ocho yemas de huevo, una clara, el azúcar y la vainilla. Mezclar todo bien.
2. Formar un volcán con la harina mezclada con la levadura; añadir la mezcla anterior y trabajar la masa hasta formar una pasta homogénea.
3. Dejar reposar la masa un rato y estirarla con la ayuda del rodillo previamente enharinado, dándole unos seis milímetros de grosor.
4. Cortar la pasta en forma de círculos con la ayuda de un vaso.
5. Colocar los discos en una placa previamente untada con mantequilla.
6. Introducir la placa en el horno a temperatura media durante veinticinco minutos, aproximadamente.
7. Dejar enfriar los alfajores, cubrir con un poco de mermelada, unirlos de dos en dos y espolvorear con el coco rallado por ambos lados.

10 de Mayo

El menú de cada día

Sopa a la maña
(pág. 36)

Cordero lechal asado

Emparedados de membrillo y queso
(pág. 26)

Ingredientes para 4 personas:

* 1/2 cordero lechal
* 4 dientes de ajo
* manteca de cerdo
* 2 dl de vino blanco
* vinagre
* sal

CORDERO LECHAL ASADO

Tiempo de preparación: 1 hora y 15 minutos
Dificultad: baja

Preparación:

1. Picar en el mortero los dientes de ajo con un poco de sal.
2. Frotar con esta pasta el cordero y dejar macerar durante 30 minutos.
3. Precalentar el horno a temperatura media.
4. Untar el cordero con la manteca de cerdo, salarlo y colocarlo a continuación en una fuente refractaria de barro.
5. Introducir en el horno y, cuando empiece a dorarse, regar con el vino. Darle la vuelta de vez en cuando para que vaya dorándose por igual. Cuando esté bien dorado y crujiente, sacarlo y mojarlo con un vasito de agua y una cucharada de vinagre.
6. Volver a meter en el horno y mantener unos 10 minutos más.
7. Servir caliente.

11 de Mayo

El menú de cada día

Almejas a la marinera

Bacalao encebollado

(pág. 19)

Bizcocho de nueces

(pág. 6)

Ingredientes para 4 personas:

* 1 1/4 kg de almejas
* 1 cebolla
* 1/4 l de aceite
* una hoja de laurel
* 1/2 cucharada de pimentón dulce
* una pizca de pimentón picante
* 1 vaso de vino blanco
* 1 cucharada de harina
* perejil
* sal

ALMEJAS A LA MARINERA

Tiempo de preparación: 45 minutos
Dificultad: baja

Preparación:

1. En un recipiente con agua fría y sal, dejar algunas horas en remojo las almejas, para que suelten bien la arena.
2. En una sartén con aceite caliente, rehogar la cebolla previamente picada.
3. En cuanto la cebolla haya tomado color, añadir las almejas a la sartén.
4. Cuando las almejas se empiecen a abrir, agregar el vino blanco, el pimentón dulce, el pimentón picante, el laurel, el perejil y, finalmente, la harina.
5. Dejar cocer todo junto durante 10 minutos, removiendo constantemente para evitar que la harina haga grumos hasta que la salsa espese.

12 de Mayo

El menú de cada día

Potaje de [illegible]
[illegible]

(pág. 31)

Conejo a la navarra

(pág. 60)

Tocinillos de cielo

Ingredientes para 4 personas:

* 1 docena de huevos
* 1/2 kg de azúcar
* 3 vasitos de agua

TOCINILLOS DE CIELO

Tiempo de preparación: 55 minutos
Dificultad: alta

Preparación:

1. En un cazo con agua y azúcar, preparar un almíbar dejándolo a fuego normal unos quince minutos. Dejarlo enfriar.
2. En un recipiente hondo, batir las yemas de los huevos y mezclar poco a poco con el almíbar ya frío.
3. En un molde especial con un agujero en el centro, preparar un caramelo con azúcar, dejarlo enfriar y añadir la mezcla de las yemas de huevo con el almíbar pasado por un colador.
4. Disponer el molde en una cazuela con agua y cocer al baño María durante unos veinticinco minutos.
5. Dejar enfriar y conservar en el frigorífico.
6. Desmoldar el tocinillo calentando con cuidado el fondo del molde.
7. Puede decorarse la fuente con nata montada.
8. Servir estos tocinillos cuando estén fríos.

13 de Mayo

El menú de cada día

Judías verdes al estilo de Huesca
(pág. 70)

Hígado con cebolla

Tarta típica de Portomarín
(pág. 28)

Ingredientes para 4 personas:

* 1/2 kg de hígado de ternera
* 300 g de cebollas
* 2 dientes de ajo
* 1 cucharadita de pimentón
* perejil
* 1 1/2 dl de vino blanco
* aceite
* sal

HÍGADO CON CEBOLLA

Tiempo de preparación: 40 minutos
Dificultad: baja

Preparación:

1. Preparar el adobo picando muy pequeños los dientes de ajo y el perejil, ponerlos sobre los pedazos de hígado y dejarlos macerar durante 1 hora.
2. En una sartén con aceite caliente, rehogar la cebolla cortada muy fina, moviendo de vez en cuando la sartén para que no se queme la cebolla. Usar fuego lento.
3. Cuando la cebolla empiece a dorarse, añadir los pedazos de hígado; salar. Remover varias veces hasta que esté en su punto, agregar el pimentón, removiendo enseguida para que no se queme. Verter el vino, dar unas vueltas, tapar y retirar del fuego.
4. Servir en cazuelitas de barro individuales.

14 de Mayo

El menú de cada día

Potaje gallego

Tortilla extremeña
(pág. 68)

Fariñes (gachas de harina de maíz)
(pág. 29)

Ingredientes para 6 personas:

* 3 manos de cerdo saladas
* 250 g de carne de ternera
* 1 zanahoria
* 100 g de cebollas
* 150 g de jamón
* 300 g de alubias
* 300 g de patatas
* 2 dientes de ajo
* 2 cucharadas de pimentón
* 1 hoja de laurel
* 1 rama de perejil
* aceite
* sal

POTAJE GALLEGO

Tiempo de preparación: 2 horas y 15 minutos
Dificultad: media

Preparación:

1. Dejar en remojo las alubias durante 12 horas.
2. Trocear las manos de cerdo y dejarlas en remojo durante 12 horas.
3. En una olla con agua, hervir las manos de cerdo y la carne de ternera.
4. Agregar las cebollas y las zanahorias a trozos, la hoja de laurel y el perejil.
5. En otra olla, verter las alubias y llevar a ebullición.
6. Una vez hervidas, incorporarlas al potaje.
7. Sazonar.
8. Lavar y trocear las patatas. Añadir las patatas al potaje, cuando ya esté muy cocido.
9. En una sartén con aceite, hacer un sofrito con los ajos picados y el pimentón.
10. Verter el sofrito en el potaje y dejarlo cocer dos minutos.
11. Comprobar el punto de sal.
12. Servir muy caliente.

15 de Mayo

El menú de cada día

Cardos a la crema
(pág. 71)

Truchas a la aragonesa
(pág. 96)

Perrunillas

Ingredientes para 4 personas:

* harina
* 6 huevos
* 600 g de azúcar
* 1 copa de aguardiente
* 400 g de manteca
* 1 cucharada de canela en polvo

PERRUNILLAS

Tiempo de preparación: 50 minutos
Dificultad: media

Preparación:

1. Batir fuertemente la manteca en un recipiente hondo; añadir las yemas de los huevos, el aguardiente, el azúcar, la canela y, finalmente, la harina en forma de lluvia; seguir mezclando y batiendo todos los ingredientes hasta obtener una masa suave y blanda.
2. Formar las perrunillas con las manos espolvoreadas con harina. A continuación, disponerlas en una placa de pastelería enmantecada.
3. Batir las claras de huevo a punto de nieve y poner una cucharada sobre cada perrunilla.
4. Introducir la placa en el horno, y retirarla cuando las perrunillas estén doradas.
5. Servir frías.

16 de Mayo

El menú de cada día

Pimientos rellenos
(pág. 61)

Chuletas de cordero a la navarra

[illegible]
(pág. 106)

Ingredientes para 4 personas:

* 1 kg de chuletas
* 150 g de chorizo de Pamplona
* 1 loncha de jamón
* 2 cebollas medianas
* 4 tomates grandes y maduros
* azafrán en hebra tostado
* manteca de cerdo
* aceite
* azúcar
* sal

CHULETAS DE CORDERO A LA NAVARRA

Tiempo de preparación: 1 hora y 25 minutos
Dificultad: baja

Preparación:

1. Cortar en cuadraditos el jamón y a rodajitas el chorizo.
2. Pelar y picar finamente las cebollas y los tomates.
3. Tostar el azafrán y machacarlo en el mortero.
4. En una sartén con aceite y manteca de cerdo calientes, freír por ambos lados las chuletas sazonadas con sal.
5. Una vez doradas, retirarlas y disponerlas en una fuente refractaria.
6. En la grasa restante, saltear el jamón y la cebolla. Añadir el tomate y espolvorear con sal, un poco de azúcar y el azafrán.
7. Pasados 5 minutos, echar el sofrito sobre las chuletas y meter la fuente en horno normal durante unos 10 minutos.
8. Después, recubrir las chuletas con las rodajas de chorizo, introducir en horno fuerte y dejar unos instantes.
9. Servir este exquisito plato caliente.

17 de Mayo

El menú de cada día

Pastel de setas y espárragos trigueros

Truchas en escabeche (pág. 62)

Tortilla de manzanas al ron (pág. 98)

Ingredientes para 6 personas:

* 300 g de setas de primavera
* 300 g de espárragos trigueros
* 5 huevos frescos
* 3 dl de nata líquida
* 25 g de mantequilla
* 30 g de pan rallado
* 1 chorrito de aceite

Salsa

* 100 g de setas
* 100 g de espárragos
* 100 g de cebolla
* 25 g de mantequilla
* 1 yema de huevo
* 20 g de fécula
* 0,5 dl de crema de leche
* sal y pimienta

PASTEL DE SETAS Y ESPÁRRAGOS TRIGUEROS

Tiempo de preparación: 1 hora y 30 minutos
Dificultad: media

Preparación:

1. Limpiar bien los espárragos cortando las puntas y sacando los hilos que puedan tener; cortar en trozos pequeños.
2. Rehogarlos en una sartén con aceite.
3. Lavar y limpiar bien las setas y rehogarlas con un poco de mantequilla cortadas pequeñas.
4. Batir la nata con los huevos, sazonar con sal y pimienta.
5. Untar un molde rectangular tipo «cake», espolvorear con pan rallado.
6. Verter una capa del preparado de huevos-crema de leche: encima, poner las setas, otra capa de preparado; encima, los espárragos. Cubrir con otra capa de preparado.
7. Precalentar el horno a 200 °C; introducir el pastel al baño María, unos cuarenta y cinco minutos. Comprobar el punto de cocción pinchando (si sale el pincho limpio, ya está cocido).

Salsa:

8. Rehogar con la mantequilla la cebolla, las setas y los espárragos. Cuando esté bien dorado, pasarlo por la batidora eléctrica.
9. Añadir la fécula, salpimentar, mezclar la yema de huevo y la crema de leche. Dejar cocer unos minutos.
10. Servir el pastel en una bandeja cubierto con la salsa bien caliente.

18 de Mayo

El menú de cada día

Alubias blancas con chorizo (pág. 72)

Manjar de gallina (pág. 45)

Torrijas con paletada de miel

Ingredientes para 4 personas:

* 2 huevos
* pan del día anterior
* leche, miel, aceite y azúcar
* 1 rama de canela

TORRIJAS CON PALETADA DE MIEL

Tiempo de preparación: 50 minutos
Dificultad: baja

Preparación:

1. Cortar el pan del día anterior en rodajas finas.
2. Hervir la leche en un cazo junto con la rama de canela. Colarla y dejarla enfriar.
3. Poner unas cucharadas de azúcar en la leche ya fría y remojar en ella las rebanadas de pan. Dejarlas así durante 1 hora.
4. Escurrir el pan apretándolo para que suelte el líquido, rebozarlo con los huevos batidos y freír las rebanadas en abundante aceite caliente, hasta que estén doradas.
5. Retirarlas de la sartén con pinzas de cocina, disponerlas en una fuente para servir y recubrirlas con miel templada.
6. Servir antes de que se enfríen.

19 de Mayo

El menú de cada día

Olla aranesa
(pág. 41)

Pollo a la sal

Intxaursalsa
(pág. 40)

Ingredientes para 6 personas:

* 1 pollo de 1 kg y 800 g
* 1 1/2 dl de jerez seco
* 4 kg de sal gorda

POLLO A LA SAL

Tiempo de preparación: 1 hora y 30 minutos
Dificultad: baja

Preparación:

1. Limpiar cuidadosamente el pollo por dentro y por fuera, dejándolo entero y procurando que su piel no se rompa. Sazonar por dentro.
2. Cubrir el fondo de una bandeja de horno en la que quepa bien el pollo con una capa de sal gruesa.
3. Colocar el pollo sobre la sal y rociar con el jerez. Cubrir con el resto de sal, sin dejar ninguna grieta. Apretar un poco la sal.
4. Precalentar el horno a unos 200 °C e introducir la bandeja del pollo. Deberá cocer durante 1 hora y 15 minutos, aproximadamente. La capa de sal se resquebrajará.
5. Presentar con la capa de sal rota, sacar el pollo y servir caliente.
6. Se puede acompañar con la salsa que más guste.

20 de Mayo

El menú de cada día

Ensalada de judías tiernas

Codornices a las uvas
(pág. 30)

Compota de peras al vino
(pág. 43)

Ingredientes para 6 personas:

* 1 kg de fréjoles bien tiernos
* 2 cebollas
* 1 l de agua
* 2 cabezas de ajo
* vinagre
* aceite
* un poco de caldo
* sal

ENSALADA DE JUDÍAS TIERNAS

Tiempo de preparación: 45 minutos
Dificultad: media

Preparación:

1. Retirar los hilos de los fréjoles y cortarlos por la mitad.
2. Pelar y triturar las cebollas.
3. Dejar las cabezas de ajo enteras, raspando un poco el telillo que las recubre.
4. En una cazuela con agua hirviendo y sal, cocer los fréjoles unos veinticinco minutos. Escurrirlos y dejarlos enfriar.
5. Mientras, en una sartén con aceite caliente, freír las dos cabezas de ajo y retirarlas.
6. En el aceite restante, sofreír ligeramente la cebolla triturada, rociar con 2 cucharadas de vinagre y 8 cucharadas de caldo de carne.
7. Disponer los fréjoles en una cazuela de barro plana, rociarlos con el sofrito anterior y dejar a fuego lento unos quince minutos.
8. Escurrirlos, dejarlos enfriar y servirlos como entrante.

21 de Mayo

El menú de cada día

Fideos con almejas
(pág. 59)

Truchas al jamón
(pág. 30)

Bizcochos de la reina

Ingredientes para 4 personas:

* harina
* 2 huevos
* azúcar
* almendras ralladas
* mermelada
* manteca

BIZCOCHOS DE LA REINA

Tiempo de preparación: 40 minutos
Dificultad: baja

Preparación:

1. Separar las yemas de las claras de los huevos y batir, en un recipiente, las 2 yemas con 2 cucharadas de azúcar y, en otro, las 2 claras a punto de nieve; mezclarlas, añadir 2 cucharadas de harina y remover de nuevo.
2. Introducir la mezcla en una manga pastelera con boquilla lisa y formar porciones sobre una placa de pastelería enmantecada y espolvoreada con harina. Precalentar el horno y meter la placa.
3. Cuando los bizcochos estén a medio hacer, espolvorearlos con las almendras ralladas y un poco de azúcar. Dejar de nuevo en el horno.
4. Cuando ya estén en su punto, retirar los bizcochos, poner entre cada 2 de ellos un poco de mermelada y juntarlos en forma de bocadillo.

22 de Mayo

El menú de cada día

Costrada
(pág. 65)

Chuletas de cordero al ajo cabañil

Hojuelas
(pág. 33)

Ingredientes para 4 personas:

* 1 kg de chuletas de cordero de riñonada
* 1 cabeza de ajos
* 1/2 dl de vinagre de vino blanco
* 1 dl de agua
* 2 dl de aceite de oliva
* 1/2 cucharadita de azúcar
* 1 kg de patatas
* sal
* pimienta negra

CHULETAS DE CORDERO AL AJO CABAÑIL

Tiempo de preparación: 45 minutos
Dificultad: media

Preparación:

1. En una sartén con la mitad del aceite, freír las chuletas a fuego vivo, procurando que queden bien doradas.
2. Sazonar con sal y pimienta.
3. En otra sartén, con el resto del aceite, freír las patatas, peladas y cortadas en trozos (de unos 2 centímetros de ancho).
4. Sazonar con sal y pimienta.
5. Pelar los ajos y machacarlos en el mortero, agregarles el vinagre y el agua, mezclándolo bien.
6. Repartir este majado, entre las dos sartenes, añadir un poquito de azúcar en cada una, dejar cocer lentamente unos quince minutos, moviendo las sartenes de vez en cuando.
7. Para servir, poner las chuletas y las patatas juntas en la misma fuente.
8. Servir caliente.

23 de Mayo

El menú de cada día

Arroz con vino

Conejo con castañas
(pág. 69)

Tostadas de crema
(pág. 107)

Ingredientes para 4 personas:

* 250 g de arroz
* 1/2 pollo
* 3 tomates
* 3 pimientos rojos
* 2 cebollas
* 3 dientes de ajo
* 1 hoja de laurel
* 1 clavo
* pimienta molida
* 1/2 vaso de vino blanco
* caldo
* 4 cucharadas de manteca
* aceite
* sal

ARROZ CON VINO

Tiempo de preparación: 2 horas
Dificultad: media

Preparación:

1. Pelar los tomates, las cebollas y el ajo.
2. Triturar los tomates, picar las cebollas y cortar en cuadrados dos pimientos y asar el tercero.
3. Lavar, secar y trocear cuidadosamente el pollo.
4. En una cazuela de barro con 4 cucharadas de manteca caliente, rehogar los dientes de ajo; añadir enseguida los trozos de pollo y salpimentar.
5. Una vez dorado, rociar el pollo con el vino blanco, agregar la hoja de laurel y el clavo y dejar que cueza a fuego lento.
6. Mientras, en una sartén con aceite caliente, sofreír la cebolla, los dos pimientos y el tomate.
7. Cuando el sofrito esté en su punto, rociar con caldo de cocido y agregarlo a la cazuela del pollo.
8. Cuando dé el primer hervor, echar el arroz y dejar durante unos 20 minutos. Retirar la cazuela del fuego, dejar reposar un poco y decorar con el pimiento asado y cortado a tiras.
9. Servir caliente.

24 de Mayo

El menú de cada día

Pimientos rellenos
(pág. 61)

Liebre en escabeche
(pág. 48)

Torta a la navarra

Ingredientes para 4 personas:

* 4 huevos
* 100 g de pasas
* 100 g de miga de pan rallado
* 1/4 l de leche
* 3 cucharadas de mantequilla
* canela en polvo
* 150 g de azúcar

TORTA A LA NAVARRA

Tiempo de preparación: 50 minutos
Dificultad: baja

Preparación:

1. Retirar 2 cucharadas de azúcar y reservarlas.
2. Poner las pasas en remojo con agua tibia.
3. En un recipiente hondo, poner la miga de pan, la leche, los huevos, una pizca de canela, el azúcar y las pasas escurridas. Mezclar bien todo durante unos minutos.
4. Untar una fuente refractaria con la mantequilla, espolvorearla con 2 cucharadas de azúcar e incorporar seguidamente la mezcla de los ingredientes.
5. Introducir la fuente en el horno y mantenerla hasta que la torta esté dorada en la superficie.
6. Dejar enfriar y desmoldar. Servir la torta cortada en forma de triángulos.

25 de Mayo

El menú de cada día

Huevos rellenos
(pág. 34)

Fardeles

Piñonate
(pág. 71)

FARDELES

Tiempo de preparación: 2 horas
Dificultad: alta

Ingredientes para 6 personas:

* 1/2 kg de hígado de cerdo troceado
* 600 g de tocino entreverado
* 1 diente de ajo
* 2 huevos
* nuez moscada rallada
* perejil
* pimienta molida
* canela
* una cucharada de piñones
* 5 cucharadas de fécula de patata
* 1/2 copa de anís
* pan rallado
* aceite
* sal

Preparación:

1. Cocer el hígado en agua hirviendo con sal durante 20 minutos.
2. Cuando esté en su punto, escurrirlo y picarlo finamente junto con el tocino entreverado.
3. Conservar el caldo de la cocción.
4. En un recipiente, mezclar el hígado, el tocino picado, los huevos crudos, un poco más de sal, pimienta, perejil picado, nuez moscada, piñones, ajo triturado, canela, anís, pan rallado, el caldo de cocción del hígado y la fécula de patata, hasta que quede una masa compacta.
5. Formar unas albóndigas pequeñas y aplastadas, envolverlas con telilla de cerdo y disponerlas en una fuente refractaria untada con aceite.
6. Introducir la fuente en el horno y asar las albóndigas por ambos lados.
7. Servir los fardeles calientes.

26 de Mayo

El menú de cada día

Hongos al horno

Merluza con acelgas
(pág. 59)

Torrijas a la navarra
(pág. 60)

HONGOS AL HORNO

Tiempo de preparación: 25 minutos
Dificultad: baja

Ingredientes para 4 personas:

* 1 kg y 400 g de hongos frescos
* 100 g de mantequilla
* 0,5 dl de aceite de oliva
* 4 dientes de ajo
* 25 g de pan rallado
* un ramito de perejil
* sal y pimienta

Preparación:

1. Limpiar bien los hongos.
2. Separar el sombrero del tallo, cortar el sombrero en lonchas finas.
3. Cortar bien finos los tallos.
4. Mezclar los ajos picados, el perejil picado y el pan rallado.
5. Salpimentar y rociar con el aceite y la mantequilla en trocitos, y repartir por encima de los hongos el picadillo.
6. Precalentar el horno a 220 °C, introducir la bandeja unos quince minutos. Servir bien caliente.

27 de Mayo

El menú de cada día

Croquetas de marisco
(pág. 62)

Anguila adobada
(pág. 13)

Tortas de Cáceres

Ingredientes para 4 personas:

* harina
* levadura fresca
* 250 g de azúcar
* 2 huevos
* 1/2 kg de chicharrones
* agua
* 5 cucharadas de manteca de cerdo
* canela en polvo
* obleas

TORTAS DE CÁCERES

Tiempo de preparación: 1 hora y 10 minutos
Dificultad: media

Preparación:

1. Preparar 1/2 kg de masa de pan y mezclarla con el azúcar, la manteca cortada en trozos pequeños, un poco de canela en polvo y 1/2 kg de chicharrones frescos triturados. Remover durante un rato y agregar los 2 huevos enteros.
2. Poner la masa en una cazuela de barro y amasar un poco más; dividirla en 2 partes, hacer dos bolas y aplastarlas con el rodillo hasta formar 2 tortas. Añadir un poco de harina si fuera necesario.
3. Colocar las tortas sobre obleas, espolvorearlas con azúcar y canela e introducirlas en horno fuerte.
4. Retirarlas cuando estén cocidas y tostadas.

28 de Mayo

El menú de cada día

Cazuela de espárragos trigueros
(pág. 52)

Chuletas en adobo

Virutas de san José
(pág. 49)

Ingredientes para 6 personas:

* 6 chuletas de cerdo magras
* 1 vaso pequeño de aceite
* 1 cucharada de pimentón dulce
* perejil, aceite, sal, pimienta molida y tomillo en polvo
* 4 dientes de ajo
* 1 hoja de laurel

CHULETAS EN ADOBO

Tiempo de preparación: 1 hora y 55 minutos
Dificultad: baja

Preparación:

1. Pelar y picar los dientes de ajo con el perejil.
2. En una fuente redonda honda disponer el aceite, el pimentón, los dientes de ajo y el perejil ya picados, la pimienta, la hoja de laurel triturada, el tomillo y la sal.
3. Poner en adobo las chuletas en la mezcla anterior bien batida.
4. A los 30 minutos, darles la vuelta a las chuletas para que queden bien impregnadas y dejarlas 1 hora más.
5. En una cazuela plana con aceite hirviendo, dorar las chuletas una vez escurridas hasta que queden en su punto.

29 de Mayo

El menú de cada día

Caracoles en salsa

Codornices con ternera
(pág. 51)

Baltazares de nueces
(pág. 55)

Ingredientes para 4 personas:

* 1 kg de caracoles
* 150 g de jamón curado
* 100 g de chorizo
* 200 g de setas
* 250 g de cebollas
* 100 g de tomates maduros
* 1 dl de caldo de carne
* 1 cabeza de ajos
* 1 guindilla
* 2 pimientos secos
* 1 dl de aceite
* 1 ramito compuesto (laurel, tomillo, perejil)
* 1 zanahoria
* 2 clavos de olor
* sal y pimienta

CARACOLES EN SALSA

Tiempo de preparación:
3 horas y 45 minutos
Dificultad: alta

Preparación:

1. Los caracoles deben estar en ayunas por espacio de una semana, por lo menos.
2. Cuando vayamos a emplearlos, lavarlos bien en abundante agua fría, varias veces, para que suelten la baba que aparece en forma de espuma; lavar hasta que salga el agua bien clara.
3. Ponerlos a cocer en una olla cubiertos de agua fría, aumentando la intensidad del fuego para que el agua vaya calentándose y los caracoles salgan de sus conchas.
4. Comprobar que hayan salido todos de las conchas. Entonces, subir el nivel del fuego y dejar en ebullición fuerte y rápida para que los caracoles queden fuera de las conchas; dejar hervir 5 minutos. Sacarlos de la olla y dejarlos escurrir.
5. Desechar los caracoles que después de la cocción no hayan salido de su concha.
6. Volver a poner en la olla, cubrir de agua fría, añadir el ramito compuesto, la cebolla con los 2 clavos, sal, 1 pimiento seco, unos ajos y la zanahoria.
7. Dejar hervir, espumar y dejar cocer lentamente unas dos horas, ya podemos prepararlos.
8. En una cazuela de barro con el aceite caliente, rehogar la cebolla picada fina y unos cuantos dientes de ajo.
9. Cuando empiecen a tomar color, añadir el jamón y el chorizo cortados pequeños, las setas y la guindilla, remover, dejar que se sofrían durante unos minutos, añadir los tomates pelados y sin pepitas, cortados en dados, y el caldo.
10. Incorporar los caracoles y dejar cocer todo junto una hora. Comprobar el punto de sal y añadir pimienta.
11. Los caracoles están más sabrosos si se comen de un día para otro.
12. Servir calientes.

30 de Mayo

El menú de cada día

Almejas al limón
(pág. 104)

Dorada de Alcántara
(pág. 65)

Torta de chicharrones

Ingredientes para 6 personas:

* 1/2 kg de harina
* 100 g de chicharrones
* 50 g de uvas pasas
* 100 g de azúcar
* 1 copita de anís
* canela en polvo, azúcar para espolvorear, agua y sal
* 100 g de manteca de cerdo

TORTA DE CHICHARRONES

Tiempo de preparación: 1 hora y 25 minutos
Dificultad: alta

Preparación:

1. Poner la harina formando una montañita encima de una superficie plana, hacer un hueco en el centro del montón y echar en su interior un poco de agua templada y una pizca de sal.
2. Mezclar la harina y el agua y trabajar hasta obtener una masa que no se pegue a la mesa.
3. Incorporar los chicharrones, el azúcar, la manteca de cerdo y las uvas pasas.
4. Remover todo junto y trabajar hasta el momento en que todo quede bien mezclado.
5. Extender sobre un recipiente plano o en una empanadera, rociando la masa con la copita de anís y espolvoreándola con la canela en polvo y el azúcar.
6. Hacer unos pequeños cortes sobre la masa e introducir en el horno a temperatura media, durante unos cuarenta y cinco minutos.

El menú de cada día

Esqueixada de bacallà (Ensalada de bacalao) (pág. 136)

Anguilas con habichuelas al estilo aragonés

Sopas dulces (pág. 67)

Ingredientes para 4 personas:

* 1 kg de anguilas
* 250 g de judías blancas
* 4 dientes de ajo
* 1 rebanada de pan frito
* 1/2 limón
* 1 clavo
* 1 cucharada de piñones
* 8 avellanas
* azafrán, aceite, vinagre y sal

ANGUILAS CON HABICHUELAS AL ESTILO ARAGONÉS

Tiempo de preparación: 1 hora y 55 minutos
Dificultad: media

Preparación:

1. Poner en remojo las judías en agua fría la noche anterior.
2. Tres horas antes de preparar las judías, poner en remojo las anguilas en un barreño hondo con agua y vinagre.
3. En un cazo con agua fría echar las judías y dejar que cuezan a fuego normal hasta que estén tiernas. Reservar el jugo de la cocción para su posterior utilización.
4. Retirar las anguilas del agua, escurrirlas, secarlas y frotarlas con medio limón.
5. Seguidamente, en una cazuela de barro amplia y baja con aceite caliente, dorar los dientes de ajo pelados.
6. Añadir las anguilas troceadas y, cuando estén bien doradas, añadir el clavo, la sal y el azafrán. Verter 2 tazones del jugo caliente de la cocción de las judías.
7. Mientras, machacar en el mortero los piñones y avellanas junto con el pan frito. Agregar este majado a las anguilas.
8. Mezclar durante un rato y a continuación añadir las judías cocidas y escurridas.
9. Dejar la cazuela cerca del fuego para conservar una elevada temperatura, pero evitando que siga cociendo.
10. Servir enseguida.

Junio

1 de Junio

El menú de cada día

Boniatos a la mallorquina
(pág. 8)

Callos a la madrileña
(pág. 40)

Coquillos

Ingredientes para 4 personas:

* 100 g de coco rallado
* crema pastelera
* 1/2 kg de harina
* 2 cucharadas de levadura prensada
* 5 cucharadas de azúcar
* 4 huevos
* ralladura de la corteza de un limón
* 2 vasitos de leche
* 1 copita de brandy
* 5 cucharadas de mantequilla
* sal

COQUILLOS

Tiempo de preparación: 50 minutos
Dificultad: media

Preparación:

1. Poner la harina en un recipiente, formando un hueco en el centro para echar en él la levadura, la leche, 1 huevo, la mantequilla cortada a pedacitos, la raspadura del limón, 1/2 vaso de agua, un poco de sal, el azúcar y el brandy. Mezclar todos los ingredientes durante un rato y amasarlos un poco.
2. Tapar con un lienzo la masa y dejarla reposar hasta que aumente al doble de su tamaño.
3. Trabajar un poco más la masa, aplanarla con un rodillo y cortarla en trozos pequeños; estirarlos, poner sobre cada uno de ellos crema pastelera y coco y enrollarlos.
4. Disponer los trozos de masa rellena en una placa pastelera engrasada, dejarlos reposar durante 10 minutos y pintar cada coquillo con yema de huevo bien batido.
5. Introducir la bandeja en horno caliente y dejarla hasta que los coquillos estén dorados.

2 de Junio

El menú de cada día

Arroz a la zamorana

Carne con salsa de pimientos
(pág. 48)

Leche frita
(pág. 46)

Ingredientes para 4 personas:

* 400 g de cebollas
* 250 g de arroz
* 100 g de manteca de cerdo
* 200 g de nabos tiernos
* 6 dientes de ajo
* 1/2 cucharada de pimentón dulce
* 250 g de pata, hocico y oreja de cerdo
* 250 g de jamón magro
* 4 lonchas de tocino fresco
* perejil, tomillo, orégano y sal

ARROZ A LA ZAMORANA

Tiempo de preparación: 1 hora y 20 minutos
Dificultad: media

Preparación:

1. En una cazuela amplia de barro, derretir la manteca; rehogar en ella la cebolla pelada y triturada y los nabos pelados y cortados en trozos pequeños.
2. Añadir perejil picado, orégano, tomillo y los dientes de ajo pelados y triturados. Espolvorear con sal y pimentón.
3. Añadir la pata, oreja y hocico de cerdo, lavado y cortado en trozos pequeños y deshuesados. Agregar el jamón triturado y salar.
4. Cuando comiencen a hervir todos los ingredientes, agregar el arroz y dejar cocer a medias a fuego vivo.
5. Retirar del fuego y recubrir la superficie con lonchas de tocino fresco. Tapar la cazuela y llevar al horno.
6. Cuando el tocino quede bien tostado, destapar y retirar la cazuela del horno. Dejar reposar el plato antes de servirlo.

3 de Junio

El menú de cada día

Acelgas rehogadas

Cochifrito
(pág. 49)

Pestiños castellanos
(pág. 41)

Ingredientes para 4 personas:

* 1 1/2 kg de acelgas
* 150 g de jamón
* 1 kg de patatas
* 4 tomates maduros
* aceite
* sal

ACELGAS REHOGADAS

Tiempo de preparación: 1 hora y 10 minutos
Dificultad: baja

Preparación:

1. Limpiar con agua fría las acelgas, cortar los tallos en trozos regulares y picar las hojas.
2. Pelar y trocear las patatas.
3. Picar finamente el jamón.
4. Escaldar en agua hirviendo los tomates, retirarles la piel y triturarlos hasta convertirlos en puré.
5. En una cazuela con agua hirviendo y sal, cocer las acelgas con las patatas. Escurrirlas y conservar caliente.
6. En una cazuela plana de barro con aceite, sofreír ligeramente el jamón y agregar enseguida el puré de tomate. Mezclar y añadir las verduras.
7. Remover con cuidado verdura y sofrito, rebajar el fuego y mantener durante unos 20 minutos para que las acelgas queden impregnadas con el tomate y el jamón y se mezclen con las patatas redondeadas.
8. Rectificar de sal y servir en la misma cazuela.

4 de Junio

El menú de cada día

Mejillones a la panadeira
(pág. 50)

[illegible]
(pág. [illegible])

Tortas de Chanchigorri

Ingredientes para 4 personas:

* 200 g de chicharrones
* 2 huevos
* 1 limón
* 350 g de harina
* 100 g de azúcar
* 1 cucharada de mantequilla

TORTAS DE CHANCHIGORRI

Tiempo de preparación: 1 hora y 5 minutos
Dificultad: media

Preparación:

1. Raspar la corteza del limón.
2. Picar finamente los chicharrones.
3. En un recipiente hondo, disponer la harina, formando un hueco en el centro. Añadir en él todos los ingredientes.
4. Mezclar y amasar hasta obtener una masa fina.
5. Tapar y dejar reposar.
6. Formar unas tortas pequeñas y delgadas, espolvorearlas con un poco de azúcar y cocerlas en el horno hasta que estén doradas.

5 de Junio

El menú de cada día

Empanada de congrio
(pág. 53)

Truchas a la aragonesa

Pudin de piña a la manera cántabra
(pág. 44)

Ingredientes para 4 personas:

* 4 truchas de 200 g, aproximadamente
* 1 cebolla
* 1 limón
* 1 hoja de laurel
* 5 granos de pimienta negra
* 1 vaso de vino blanco
* harina
* aceite
* sal

TRUCHAS A LA ARAGONESA

Tiempo de preparación: 45 minutos
Dificultad: media

Preparación:

1. Limpiar, secar y salar las truchas.
2. Cortar el limón a trozos pequeños, triturar la hoja de laurel y pelar y picar la cebolla.
3. En una cazuela de barro, colocar las truchas con los pedazos de limón entre ellas.
4. Añadir el laurel, los granos de pimienta, la cebolla, un vaso de agua y uno de vino blanco.
5. Poner la cazuela sobre el fuego (normal) y mantener durante 20 minutos, aproximadamente.
6. En una sartén con aceite caliente dorar una cucharada de harina; anadir un poco del caldo de cocer las truchas y dejar a fuego alto durante unos 5 minutos.
7. Verter la salsa sobre las truchas y servir caliente.

6 de Junio

El menú de cada día

Ensalada de bogavante y berros

Capón asado
(pág. 43)

Quesada aragonesa
(pág. 47)

Ingredientes para 4 personas:

* 1 bogavante de 1 1/2 kg
* 3 manojos de berros
* 2 nabos
* 8 rabanitos
* 1 diente de ajo
* 1 limón
* aceite y sal
* hojas de hierbabuena
* caldo de berberechos

ENSALADA DE BOGAVANTE Y BERROS

Tiempo de preparación: 35 minutos
Dificultad: baja

Preparación:

1. Cocer el bogavante y dejarlo enfriar en la misma cazuela.
2. Cocer los nabos y reservarlos en fuente aparte.
3. Quitar la cáscara al bogavante y cortar la carne en rodajas.
4. Trabajar una salsa en un mortero: ajo, sal, 6 berros y las hojas de hierbabuena. Machacar todo muy bien hasta obtener una salsa muy fina.
5. Añadir a la salsa el zumo de limón, aceite y el caldo de los berberechos.
6. Cortar los nabos en rodajas.
7. Disponer el bogavante cortado en una fuente sobre una capa de berros; después, decorar con las rodajas de los nabos cocidos y los rabanitos crudos.
8. Rociar por encima con la salsa y dejar macerar durante 10 minutos.

7 de Junio

El menú de cada día

Caldereta mallorquina
(pág. 12)

Cangrejos de río
(pág. 139)

Flores extremeñas

Ingredientes para 4 personas:

* 1/4 kg de harina
* 6 huevos
* 2 cucharadas de azúcar
* aceite

FLORES EXTREMEÑAS

Tiempo de preparación: 1 hora
Dificultad: media

Preparación:

1. En un recipiente hondo, batir los huevos, añadir 2 cucharadas de aceite y 8 de agua, mezclar y agregar la harina, batiendo continuamente. Cuando esté todo bien mezclado y sin grumos, dejar la masa en reposo durante un rato.
2. Calentar bastante el aceite en una sartén y, cuando empiece a hervir, poner el molde especial que se utiliza para la preparación de las flores.
3. Cuando el molde esté bien caliente, retirarlo del fuego, introducirlo en la masa y volver a ponerlo en el aceite hirviendo; repetir esta operación varias veces y, cuando las flores estén doradas, sacarlas del aceite, escurrirlas bien y disponerlas en una fuente, espolvorearlas con azúcar.

8 de Junio

El menú de cada día

Fabada asturiana
(pág. 46)

Envueltitos de carne

Buñuelos de san José
(pág. 51)

Ingredientes para 4 personas:

* 8 rodajas muy finas de carne de ternera
* 1 cebolla
* aceite, perejil, harina y caldo
* 2 huevos duros
* 150 g de jamón extremeño
* 1 vasito de vino blanco

ENVUELTITOS DE CARNE

Tiempo de preparación: 1 hora y 5 minutos
Dificultad: media

Preparación:

1. Aplanar un poco las tajadas de carne.
2. Triturar el jamón, picar el perejil, y pelar y picar finamente la cebolla y los huevos duros, todo ello por separado.
3. Rellenar las tajadas de carne con jamón picado, perejil y los huevos, enrollarlas bien prietas y atarlas.
4. Rebozar los envueltillos con harina y freírlos en una cazuela con aceite caliente.
5. Rociar la carne con un poco de caldo y el vino blanco.
6. Añadir la cebolla picada y dejar sobre fuego normal durante 30 minutos, aproximadamente.
7. Añadir un poco de caldo de vez en cuando, si es necesario.
8. Servir los envueltillos en la misma cazuela.

9 de Junio

El menú de cada día

Ancas de rana al vino blanco

Conejo al romero
(pág. 66)

Compota de manzanas
(pág. 63)

ANCAS DE RANA AL VINO BLANCO

Tiempo de preparación: 50 minutos, más el remojo de 1 hora
Dificultad: media

Ingredientes para 6 personas:

* 6 docenas de ancas de rana
* 2 dl de leche
* 125 g de harina
* 80 g de mantequilla
* 2 dl de vinagre
* sal y pimienta

Salsa

* 5 dl de vino blanco seco
* 50 g de mantequilla
* 30 g de harina
* 1 ramito compuesto (laurel, tomillo, perejil)
* 1 zanahoria
* 1 yema de huevo
* 3 dl de crema de leche
* 1 limón
* perejil y sal y pimienta

Preparación:

1. Cortar las puntas de las ancas de rana, lavarlas y dejarlas en remojo una hora con el vinagre y la misma cantidad de agua.
2. En un cazo, poner el vino blanco, añadir la zanahoria cortada en rodajas, el ramito compuesto, sal y pimienta; dejar rehogar lentamente durante 20 minutos. Se evaporará y quedará alrededor de 1/3 de vino. Colar y reservar.
3. Sacar las ancas de rana del remojo, dejar escurrir, salpimentar al gusto, bañar en la leche y pasarlas por harina.
4. Poner la mantequilla en una sartén al fuego; cuando se haya derretido añadir las ancas de rana. Debe cuidarse que queden bien doradas.
5. Preparar la salsa, derritiendo la mantequilla en un cazo pequeño, añadir la harina, remover bien, dejar dorar removiendo con la espátula de madera, cuidando que la harina no se tueste demasiado.
6. Incorporar la reducción de vino blanco, dejar cocer 5 minutos removiendo.
7. En un recipiente, batir la crema de leche con la yema de huevo y agregarle el zumo de limón, añadir este preparado a la salsa, dejar espesar sin dejar de trabajar con la batidora de mano, en el fuego suave; es importante que no hierva.
8. Colocar las ancas de rana en una fuente de servir que habremos calentado previamente y cubrirlas con la salsa caliente; espolvorear con el perejil picado.
9. Adornar alrededor con rodajas de limón.
10. Servir inmediatamente para que llegue caliente a la mesa.

10 de Junio

El menú de cada día

Potaje de lentejas con tropezones de cerdo
(pág. 9)

Truchas con aceitunas
(pág. 203)

Tortilla de manzanas al ron

TORTILLA DE MANZANAS AL RON

Tiempo de preparación: 50 minutos
Dificultad: baja

Ingredientes para 4 personas:

* 400 g de manzanas
* 3 huevos
* 1/2 dl de nata líquida
* 40 g de mantequilla
* 1 copa de ron
* canela en polvo
* 80 g de azúcar
* sal

Preparación:

1. Pelar las manzanas y cortarlas como para tortilla. Derretir la mantequilla en una sartén, rehogar las manzanas a fuego lento y tapadas.
2. Sazonar con una pizca de sal y espolvorear con el azúcar.
3. En un bol, batir los huevos junto con la nata líquida, añadir las manzanas rehogadas, mezclar y cuajar la tortilla en la misma sartén de rehogar las manzanas. A continuación, dorar por ambos lados.
4. Disponerla en una bandeja redonda, espolvorear con la canela en polvo y un poco de azúcar por encima.
5. En un cazo pequeño, calentar la copa de ron, verterla sobre la tortilla y flambear rápidamente. Cuando se apague, servir enseguida.

11 de Junio

El menú de cada día

Huevos al plato
(pág. 11)

Codornices con verduras al estilo aragonés

Crema quemada con hojaldre
(pág. 18)

CODORNICES CON VERDURAS AL ESTILO ARAGONÉS

Tiempo de preparación: 1 hora y 25 minutos
Dificultad: media

Ingredientes para 4 personas:

* 4 codornices
* 100 g de tocino entreverado
* 2 cebollas
* 8 zanahorias tiernas
* 1 col
* 2 tomates
* perejil
* harina
* 1 vaso de vino blanco
* manteca de cerdo
* aceite
* sal

Preparación:

1. Cortar el tocino en cuadrados, pelar y picar las cebollas, triturar el tomate sin piel, y picar finamente el perejil.
2. Limpiar la col y cocerla en agua hirviendo junto con las zanahorias enteras.
3. En una cazuela al fuego con manteca, saltear los pedazos de tocino. Retirar y reservar.
4. Limpiar, secar y salar las codornices, y, en el mismo aceite, dorarlas. Retirarlas de la cazuela, y reservarlas también.
5. Sofreír la cebolla en la misma cazuela y, cuando empiece a estar transparente, añadir el tomate y el vino.
6. A continuación, añadir las codornices y cocerlas a fuego lento. Rociarlas con 1/2 vaso de agua y dejar unos minutos más.
7. Escurrir y partir la col, en cuatro partes, y las zanahorias, en rodajas; espolvorear con un poco de harina y freír ligeramente con un poco de aceite.
8. Partir las codornices por la mitad y disponerlas en una fuente para servir, acompañadas de las verduras y el tocino; adornar recubriéndolo con el perejil picado.
9. Servir calientes.

12 de Junio

El menú de cada día

Ensalada de escabeche

Pierna de cordero al horno
(pág. 209)

[illegible]
(pág. 7)

ENSALADA DE ESCABECHE

Tiempo de preparación: 30 minutos
Dificultad: baja

Ingredientes para 6 personas:

* 2 cogollos de lechuga muy tierna
* 6 cebolletas
* 150 g de aceitunas
* 250 g de atún en escabeche
* 4 tomates
* 6 huevos
* 8 cucharadas de aceite de oliva
* 4 cucharadas de vinagre
* sal

Preparación:

1. En un cazo con agua fría poner los huevos a cocer durante unos veinte minutos.
2. Lavar la lechuga debajo del grifo del agua fría, trocearla en pedazos no muy grandes y secarla.
3. Pelar y cortar en arandelas las cebolletas, conservando sólo la parte blanca.
4. Cortar en rodajas los tomates y los huevos una vez fríos.
5. Desmenuzar el atún.
6. En una ensaladera honda, disponer la lechuga, la cebolleta, los tomates y los huevos, añadir las aceitunas y el atún.
7. Espolvorear la ensalada con sal y rociar primero con el aceite y luego con el vinagre.
8. Poner la ensalada en el frigorífico 1 hora antes de servir y no mezclarla hasta el momento de comerla.

13 de Junio

El menú de cada día

Arroz con pulpo
(pág. 64)

Rabas fritas
(Calamares)
(pág. 210)

Moñitas extremeñas

Ingredientes para 4 personas:

* harina
* levadura en polvo
* 1 taza de azúcar
* 2 huevos
* 2 copitas de anís
* leche
* aceite
* miel

MOÑITAS EXTREMEÑAS

Tiempo de preparación: 55 minutos
Dificultad: baja

Preparación:

1. En un recipiente hondo, poner los 2 huevos, el anís, el azúcar, 1 taza de aceite y leche y amasar continuamente.
2. Añadir la levadura y harina en cantidad suficiente para lograr una masa fluida.
3. Aplanar la masa con un rodillo y a continuación cortarla en tiras de aproximadamente 8 cm de largo por 2 de ancho.
4. En una sartén con aceite abundante y bien caliente, freír las moñitas, escurrirlas y rebozarlas generosamente con miel.
5. Servir frías.

14 de Junio

El menú de cada día

Cachelada gallega
(pág. 10)

Estofado de cordero mechado

Rosquillas al horno
(pág. 64)

Ingredientes para 6 personas:

* 1 pierna de cordero de 1 1/2 kg, aproximadamente
* 200 g de tocino
* 3 cebollas
* 3 zanahorias
* 1 ramillete de hierbas aromáticas, caldo de carne, sal y pimienta

ESTOFADO DE CORDERO MECHADO

Tiempo de preparación: 1 hora y 20 minutos
Dificultad: baja

Preparación:

1. Deshuesar la pierna y mecharla con el tocino cortado a tiras (esta operación pueden hacerla en la carnicería); atarla y disponerla en una cazuela amplia.
2. Pelar y picar las cebollas.
3. Trocear las zanahorias y añadirlas a la cazuela junto con el ramillete de hierbas.
4. Verter caldo hasta la mitad de la cazuela y salpimentar.
5. Poner la cazuela sobre fuego vivo, taparla y dejarla hasta que la carne esté en su punto y el jugo mermado.
6. Trocear la carne, disponerla en una fuente para servir y recubrirla con el jugo, previamente pasado por el chino.

15 de Junio

El menú de cada día

Menestra de verduras

Bacalao a la cantábrica
(pág. 205)

Pastel cordobés
(pág. 69)

Ingredientes para 4 personas:

* 1/2 kg de guisantes desgranados
* 8 espárragos de Tudela
* 4 alcachofas
* 4 pimientos
* 2 dientes de ajo
* 150 g de jamón con grasa
* 4 huevos duros
* perejil
* manteca
* sal
* canela en polvo

MENESTRA DE VERDURAS

Tiempo de preparación: 1 hora y 15 minutos
Dificultad: baja

Preparación:

1. Trocear las alcachofas tras haber retirado las hojas duras.
2. Picar los ajos con el perejil y cortar el jamón a dados.
3. Asar los pimientos, pelarlos y cortarlos a tiras.
4. En una cazuela de barro amplia y baja con manteca caliente, saltear el ajo y el perejil, los guisantes, las alcachofas, los espárragos troceados y el jamón. Espolvorear con sal y canela.
5. Verter agua hasta cubrir las verduras, y dejar que hierva a fuego lento.
6. Cuando la menestra esté en su punto, disponerla en una fuente para servir y decorar con los huevos duros pelados y cortados a rodajas y los pimientos.

16 de Junio

El menú de cada día

Sopa marinera
(pág. 44)

Tronco de merluza con almejas
(pág. 215)

Tortitas de huevo

Ingredientes para 4 personas:

* 6 huevos
* 1/2 kg de harina
* 2 vasos de leche
* 5 cucharadas de manteca de cerdo
* sal, aceite y pan rallado

TORTITAS DE HUEVO

Tiempo de preparación: 55 minutos
Dificultad: media

Preparación:

1. En un cazo hondo sobre el fuego, poner la leche e incorporar la harina en forma de lluvia, batiendo continuamente.
2. Cocer 4 huevos hasta que queden duros.
3. Añadir la manteca, mezclando hasta lograr una masa espesa. Espolvorear con sal y retirar del fuego.
4. Pelar y triturar 4 huevos duros; a continuación añadirlos a la masa anterior.
5. Cuando la mezcla esté fría, separar en 4 partes y darles forma de tortitas.
6. Batir 2 huevos en un plato y disponer el pan rallado en otro.
7. Rebozar las tortitas con el huevo y el pan rallado y freírlas por los dos lados en una sartén amplia y con aceite hirviendo.
8. Servir calientes.

17 de Junio

El menú de cada día

Verdura al ajoarriero
(pág. 203)

Chuletas de cordero a la mañica

Crema de chocolate
(pág. 66)

CHULETAS DE CORDERO A LA MAÑICA

Tiempo de preparación: 1 hora y 50 minutos
Dificultad: media

Ingredientes para 4 personas:

* 1 kg de chuletas de cordero
* 1/2 kg de tomates maduros
* 2 dientes de ajo
* 2 huevos
* pan rallado
* aceite
* sal

Preparación:

1. Rallar el tomate sin piel.
2. En una cazuela de barro, con aceite frío y los ajos picados y pelados colocar las chuletas y dejarlas en maceración durante 30 minutos, dándoles la vuelta de vez en cuando.
3. Batir los 2 huevos en un plato hondo y, en otro plato, formar un montículo de pan rallado.
4. Sacar las chuletas del aceite, espolvorear con sal y rebozarlas con huevo y pan rallado. Una vez rebozadas, freírlas en aceite hirviendo; retirarlas y reservarlas.
5. En el mismo aceite sofreír el tomate y, cuando esté en su punto, añadir las chuletas, dejando la sartén sobre el fuego unos minutos más.
6. Disponer las chuletas en una fuente de hervir, cubriéndolas con el sofrito de tomate.

18 de Junio

El menú de cada día

Paella valenciana

Salmón al vino tinto de Liébana
(pág. 211)

Roscos de vino
(pág. 54)

PAELLA VALENCIANA

Tiempo de preparación: 1 hora y 20 minutos
Dificultad: alta

Ingredientes para 4 personas:

* 400 g de arroz
* 1/2 pollo
* 1/2 conejo
* 250 g de costilla de cerdo
* 16 caracoles «vaquetes»
* 100 g de tomates
* 1 pimiento rojo
* 2 dientes de ajo
* 1 dl de aceite
* 200 g de «garrofons» frescos
* 100 g de judías «ferraura»
* 2 l de agua
* perejil, azafrán, sal, pimentón y pimienta

Preparación:

1. Poner aceite en la paella y llevar al fuego. Cuando esté caliente el aceite, sofreír el pollo, cortado en trozos, el conejo y la costilla de cerdo, todo troceado; darle vueltas para que se dore todo por igual.
2. Retirar los trozos de carne y reservar.
3. En el mismo aceite, rehogar el pimiento cortado en dados, añadir las judías «ferraura» y los «garrofons». Sofreír un poco y añadir los ajos y el perejil finamente picados.
4. Antes de que tomen color, añadir el tomate rallado, rehogar un poco y poner el pimentón, remover vivamente, volver a poner las carnes y verter el agua caliente. Salpimentar.
5. Primero dejar cocer un poco a fuego vivo, luego bajarlo y dejarlo a fuego medio; debe cocer unos cuarenta minutos.
6. Comprobar el punto de cocción de las carnes, añadir los caracoles y una pizca de azafrán.
7. Volver a subir el volumen del fuego y echar el arroz, en forma de lluvia, procurando que quede bien repartido; dejar cocer durante unos doce minutos.
8. Comprobar el punto de sal y cocción. Dejar reposar unos cinco minutos y servir.

19 de Junio

El menú de cada día

Sardinas con pimientos y patatas
(pág. 54)

Pulpo al ajoarriero
(pág. 207)

Torta de anís

TORTA DE ANÍS

Tiempo de preparación: 55 minutos
Dificultad: media

Ingredientes para 4 personas:

* 400 g de harina
* 1/2 l de leche
* 5 cucharadas de manteca
* 3 huevos
* 1 copita de anís dulce
* 100 g de azúcar

Preparación:

1. En un recipiente hondo, poner la harina en forma de lluvia y pasada por el tamiz; agregar los huevos, el azúcar y el anís (pero reservar 2 cucharadas).
2. Mezclar continuamente todos los ingredientes hasta formar una masa compacta.
3. Si la masa queda un poco blanda, puede añadirse más harina.
4. Untar con manteca una fuente para horno y disponer en ella la masa bien extendida.
5. Introducir la fuente en el horno moderado y dejarla unos treinta minutos.
6. Retirar la fuente, dejar enfriar la torta y desmoldarla. Espolvorearla con azúcar y cortarla en triángulos.

20 de Junio

El menú de cada día

Pote de patatas
(pág. 208)

Estofado de ternera

Flan de naranja
(pág. 17)

ESTOFADO DE TERNERA

Tiempo de preparación: 2 horas y 30 minutos
Dificultad: media

Ingredientes para 4 personas:

* 1 kg de carne de ternera, aguja o morcillo
* 1 cebolla
* 600 g de patatas
* 1 cabeza de ajos
* 1 hoja de laurel
* 1 dl de vino blanco seco
* 1/2 l de aceite
* tomillo, pimienta y sal

Preparación:

1. Trocear la ternera en dados de unos 3 cm.
2. Pelar y cortar la cebolla y los ajos, éstos en forma de filete.
3. En una cazuela de barro, poner los dados de ternera, la cebolla y el ajo. A continuación, verter 1 1/2 dl de aceite, el vino, y 1 dl de agua. Añadir las hierbas aromáticas y salpimentar.
4. Tapar la cazuela y dejar que cueza lentamente durante 1 hora y 30 minutos, aproximadamente.
5. Pelar y cortar en dados las patatas; freírlas en abundante aceite.
6. Cuando el estofado esté en su punto, añadir las patatas fritas y escurridas, dar unas vueltas, y servir en la misma cazuela.

21 de Junio

El menú de cada día

Almejas al limón

Salmón al estilo de Limpias *(pág. 208)*

Roscas de almendras y avellanas *(pág. 14)*

Ingredientes para 4 personas:

* 1 kg de almejas
* 1 copa de vino blanco
* 1 cebolla
* 2 dientes de ajo
* 1/2 hoja de laurel
* 1 cucharada de pan rallado
* perejil
* el zumo de 1/2 limón
* aceite de oliva
* sal

ALMEJAS AL LIMÓN

Tiempo de preparación: 45 minutos
Dificultad: baja

Preparación:

1. Lavar las almejas con agua y sal.
2. Pelar la cebolla y los dientes de ajo y picarlos finamente.
3. Trinchar el perejil.
4. En un puchero con un vaso de agua, abrir las almejas a fuego lento. Escurrirlas y disponerlas en una cazuela plana. Reservar el jugo.
5. En una sartén con aceite caliente, sofreír la cebolla y el ajo. Espolvorear con pan rallado y rociar con el jugo de las almejas. Añadir el laurel, el vino y el zumo de limón.
6. Verter la salsa anterior sobre las almejas, disponer la cazuela al fuego, y dejarla unos diez minutos. Rectificar la sal y decorar con perejil picado.

22 de Junio

El menú de cada día

Fideuà (Fideos con pescado) *(pág. 45)*

Truchas rellenas con queso de Cantabria y anchoas *(pág. 206)*

Yemas

Ingredientes para 4 personas:

* 8 yemas de huevo
* 1/2 kg de azúcar y 1 l de agua

YEMAS

Tiempo de preparación: 30 minutos
Dificultad: baja

Preparación:

1. En un puchero, preparar un almíbar claro con el agua y el azúcar.
2. Batir las yemas en un plato hondo y echarlas en el puchero en cucharadas espaciadas, retirándolo inmediatamente del fuego.
3. Volver a poner el puchero sobre el fuego y batir el almíbar y las yemas con mucha rapidez, como si fuera una tortilla.
4. Por último, colocar la mezcla en moldes especiales individuales y dejar enfriar.

23 de Junio

El menú de cada día

Olla podrida
(pág. 213)

Perdices al rescoldo

Boronitas
(pág. 9)

Ingredientes para 4 personas:

* 2 perdices grandes
* 2 cebollas
* patatas
* 3 dientes de ajo
* 1 clavo
* 1 hoja de laurel
* 3 granos de pimienta
* 1/2 cucharada de pimentón
* 2 vasos de vino blanco seco
* azafrán
* aceite
* sal

PERDICES AL RESCOLDO

Tiempo de preparación: 1 hora y 40 minutos
Dificultad: alta

Preparación:

1. Vaciar, limpiar y secar las perdices; espolvorearlas con sal y atarlas.
2. Disponerlas en una olla honda, una al lado de la otra, bien apretadas.
3. Recubrir con la cebolla y el ajo picados, el laurel, la pimienta, el clavo, el azafrán, el pimentón, un chorro de aceite y el vino blanco.
4. Tapar la olla y disponerla sobre fuego normal. Retirarla cuando dé el primer hervor y dejarla al rescoldo de la lumbre o a fuego mínimo.
5. Cuando las perdices estén cocidas y la salsa muy reducida, retirarlas, partirlas por la mitad, disponerlas en una fuente y recubrirlas con su jugo pasado por el tamiz. Servir acompañadas de patatas hervidas con su piel.

24 de Junio

El menú de cada día

Ensalada de jamón y sesos

Chuletas de cordero a la navarra
(pág. 83)

Croma catalana
(pág. 15)

Ingredientes para 6 personas:

* 2 sesos de ternera
* jamón de pato
* 2 claras de huevo
* salsa mayonesa
* tomillo, laurel, vinagre y sal
* algunas hojas tiernas de berros

ENSALADA DE JAMÓN Y SESOS

Tiempo de preparación: 25 minutos
Dificultad: media

Preparación:

1. Poner a macerar los sesos en agua, sal y un poco de vinagre. Dejarlos reposar en la nevera durante 12 horas.
2. Pasado este tiempo, escurrir los sesos y quitar los hilos.
3. En una cazuela, introducir los sesos y el agua justo para cubrirlos, un poco de sal, tomillo y una hoja de laurel.
4. Dejar cocer durante diez minutos.
5. Una vez cocidos, dejarlos enfriar y partirlos por la mitad.
6. Añadir el vinagre a la mayonesa ya preparada y, a continuación, añadir las claras montadas a punto de nieve. Batir suavemente.
7. Distribuir los sesos en una fuente, adornar con lonchas de jamón de pato y unos berros.
8. Verter la mayonesa por encima y servir frío.

25 de Junio

El menú de cada día

Patatas con rape
(pág. 48)

Delicias de lenguado al txacoli
(pág. 151)

Roscos

Ingredientes para 4 personas:

* 400 g de harina candeal
* 200 g de manteca de cerdo
* 100 g de azúcar
* 1 huevo
* 1 cucharada de ralladura de limón
* almíbar

ROSCOS

Tiempo de preparación: 25 minutos
Dificultad: baja

Preparación:

1. En un recipiente hondo, hacer una masa con la harina candeal y la manteca de cerdo, un huevo y una cucharada rasa de raspadura de corteza de limón.
2. Dejar reposar la masa durante una hora.
3. Formar luego los roscos del grueso de un dedo y tamaño que se quiera y en forma de anilla.
4. Cocer los roscos a horno flojo y dejarlos justo el tiempo para que queden dorados.
5. Cuando estén fríos, bañarlos en cualquier almíbar caliente y envolverlos en azúcar, sacudiéndolos después.

26 de Junio

El menú de cada día

Gazpacho
(pág. 134)

Perdices con chocolate

Merengue de arroz
(pág. 143)

Ingredientes para 4 personas:

* 4 perdices
* 1/2 kg de cebollitas
* 100 g de chocolate
* 4 costrones fritos
* ajos, laurel, pimienta en grano
* 2 clavos
* 1 vaso de vino claro
* vinagre, aceite y sal

PERDICES CON CHOCOLATE

Tiempo de preparación: 1 hora y 5 minutos
Dificultad: media

Preparación:

1. Vaciar, limpiar, secar y cortar en cuartos las perdices. Pelar por encima la cabeza de ajos y aplastarla con el puño.
2. En una cazuela con bastante aceite, dorar las perdices; espolvorear con sal y añadir el vino, el vinagre, el laurel, la cabeza de ajos, unos granos de pimienta y los clavos.
3. Cocer las perdices en su salsa de maceración, pero retirando las hierbas.
4. Cuando las perdices estén en su punto, retirarlas. En su jugo, echar las cebollitas peladas y cocerlas durante unos 20 minutos. Retirarlas del caldo y reservarlas.
5. Desleír el chocolate en el caldo restante, sin dejar espesar demasiado, a fuego lento. Añadir las perdices y las cebollitas y dejar unos minutos más sobre el fuego.
6. Disponer las perdices partidas por la mitad, en una fuente para servir con 4 costrones fritos y las cebollitas alrededor.
7. Rociar con su salsa y servir.

27 de Junio

El menú de cada día

Puré de patatas horneado

Gallina con pisto (pág. 162)

Roscón de Almería (pág. 52)

Ingredientes para 4 personas:

* 1 1/2 kg de patatas harinosas
* 4 filetes de cerdo
* 100 g de tocino fresco
* 100 g de jamón
* 2 dientes de ajo
* 1 hoja de laurel
* 5 cucharadas de mantequilla
* 5 cucharadas de manteca
* sal

PURÉ DE PATATAS HORNEADO

Tiempo de preparación: 1 hora y 40 minutos
Dificultad: media

Preparación:

1. Pelar las patatas y cocerlas en un puchero con agua hirviendo, sal y una hoja de laurel; pasarlas por el pasapurés y convertirlas en un puré fino.
2. En una sartén con un poco de manteca caliente, dorar ligeramente los filetes de cerdo; retirarlos y reservarlos.
3. Pelar y machacar los dientes de ajo, y picar el tocino y el jamón.
4. En una fuente refractaria disponer una capa con la mitad del tocino y del jamón picados y los ajos y encima una de puré de patatas; repetir la operación y acabar recubriendo las patatas con los filetes de carne.
5. Esparcir por encima unos pellizcos de mantequilla, introducir la fuente en el horno, a temperatura media, y dejarla durante unos 25 minutos.
6. Servir caliente.

28 de Junio

El menú de cada día

Paella valenciana (pág. 102)

Pulpo a la asturiana (pág. 153)

Tostadas de crema

Ingredientes para 6 personas:

* 1 l de leche fresca
* 150 g de harina de arroz
* 150 g de azúcar
* 200 g de manteca de cerdo
* 4 yemas de huevo
* 1 rama de canela
* 50 g de azúcar glass
* 1 corteza de limón
* 2 huevos enteros para rebozar
* 100 g de harina
* canela en polvo

TOSTADAS DE CREMA

Tiempo de preparación: 1 hora
Dificultad: baja

Preparación:

1. En un cazo al fuego, poner la leche (reservando un poco para utilizarla más tarde), mezclar el azúcar, poner la corteza de limón y la canela en rama.
2. Desleír la harina de arroz con la leche reservada en frío e incorporar al cazo que tenemos en el fuego. Remover continuamente con un batidor para que no se formen grumos, hasta que se espese.
3. Retirar del fuego y añadir una a una las yemas de huevo, batiendo cuidadosamente hasta que se mezclen bien; volver a poner al fuego sólo un momento para que arranque el hervor, retirar enseguida del fuego.
4. Verter esta pasta en una fuente grande y dejar enfriar, debe quedar de un espesor de un centímetro aproximadamente.
5. Cuando esté fría, cortar en trozos rectangulares, rebozar con harina y huevo batido.
6. Derretir la manteca de cerdo en una sartén y, cuando esté bien caliente, dorar los rectángulos por ambos lados en ella.
7. Espolvorear con el azúcar glass y servir caliente, con un poco de canela en polvo por encima.

29 de Junio

El menú de cada día

Migas de Teruel
(pág. 212)

Caldereta de lomo

Yemas
(pág. 104)

Ingredientes para 4 personas:

* 8 filetes de lomo de cerdo
* 1 kg de alcachofas
* 3 dientes de ajo
* 6 huevos
* 1 vaso de vino blanco
* caldo de carne
* harina, aceite y sal

CALDERETA DE LOMO

Tiempo de preparación: 50 minutos
Dificultad: media

Preparación:

1. Disponer un plato con harina y otro con 2 huevos batidos.
2. Aplanar un poco los filetes de lomo y rebozarlos, pasándolos por la harina y, seguidamente, por el huevo batido.
3. Pelar las alcachofas, cortarlas en octavos, cocerlas en agua hirviendo con sal y escurrirlas; rebozarlas con harina y reservarlas.
4. Pelar y picar los dientes de ajo; freírlos y reservarlos.
5. En una cazuela de barro con aceite caliente, freír los filetes de carne rebozados y agregar las alcachofas también rebozadas.
6. Añadir 1/2 l de caldo, el vino y los ajos fritos; dejar sobre el fuego normal hasta que el caldo merme.
7. Escaldar en la cazuela los 4 huevos.
8. Servir en cazuelitas individuales.

30 de junio

El menú de cada día

Tomates de verano
(pág. 131)

Dorada al horno
(pág. 154)

Tortells de Mallorca

Ingredientes para 4 personas:

* 1/2 kg de harina
* 150 g de azúcar
* 150 g de masa de pan o de ensaimada
* 1/4 l de agua
* 2 dl de aceite
* 3 huevos
* 200 g de mazapán
* 50 g de manteca de cerdo
* sal

TORTELLS DE MALLORCA

Tiempo de preparación: 1 hora y 10 minutos, más el tiempo de descanso
Dificultad: alta

Preparación:

1. Desleír la masa de pan en un recipiente, añadiendo poco a poco el agua templada.
2. Añadir los huevos de uno en uno. Cuando esté todo completamente ligado, añadir la harina, el azúcar y la sal, hasta formar una masa.
3. Trabajarla hasta que quede elástica, dejarla reposar en un bol, untada con aceite y tapada con un lienzo.
4. Cuando la masa haya esponjado lo suficiente (unas cuatro horas), extenderla sobre el mármol untado de aceite, trabajar un poco más, fuerte, y dar golpes sobre el mármol.
5. Trocear, según el tamaño que queramos tengan los torteles.
6. Estirar los trozos con el rodillo y luego agregarles la manteca de cerdo con las manos.
7. Extendida la masa una al lado de otra, en un lado poner el mazapán, formando un cilindro que ocupe todo el largo de la masa y cuyo grueso esté en proporción con el tamaño del «tortell».
8. Sobre este mazapán, enrollar la masa.
9. Después formar una rosca uniendo los dos extremos y poner en una fuente para horno; practicar unos tres cortes, separados por igual, para que se vea el mazapán.
10. Dejar esponjar un poco más, tapados y que no les dé el aire.
11. Precalentar el horno, a unos 160 °C y dejar cocer unos cuarenta minutos.

Julio

1 de Julio

El menú de cada día

Pote a la asturiana
(pág. 47)

Molls a la catalana
(Salmonetes)
(pág. 168)

Picardías de Lorca

Ingredientes para 6 personas:

* 1/2 kg de avellanas tostadas
* 1/2 kg de azúcar
* 1/2 dl de agua

PICARDÍAS DE LORCA

Tiempo de preparación: 20 minutos
Dificultad: baja

Preparación:

1. En un cazo, derretir el azúcar mezclado con el agua, hasta el punto de caramelo.
2. Untar un mármol con un poco de aceite; cuando el caramelo esté en su punto, echarlo sobre el mármol. Rápidamente, echar las avellanas mezclándolas con el azúcar.
3. Antes de que se enfríe del todo, cortar en dados. Dejar enfriar y ya están las picardías.

2 de Julio

El menú de cada día

Lentejas manchegas
(pág. 209)

Riñones al jerez

Granizado de limón
(pág. 130)

Ingredientes para 4 personas:

* 2 riñones de ternera
* 2 cebollas
* 4 dientes de ajo
* 50 g de manteca de cerdo
* 2 rebanadas de pan
* 1 vaso de vino de Jerez
* 1 vaso de agua
* vinagre, perejil, aceite y sal
* pimienta molida

RIÑONES AL JEREZ

Tiempo de preparación: 50 minutos
Dificultad: media

Preparación:

1. Limpiar bien los riñones y cortarlos en rodajas finas.
2. Escaldar los riñones en agua hirviendo con un chorrito de vinagre, para quitarles el olor.
3. En una sartén con la manteca de cerdo y un poco de aceite, freír 2 dientes de ajo, 2 rebanadas de pan y 4 trocitos de riñón. Una vez frito, majarlo todo en el mortero, añadiendo un poco de agua.
4. En la misma sartén, agregar los riñones y además, todo muy picado, la cebolla, el perejil y el ajo. Poner también el vino y la pimienta.
5. Dejar cocer a fuego lento; añadir el agua y sazonar.
6. Continuar la cocción hasta que los riñones estén tiernos.
7. Al servir, espolvorear con perejil picado y acompañar con arroz.

3 de Julio

El menú de cada día

Menestra de verduras santanderina

Papayuelas asadas (Codornices)

(pág. 171)

Tortitas de huevo

(pág. 101)

MENESTRA DE VERDURAS SANTANDERINA

Tiempo de preparación: 1 hora y 10 minutos
Dificultad: media

Ingredientes para 4 personas:

* 2 patatas
* 2 pimientos rojos
* 4 zanahorias
* 250 g de judías tiernas
* 2 cebollas
* 2 tomates maduros
* 1/2 kg de almejas frescas y grandes
* 2 hojas de laurel
* 20 g de harina
* 2 dl de aceite de oliva
* sal

Preparación:

1. Abrir las almejas al vapor, aromatizándolas con la hoja de laurel.
2. Pelar y cortar en dados las patatas y las zanahorias. Hervirlos en agua con un poco de sal; escurrir y reservar el caldo de cocción.
3. Sacar las puntas de las judías, trocearlas y hervir también en agua salada. Escurrir.
4. Cortar el pimiento en dados e, igualmente, cocerlo en agua durante unos minutos. Escurrir.
5. Pelar las cebollas, picarlas pequeñas y rehogarlas en aceite; añadir los tomates pelados y cortados, espolvorear con harina y dejar cocer.
6. Cubrir el fondo de una cazuela de barro con el sofrito; añadir todas las verduras, las almejas y un poco de agua de cocer las verduras; dejar cocer todo junto durante 5 minutos.
7. Servir en la misma cazuela.

4 de Julio

El menú de cada día

Ensalada de verano

(pág. 130)

Caldeirada de merluza

(pág. 135)

Tocinillo de cielo a la crema de frambuesas

TOCINILLO DE CIELO A LA CREMA DE FRAMBUESAS

Tiempo de preparación: 50 minutos, más la maceración
Dificultad: media

Ingredientes para 5 personas:

* 6 huevos grandes
* 270 g de azúcar
* 2 dl de agua
* glucosa para untar los moldes

Crema

* 200 g de frambuesas
* 100 g de azúcar

Guarnición

* 2 dl de crema de leche

Preparación:

1. Preparar un almíbar con el azúcar y el agua, hasta el punto de hebra (unos 10 minutos). Dejar enfriar un poco.
2. Untar ligeramente los moldes con un poco de glucosa diluida con agua templada.
3. Separar las claras de las yemas, pasar las yemas por un colador y añadir al almíbar, poco a poco.
4. Rellenar los moldes untados, procurando que no quede espuma en la superficie.
5. Calentar agua abundante en una cazuela, colocar encima una rejilla con los moldes. Tapar y dejar cocer unos doce minutos.
6. Retirar, dejar enfriar y desmoldear.
7. Dejar en maceración las frambuesas con el azúcar durante 2 horas, removiendo a menudo. Triturar y pasar por el chino.
8. Cubrir el fondo de un plato con la crema, desmoldar un tocinillo en el centro.
9. Montar la nata con la batidora, y adornar alrededor del plato con la manga pastelera con boquilla rizada. Servir fresco.

5 de Julio

El menú de cada día

Ensalada de escabeche
(pág. 99)

Pajaritos con jamón

Torta de anís
(pág. 103)

Ingredientes para 4 personas:

* 8 a 10 perdigones
* 150 g de jamón serrano
* 1 limón
* tomillo
* pimienta
* 1 hoja de laurel
* 1 copa de brandy
* caldo
* harina
* aceite
* sal

PAJARITOS CON JAMÓN

Tiempo de preparación: 55 minutos
Dificultad: media

Preparación:

1. Vaciar, limpiar, secar y atar cuidadosamente cada uno de los pajaritos o perdigones.
2. Cortar el jamón en lonchas finas.
3. Preparar una cazuela amplia con 5 cucharadas de aceite y disponer encima las lonchas de jamón. Salpimentar y rociar con el zumo de un limón.
4. Colocar sobre estos ingredientes los pajaritos.
5. Poner la cazuela sobre el fuego y, cuando empiece a calentarse, agregar 1 hoja de laurel, el tomillo, el brandy y 1/2 tazón de caldo.
6. Tapar la cazuela y dejarla a fuego lento durante aproximadamente 30 minutos.
7. Disponer en una fuente los perdigones partidos por la mitad o enteros, sin cordel y rociarlos con su salsa, espesada previamente con harina.

6 de Julio

El menú de cada día

Paella a la marinera

Truchas a la aragonesa
(pág. 96)

Tortells de Mallorca
(pág. 109)

Ingredientes para 4 personas:

* 400 g de arroz
* 400 g de mejillones
* 250 g de rape
* 200 g de gambas pequeñas
* 4 cigalas
* 250 g de calamares
* 1 sepia
* 1 cabeza de merluza y espinas de pescados
* 100 g de tomates
* 1 cebolla
* 2 dientes de ajo
* 2 dl de aceite
* 1 1/4 l de caldo
* azafrán, harina, pimentón, perejil, limón, sal y pimienta

PAELLA A LA MARINERA

Tiempo de preparación: 50 minutos
Dificultad: media

Preparación:

1. Lavar y cortar el rape en trozos. Salar y pasar por harina.
2. En una cazuela al fuego, calentar aceite y freír el rape, sacar y reservar.
3. En el mismo aceite, freír la cabeza de merluza y las espinas, salpimentar, y echar el agua, dejar hervir unos treinta minutos. Colar con colador fino.
4. Mientras, en la paella, poner 1 decilitro de aceite, freír las gambas, las cigalas; retirar.
5. Poner la sepia, bien lavada y troceada, los calamares limpios y cortados en rodajas; rehogar y añadir la cebolla picada; antes de que se dore, poner el ajo y perejil picados, luego el tomate rallado.
6. Cuando esté todo bien rehogado, poner una cucharadita de pimentón y el arroz; remover vivamente, echar enseguida 1 1/4 litro de caldo caliente.
7. Cocer a fuego vivo unos minutos y volver a poner los otros pescados.
8. Cocer los mejillones al vapor, quitar una valva, colar el jugo y echarlo al arroz.
9. Dejar cocer a fuego medio unos 8 minutos más.

7 de Julio

El menú de cada día

Patatas viudas
(pág. 67)

Truchas al jamón
(pág. 30)

Suspiros de Murcia

Ingredientes para 6 personas:

* 1/4 kg de almendras
* 1/2 kg de azúcar
* 6 claras de huevo
* 1 cucharadita de zumo de limón
* unas cuantas obleas

SUSPIROS DE MURCIA

Tiempo de preparación: 1 hora
Dificultad: baja

Preparación:

1. En un bol, batir las claras de huevo a punto de nieve fuerte, añadir el zumo de limón.
2. Continuar batiendo y añadir el azúcar poco a poco.
3. Picar un poco las almendras y añadirlas al merengue.
4. Cortar redondeles de las obleas. Cuando esté todo bien mezclado formar encima pequeñas pirámides que se cuecen al horno, hasta que estén doradas y muy secas.

8 de Julio

El menú de cada día

Potaje castizo
(pág. 26)

[illegible]

Turrón de guirlache
(pág. 207)

Ingredientes para 4 personas:

* 3/4 kg de carne de cordero
* 1 limón
* 1 vaso de vino clarete
* manteca de cerdo
* sal

TERNASCO ASADO

Tiempo de preparación: 1 hora y 15 minutos
Dificultad: baja

Preparación:

1. Cortar la carne a dados y espolvorearlos con sal.
2. Disponer la carne en una cazuela de barro y rociarla con 4 cucharadas de manteca derretida y el vaso de vino.
3. Introducir la cazuela en el horno y, cuando la carne esté dorada, echar una cucharada de zumo de limón.
4. Mantener la cocción unos minutos más y servir en la misma cazuela.

9 de Julio

El menú de cada día

Coliflor rebozada

Higado con cebolla
(pág. 82)

Tortas de Cáceres
(pág. 89)

COLIFLOR REBOZADA

Tiempo de preparación: 1 hora y 20 minutos
Dificultad: baja

Ingredientes para 4 personas:

* 1 coliflor
* 2 huevos
* perejil
* harina
* vinagre
* aceite
* sal

Preparación:

1. Lavar la coliflor y retirarle el troncho; ponerla en un recipiente sazonada con sal, recubierta con perejil bien picado y rociada con vinagre. Dejarla en reposo durante unas 3 horas.
2. Pasado este tiempo, cocerla en una cazuela con agua hirviendo durante unos 30 minutos; escurrirla y dejarla enfriar.
3. Cortar la coliflor en ramilletes, rebozarlos, primero en harina y seguidamente en huevo batido, y freírlos en una sartén con aceite abundante y caliente.
4. Escurrir bien los ramilletes de coliflor y servirlos en una fuente.

10 de Julio

El menú de cada día

Crema de borrajas
(pág. 158)

Rape a la catalana
(pág. 150)

Teresitas

TERESITAS

Tiempo de preparación: 1 hora
Dificultad: alta

Ingredientes para 4 personas:

* 1/4 kg de harina
* 3 cucharadas de manteca
* 1/2 vasito de vino blanco de Cangas
* 1 vasito de agua
* 1/2 cucharada de levadura
* sal, aceite, mantequilla, azúcar en polvo y crema pastelera

Preparación:

1. Derretir un poco la manteca.
2. En un recipiente pequeño, poner el agua, el vino y la manteca. Cocer a fuego normal y retirar cuando dé el primer hervor. Dejar enfriar.
3. En un recipiente hondo, disponer la media cucharada de levadura, la harina y la sal; formar un hueco en el centro y rellenarlo con el líquido preparado.
4. Mezclar hasta convertir los ingredientes en una masa.
5. Ponerla sobre la mesa de la cocina, aplastarla con el rodillo y añadir la mantequilla en pequeños trozos, como para la preparación de una masa para hojaldre.
6. Doblar la pasta en dos y repetir la operación unas cuantas veces. Aplanarla de nuevo con el rodillo y dejarla muy fina.
7. Cortar la masa en cuadraditos de unos ocho centímetros, rellenarlos con crema pastelera, recoger las puntas apretando con los dedos y freír las teresitas en una sartén con abundante aceite muy caliente.
8. Retirarlas del fuego y disponerlas en una fuente de cristal.
9. Espolvorearlas por encima con azúcar

11 de Julio

El menú de cada día

Potaje de puerros
(pág. 76)

Pollo al vino tinto

Bizcochos de la reina
(pág. 86)

Ingredientes para 4 personas:

* 2 pollos pequeños
* 1/4 kg de champiñones
* 1/2 kg de cogollos de alcachofa
* 3 cebollas pequeñas
* 1/2 kg de patatas
* perejil
* pimienta molida
* 1 vaso de vino tinto
* aceite
* sal

POLLO AL VINO TINTO

Tiempo de preparación: 1 hora y 30 minutos
Dificultad: media

Preparación:

1. Vaciar y limpiar los pollos y a continuación partirlos por la mitad a lo largo y salpimentar.
2. Pelar y triturar las cebollas.
3. Limpiar y cortar en cuartos los champiñones y las alcachofas.
4. Pelar las patatas y cortarlas en rodajas de 1 cm de espesor.
5. En una cazuela al fuego con aceite, rehogar los pollos por todas partes durante unos 5 minutos.
6. Añadir la cebolla y, cuando empiece a transparentar, verter el vino tinto y dejar a fuego suave hasta que el jugo quede reducido.
7. Agregar las patatas, las alcachofas y los champiñones; echar 2 vasos de agua, rectificar de sal según el gusto personal y mantener a fuego lento durante 25 minutos con la cazuela tapada.
8. Disponer los pollos con las verduras y hortalizas en una fuente para servir, y espolvorear con perejil picado.

12 de Julio

El menú de cada día

Titaina (pimiento, tomate y atún)

Pollo a la sal
(pág. 85)

[illegible]
(pág. 161)

Ingredientes para 4 personas:

* 4 dientes de ajo
* 50 g de piñones
* 200 g de «tonyina» en salmuera
* 2 kg de tomates maduros
* 1/2 kg de pimientos rojos
* 2 dl de aceite
* 1 cucharada de azúcar
* sal y pimienta

TITAINA (PIMIENTO, TOMATE Y ATÚN)

Tiempo de preparación: 50 minutos
Dificultad: baja

Preparación:

1. En una sartén al fuego, con un poco de aceite, rehogar los ajos picados, añadir los piñones, darles una vuelta a fuego muy lento. Antes de que tomen color, añadir la «tonyina» desmenuzada y removerlo todo con una espátula de madera durante unos segundos.
2. Añadir los pimientos rojos, dejar rehogar un poco.
3. Adicionar los tomates pelados y cortados en dados, echar la cucharada de azúcar.
4. Dejar cocer lentamente, hasta que se evapore un poco el agua y empiece a verse un poco aceitoso.
5. Salpimentar, dejar cocer 5 minutos y servir.
6. Está en su mejor punto hecho de un día para el otro.

13 de Julio

El menú de cada día

Caracoles en salsa
(pág. 90)

Carne con salsa de pimientos
(pág. 48)

Pastel de dátiles

Ingredientes para 6 personas:

* 1/4 l de agua
* 1/4 kg de azúcar
* 350 g de dátiles
* 350 g de nueces sin cáscara
* 50 g de azúcar de lustre

Guarnición

* 100 g de dátiles frescos
* 50 g de nueces

PASTEL DE DÁTILES

Tiempo de preparación: 50 minutos
Dificultad: baja

Preparación:

1. En un cazo, mezclar el azúcar con el agua, añadir los dátiles sin hueso y dejar cocer lentamente hasta que se forme una mermelada.
2. Retirar del fuego. Dejar enfriar.
3. Añadir las nueces troceadas. Remover con cuidado hasta que quede todo bien amalgamado.
4. Preparar una hoja de papel de aluminio, espolvorear con azúcar de lustre y colocar el preparado de dátiles, envolver formando un rollo.
5. Colocar el rollo obtenido en el congelador unas dos horas, hasta que tome consistencia.
6. Cuando esté en su punto, ya se puede servir, adornar con unos dátiles frescos y medias nueces.

14 de Julio

El menú de cada día

Fideuà
(Fideos con pescado)
(pág. 45)

Angulas en cazuela

Quesada de la reina
(pág. 58)

Ingredientes para 4 personas:

* 400 g de angulas
* 4 dientes de ajo
* 4 aros de guindilla
* 1 1/2 dl de aceite de oliva y sal

ANGULAS EN CAZUELA

Tiempo de preparación: 20 minutos
Dificultad: baja

Preparación:

1. En una cazuela de barro, verter el aceite y poner al fuego a calentar. Cuando esté caliente, añadir los ajos cortados en láminas y los aros de guindilla y, al ir tomando color los ajos, retirar la cazuela del fuego y dejar enfriar un poco.
2. Entonces, echar las angulas previamente cocidas y volver la cazuela al fuego, dando vueltas con un tenedor de madera, siempre a fuego muy vivo. Salar.
3. Antes de que hiervan, retirar del fuego y servir rápidamente en cazuelitas individuales de barro.

15 de Julio

El menú de cada día

Nabos al estilo de Badajoz

Rabo de toro estofado
(pág. 7)

Roscas de almendras y avellanas
(pág. 14)

Ingredientes para 4 personas:

* 1/2 kg de nabos bien tiernos
* 150 g de jamón de Montánchez
* pimienta
* sal
* nuez moscada rallada
* 1 cucharada de harina
* 4 cucharadas de manteca de cerdo

NABOS AL ESTILO DE BADAJOZ

Tiempo de preparación: 1 hora y 10 minutos
Dificultad: baja

Preparación:

1. Trocear el jamón y raspar cuidadosamente los nabos.
2. En una cazuela con la manteca caliente, saltear el jamón, espolvorear con la harina y rociar enseguida con 1/2 l de agua caliente.
3. Cuando el agua comience a hervir, añadir los nabos, salpimentar y echar la nuez moscada; dejar la cazuela a fuego lento unos 30 minutos aproximadamente.
4. Servir los nabos en la misma cazuela.

16 de Julio

El menú de cada día

Huevos revueltos con espárragos
(pág. 42)

Estofado de cordero mechado
(pág. [illegible])

Sequillos

Ingredientes para 4 personas:

* 200 g de harina
* 200 g de almendras tostadas
* 1 limón
* 200 g de azúcar
* 3 huevos

SEQUILLOS

Tiempo de preparación: 55 minutos
Dificultad: baja

Preparación:

1. Rallar la mitad de la corteza del limón.
2. Pelar las almendras y triturarlas finamente.
3. Batir todos los huevos en un tazón.
4. En un recipiente hondo, disponer la harina formando un hueco en el centro. Colocar en él las almendras, los huevos batidos, la ralladura de limón y el azúcar.
5. Mezclar continuamente y rociar poco a poco con agua hasta obtener una pasta lisa, ni blanda ni demasiado dura.
6. Aplastar la masa con el rodillo hasta un centímetro de espesor y cortar con un cuchillo unas tiras largas de 2 centímetros de ancho y, después, de 5 centímetros de largo.
7. Untar con manteca o aceite frito una placa para horno y disponer en ella los sequillos, uno al lado del otro pero sin tocarse.
8. Introducir la placa en horno muy suave hasta que las pastas queden doradas.

17 de Julio

El menú de cada día

Arroz con pulpo
(pág. 64)

Truchas a la turolense

Torrijas a la navarra
(pág. 60)

Ingredientes para 4 personas:

* 4 truchas de tamaño mediano
* 200 g de jamón magro turolense
* 2 puerros gruesos
* 3 cebollas
* 2 pimientos verdes
* 3 dientes de ajo
* 1/2 cucharada de pimentón dulce
* 1 hoja de laurel
* 1 vaso de vino blanco seco
* caldo de pescado
* aceite
* sal

TRUCHAS A LA TUROLENSE

Tiempo de preparación: 1 hora y 30 minutos
Dificultad: media

Preparación:

1. Lavar y cortar en juliana toda la verdura.
2. Cortar el jamón en trozos pequeños.
3. Vaciar y limpiar cuidadosamente las truchas.
4. En una sartén amplia con aceite caliente, rehogar la verdura y la mitad del jamón. Añadir el vino blanco y mantener a fuego lento unos 10 minutos. Rectificar de sal. Retirar del fuego y disponer sobre una fuente refractaria.
5. Rellenar las truchas con la otra mitad del jamón, enharinarlas y freírlas en otra sartén con aceite caliente.
6. Sacar las truchas de la paella y, a continuación, salar.
7. En el aceite restante, sofreír el pimentón, añadir la hoja de laurel y rociar con caldo de pescado.
8. Colocar las truchas sobre la verdura y rociar todo con el sofrito de pimentón. Introducir en el horno y dejar durante 5 minutos. Servir enseguida.

18 de Julio

El menú de cada día

Judías estofadas
(pág. 19)

Callos a la asturiana
(pág. 180)

Yemas de santa Teresa

Ingredientes para 4 personas:

* 10 huevos
* 250 g de azúcar de lustre
* 1 limón
* manteca de cerdo

YEMAS DE SANTA TERESA

Tiempo de preparación: 25 minutos
Dificultad: media

Preparación:

1. Separar las yemas de los huevos.
2. Exprimir el limón y reservar el zumo. Rallar la corteza.
3. En un recipiente hondo, batir las 10 yemas de huevo con el azúcar y añadir el zumo y las raspaduras del limón.
4. Formar unas bolitas del tamaño de una nuez.
5. Untar una placa para horno y disponer en ella las bolitas.
6. Introducir las yemas en horno normal y dejarlas unos diez minutos.
7. Servir frías puestas en obleas.

19 de Julio

El menú de cada día

Ensalada de espinacas
(pág. 144)

Conejo con castañas
(pág. 69)

Suspiros de monja

Ingredientes para 4 personas:

* 250 g de azúcar
* 250 g de harina
* 5 cucharadas de mantequilla
* sal
* sémola de trigo
* leche
* café
* 200 g de almendras tostadas
* 2 huevos
* 1/2 copita de licor de hierbas
* aceite

SUSPIROS DE MONJA

Tiempo de preparación: 1 hora
Dificultad: alta

Preparación:

1. En un recipiente hondo, disponer la harina tamizada, añadir los 2 huevos, la mantequilla, un poco de sal y el azúcar.
2. Mezclar bien todos los ingredientes y trabajar bien la masa. Extenderla, aplanarla con el rodillo y cortarla en tiras de 7 centímetros de largo y 4 de ancho. Dejar reposar.
3. Machacar las almendras retirándoles la piel.
4. En un tazón con leche fría y 4 cucharadas de café también frío poner la sémola y las almendras machacadas en el mortero. Añadir el licor.
5. En una sartén honda con aceite abundante y muy caliente, freír los suspiros y, cuando estén dorados, retirarlos y dejarlos enfriar.
6. En cada uno de ellos, y con la ayuda de la punta de un cuchillo muy afilado, formar un hueco que se rellenará con la pasta de almendra.
7. Disponerlos en una fuente plana de cristal y servir.

20 de Julio

El menú de cada día

Patatas con rape
(pág. 48)

Angulas a la ovetense

Pestiños castellanos
(pág. 41)

Ingredientes para 4 personas:

* 1/2 kg de angulas
* 4 dientes de ajo
* 1/2 guindilla
* aceite y sal

ANGULAS A LA OVETENSE

Tiempo de preparación: 15 minutos
Dificultad: media

Preparación:

1. Pelar los dientes de ajo y cortar la guindilla en 4 trozos.
2. Formar 4 partes iguales de angulas.
3. En cazuelitas individuales de barro, poner aceite. Cuando esté caliente, dorar ligeramente los dientes de ajo (un ajo para cada una de las cazuelitas).
4. Añadir enseguida una rodaja de guindilla a cada cazuelita y, a fuego muy vivo, agregar, a continuación, las angulas.
5. Espolvorear con un poco de sal, mezclar con una espátula de madera, retirar la cazuelita del fuego rápidamente y taparla. Cuando estén las cuatro, servir enseguida hirviendo.
6. Conservar las primeras cazuelas cerca de la lumbre y conservar el diente de ajo en ella, a gusto de cada uno.

21 de Julio

El menú de cada día

Arroz con conejo a la cacereña

Huevos con hortalizas
(pág. 76)

Alfajores
(pág. 80)

ARROZ CON CONEJO A LA CACEREÑA

Tiempo de preparación: 1 hora y 30 minutos
Dificultad: alta

Ingredientes para 4 personas:

* 1/2 conejo tierno
* 100 g de tocino (del pecho) salado
* 4 tacitas de arroz
* 2 alcachofas
* 1 diente de ajo
* 2 huevos
* canela
* azafrán
* orégano
* 50 g de queso manchego
* aceite y sal

Preparación:

1. Trocear el conejo y el tocino; pelar y cortar a cuartos las alcachofas, sin hojas duras; partir el queso en cuadrados, y batir los huevos en un plato hondo.
2. En un puchero con un poco de agua, cocer el conejo y el tocino con un poco de canela, azafrán, orégano y sal.
3. Cuando el conejo esté en su punto, añadir 10 tacitas de agua hirviendo y dejar unos diez minutos sobre fuego lento.
4. En una cazuela refractaria de barro con aceite, rehogar las alcachofas, el diente de ajo pelado y triturado y, seguidamente, las 4 tacitas de arroz; por último, mezclar todos los ingredientes.
5. Agregar enseguida el guiso de conejo con su caldo y rectificar de sal; cocer el arroz en fuego fuerte durante 15 minutos, aproximadamente, sin remover.
6. Retirar la cazuela del fuego, recubrir el arroz con el huevo batido y los cuadrados de queso e introducirla en el horno para acabar la cocción durante unos 15 minutos más, hasta que quede una bonita costra dorada en la superficie.
7. Dejar reposar durante 5 minutos fuera del horno.
8. Por último, servir en la misma cazuela.

22 de Julio

El menú de cada día

Empanada de congrio
(pág. 53)

Merluza con acelgas
(pág. 59)

Rosquillas de anís

ROSQUILLAS DE ANÍS

Tiempo de preparación: 1 hora
Dificultad: media

Ingredientes para unas 20 rosquillas:

* 1/4 kg de harina
* 1 huevo
* 5 cucharadas de azúcar de lustre
* 1 cucharada de anís
* 8 cucharadas de azúcar
* 1 cucharadita de levadura en polvo
* aceite de oliva y aceite para freír
* raspadura de 1/2 limón

Preparación:

1. Tamizar la harina y disponerla en un recipiente hondo formando una corona con un hueco en el centro.
2. En el centro, colocar el huevo, 8 cucharadas de azúcar, la raspadura de 1/2 limón, una cucharada sopera de agua, la levadura, 3 de aceite y el anís.
3. Mezclar cuidadosamente con un tenedor y agregar despacio la harina. Amasar finalmente con las manos, hasta obtener una pasta fina y suave.
4. Enharinarse las manos y coger con los dedos pequeños porciones de masa, enrollarlas y formar un pequeño cordón grueso, el cual se unirá por los extremos en forma de rosquilla.
5. Con la punta de unas tijeras, formar en la parte exterior de las rosquillas unos pequeños cortes.
6. En una sartén con aceite abundante e hirviendo, freír las rosquillas a fuego no demasiado fuerte. Retirarlas y escurrirlas en un papel secante cuando estén doradas.
7. Servirlas espolvoreadas con azúcar de lustre.

23 de Julio

El menú de cada día

Pote a la asturiana
(pág. 47)

Ancas de rana al ajillo

Pudin de piña a la manera cántabra
(pág. 44)

Ingredientes para 4 personas:

* 800 g de ancas de rana
* 6 dientes de ajo
* perejil
* guindilla
* aceite
* sal

ANCAS DE RANA AL AJILLO

Tiempo de preparación: 45 minutos
Dificultad: baja

Preparación:

1. Limpiar las ancas de rana y secarlas.
2. Pelar los dientes de ajo y picar 4 de ellos.
3. Picar finamente el perejil.
4. En una cazuela de barro amplia y baja con aceite hirviendo, dorar 2 dientes de ajo. A continuación retirarlos y sofreír las ancas de rana.
5. Pasados 10 minutos, añadir el ajo picado, una punta de guindilla y el perejil. Mezclar durante unos segundos y salar. Servir caliente.

24 de Julio

El menú de cada día

Habas con jamón
(pág. 125)

Cabrito a la castellana
(pág. 17)

Cañas de nata con chocolate

Ingredientes para 6-8 personas:

Para el hojaldre:
* 500 g de harina
* 1/4 l de agua
* 1 cucharadita de sal
* 400 g de mantequilla
* aceite para freír

Para el relleno:
* 500 g de nata
* 250 g de chocolate «fondant»
* 1/4 l de leche

CAÑAS DE NATA CON CHOCOLATE

Tiempo de preparación: 1 hora y 20 minutos
Dificultad: alta

Preparación:

1. Para hacer el hojaldre, mezclar la harina con el agua y la cucharadita de sal y amasar bien.
2. Extender la pasta con el rodillo e incorporar la mantequilla troceada y cubrir con la masa.
3. Estirar con el rodillo y proceder de la siguiente manera: dar una vuelta sencilla, una vuelta doble, una vuelta sencilla y, por fin, otra vuelta doble. Dejar reposar unos veinte minutos aproximadamente.
4. Transcurrido este tiempo, estirar la pasta con el rodillo y cortar unas tiras de unos dos centímetros de ancho por diez de largo.
5. Enrollar cada tira en cilindros de acero inoxidable y freír en abundante aceite muy caliente.
6. Una vez fritas, retirar y poner a escurrir el aceite sobrante sobre un papel. Cuando estén frías, sacar los cilindros.
7. Rellenar con la nata.
8. Derretir el chocolate junto con la leche y, una vez esté caliente, verter sobre las cañas.

25 de Julio

El menú de cada día

Cardos a la crema
(pág. 71)

Truchas en escabeche
(pág. 62)

Tarta de Santiago

Ingredientes para 6 personas:

Para la masa:
* 1 huevo
* 125 g de harina
* 125 g de azúcar
* 1 cucharadita de canela en polvo
Para el relleno:
* 500 g de almendras peladas
* 500 g de azúcar
* 8 huevos
* 1 cucharadita de canela en polvo
* ralladura de un limón
* mantequilla
* azúcar de lustre

TARTA DE SANTIAGO

Tiempo de preparación: 1 hora y 10 minutos
Dificultad: alta

Preparación:

1. En un recipiente, amplio batir el huevo con una cucharada de agua, la canela y el azúcar.
2. Agregar la harina progresivamente mientras se sigue batiendo hasta obtener una masa fina.
3. Poner la masa encima de la mesa y estirarla con un rodillo, dejándola muy delgada.
4. Untar un molde para tartas con un poco de mantequilla y forrarlo con la masa.
5. Rallar las almendras o picarlas en un molinillo hasta dejarlas muy finas.
6. Batir los huevos junto con el azúcar, la canela y la ralladura de limón.
7. Cuando todo esté bien batido, agregar las almendras que habíamos triturado (reservar un poco de polvo de almendras para decorar).
8. Batir de nuevo.
9. Verter toda esta masa en el molde que hemos preparado anteriormente y espolvorear con el resto de las almendras.
10. Introducir la tarta en el horno previamente calentado a temperatura fuerte (200°) hasta que se haya dorado.
11. Sacar, dejar enfriar y, antes de servir, espolvorear con azúcar de lustre. Se puede decorar más reservando del azúcar el centro con un cartón recortado con la cruz de Santiago.

26 de Julio

El menú de cada día

Paella valenciana
(pág. 102)

Calamarcitos al jerez

Moñitas extremeñas
(pág. 100)

Ingredientes para 4 personas:

* 1 kg de calamares pequeños
* 1 kg de cebollas
* 1 vaso de vino de Jerez
* 2 hojas de laurel
* unas ramitas de hierbabuena
* nuez moscada, unas hebras de azafrán, aceite y sal

CALAMARCITOS AL JEREZ

Tiempo de preparación: 40 minutos
Dificultad: media

Preparación:

1. En una sartén con aceite, preparar un sofrito con la cebolla picada, la hierbabuena y el laurel.
2. Limpiar bien los calamares. Añadirlos a una cazuela de barro, junto con el sofrito, el jerez, el azafrán y la nuez moscada y la sal.
3. Dejarlo cocer todo junto a fuego lento por espacio de 10 minutos.
4. Servir caliente.

27 de Julio

El menú de cada día

Almejas al limón
(pág. 104)

Dorada de Alcántara
(pág. 65)

Calabazate cocido

Ingredientes para 4 personas:

* 1 kg de calabaza
* 1 kg de azúcar
* 1 corteza de limón
* 1 1/2 vaso de agua

CALABAZATE COCIDO

Tiempo de preparación: 1 hora
Dificultad: baja

Preparación:

1. Pelar y trocear la calabaza. Seguidamente, ponerla en remojo con agua fría durante un mínimo de 2 horas.
2. En un puchero con agua caliente, cocer los pedazos de calabaza; escurrirlos y ponerlos de nuevo en el puchero.
3. Añadir el azúcar, la corteza de limón y el agua; poner sobre el fuego y remover durante unos minutos, hasta que la calabaza esté en su punto.
4. Servir fría.

28 de Julio

El menú de cada día

Habas con jamón

Bacalao encebollado
(pág. 19)

Cañas de nata
con chocolate
(pág. 123)

Ingredientes para 4 personas:

* 5 kg de habas muy tiernas
* 150 g de jamón serrano
* 1 cebolla
* 2 dientes de ajo
* aceite y sal

HABAS CON JAMÓN

Tiempo de preparación: 1 hora y 15 minutos
Dificultad: media

Preparación:

1. Separar las habas de las vainas. Limpiar.
2. En una cazuela con aceite, rehogar el jamón cortado en trozos pequeños. Después retirar el jamón de la cazuela.
3. En la misma cazuela, agregar la cebolla pelada y picada, los ajos en trocitos y las habas.
4. Cocer a fuego lento hasta que las habas estén tiernas (30 minutos, aproximadamente).
5. Casi al final de la cocción, añadir la sal y los trocitos de jamón rehogados.
6. Servir caliente.

29 de Julio

El menú de cada día

Arròs negre (Arroz negre) (pág. 30)

Tortilla de cangrejos

Gató (tarta de almendras) (pág. 167)

Ingredientes para 4 personas:

* 500 g de colas de cangrejo
* 6 huevos
* 1 hoja de laurel
* pimienta blanca molida
* pimienta negra en grano
* aceite de oliva
* sal

TORTILLA DE CANGREJOS

Tiempo de preparación: 40 minutos
Dificultad: media

Preparación:

1. En un cazo con agua hirviendo, la hoja de laurel, sal y 3 o 4 granos de pimienta negra, cocer durante aproximadamente cinco minutos las colas de cangrejo.
2. Retirar la carne de las colas y reservarlas; machacar el resto en un mortero, colando a continuación su jugo.
3. En un recipiente hondo, batir los huevos junto con el jugo de los cangrejos; rectificar de sal y espolvorear con un poco de pimienta blanca.
4. En una sartén plana, calentar 4 cucharadas de aceite. Cuando el aceite esté caliente, formar la tortilla con los huevos y las colas de cangrejo.
5. Darle 2 vueltas, dejándola bien esponjosa, pero no seca.
6. Servir caliente.

30 de Julio

El menú de cada día

Arroz a la zamorana (pág. 94)

Perdices al rescoldo (pág. 105)

Helado de miel

Ingredientes para 4 personas:

* 1 l de leche
* 100 g de miel de romero
* 100 g de miel azahar
* 100 g de miel de lavanda
* 8 yemas de huevo
* 200 g de nata para montar

HELADO DE MIEL

Tiempo de preparación: 30 minutos, más el tiempo de congelación
Dificultad: media

Preparación:

1. En un recipiente al fuego, hervir la leche y añadir la miel disolviéndola cuidadosamente.
2. Retirar un momento del fuego y añadir las yemas de huevo batidas; volver al fuego suave y dejar cocer hasta que se espese; remover continuamente.
3. Retirar del fuego esta crema y ponerla a enfriar dentro de otro recipiente con agua, removiendo continuamente.
4. Montar la nata bien fuerte. Cuando la crema esté casi fría, añadir la nata con mucho cuidado.
5. Preparar un molde (pasándolo por agua y poniéndolo un rato en el congelador); luego, verter el preparado dentro y volver a poner en el congelador, como mínimo tres horas.
6. Servir.

El menú de cada día

Apios a la crema de roquefort
(pág. 16)

Tortilla extremeña
(pág. 68)

Borrachos de Guadalajara

Ingredientes para 4 personas:

* 150 g de harina
* 3 huevos
* 1/4 kg de azúcar
* 1 copita de manzanilla
* canela en polvo

BORRACHOS DE GUADALAJARA

Tiempo de preparación: 50 minutos
Dificultad: media

Preparación:

1. Separar las yemas de las claras de huevo.
2. Batir a punto de nieve las claras en un recipiente hondo.
3. Aparte, batir las yemas con 5 cucharadas de azúcar.
4. Añadir las yemas batidas a las claras y echar la harina poco a poco.
5. Mezclar continuamente hasta que quede una pasta lisa.
6. En un molde para bizcochos, verter la mezcla anterior y cocerla a horno moderado.
7. Mientras, preparar un almíbar en un puchero pequeño con el resto del azúcar, la copa de manzanilla y un poco de agua.
8. Cuando el bizcocho esté en su punto, dejarlo enfriar, desmoldarlo y cortarlo en cuadrados de unos cuatro centímetros de lado.
9. Mojar los bizcochos en el almíbar y espolvorearlos con canela en polvo.
10. Disponerlos en una fuente de cristal.

Agosto

1 de Agosto

El menú de cada día

Ensalada de verano

Tortilla de cangrejos
(pág. 126)

Mantecadas de Astorga
(pág. 11)

Ingredientes para 4 personas:

* 1 kg de patatas
* 8 filetes de anchoa desalados
* 1 pimiento morrón en lata o asado en casa
* vinagre de calidad
* aceite de oliva
* sal
* 2 huevos cocidos
* perejil

ENSALADA DE VERANO

Tiempo de preparación: 50 minutos
Dificultad: baja

Preparación:

1. En una olla con agua hirviendo y sal, cocer las patatas con su piel.
2. Cortar el pimiento en tiras.
3. Pelar los huevos y triturarlos.
4. Picar finamente el perejil.
5. En un tazón, preparar la salsa con 8 cucharadas de aceite, 3 de vinagre, sal y perejil. Batirla unos minutos con fuerza.
6. Pelar y cortar las patatas en cuadrados. Dejarlos enfriar y disponerlos en una ensaladera.
7. Encima de las patatas, colocar los filetes de anchoa en forma de cuadrados y las tiras de pimiento morrón.
8. Rociar con la salsa del tazón y recubrir con el huevo duro triturado.
9. Poner la fuente en la nevera hasta el momento de servir.
10. Otra forma de preparar esta ensalada, consiste en rociar con la vinagreta las patatas cuanto están todavía calientes y recubrir con los demás ingredientes. Las patatas obtendrán así un mejor sabor.

2 de Agosto

El menú de cada día

Habas con jamón
(pág. 125)

Envueltitos de carne
(pág. 97)

Granizado de limón

Ingredientes para 4 personas:

* 1/2 l de agua
* 150 g de azúcar
* 6 limones

GRANIZADO DE LIMÓN

Tiempo de preparación: 25 minutos, más la refrigeración
Dificultad: baja

Preparación:

1. Lavar y cepillar bien uno de los limones, rallar la piel y ponerla junto con el agua y el azúcar en un cazo al fuego. Dejar cocer unos diez minutos a fuego suave.
2. Exprimir los 6 limones y colar el zumo.
3. Cuando el almíbar esté frío, pasarlo por el chino y mezclarlo bien con el zumo de los limones.
4. Poner este preparado en un molde en el congelador, graduar el frigorífico al máximo de frío.
5. Remover varias veces el granizado para que no se formen grumos.
6. Debe estar en el congelador como mínimo, 3 horas. Cuando esté en su punto no remover más. Servir en vasos largos con una paja o cañita de plástico.

3 de Agosto

El menú de cada día

Guisantes a la maña
(pág. 167)

Anguila en salsa

Pan de higos
(pág. 178)

Ingredientes para 4 personas:

* 800 g de anguila
* 200 g de tomates
* 1 rebanada de pan
* 40 g de almendras tostadas
* 30 g de piñones
* 1 diente de ajo
* 100 g de harina
* 2 dl de aceite de oliva
* perejil
* sal
* pimienta

ANGUILA EN SALSA

Tiempo de preparación: 1 hora
Dificultad: media

Preparación:

1. Frotar la anguila con sal para quitarle la sustancia viscosa de la piel (también se puede despellejar, pero no resulta tan gustosa).
2. Sacar la tripa, lavarla bien y trocearla.
3. Sazonarla, pasarla por harina y freír.
4. En una cazuela de barro con un poco de aceite, freír la rebanada de pan y reservarla.
5. En el mismo aceite, rehogar los tomates pelados, sin pepitas y cortados pequeños.
6. En el mortero, machacar el ajo, perejil y el pan frito, luego las almendras y los piñones.
7. Echar esta majada a la cazuela junto con los tomates, verter un poco de agua para diluir la salsa. Sazonar con sal y pimienta.
8. Dejar hervir unos minutos y luego incorporar el pescado, dejar cocer lentamente unos treinta minutos. Servir en la misma cazuela.

4 de Agosto

El menú de cada día

Tomates de verano

Pollo al vino tinto
(pág. 117)

Borrachos de Guadalajara
(pág. 127)

Ingredientes para 4 personas:

* 8 tomates maduros
* 200 g de bonito en escabeche
* 1 lechuga
* 16 puntas de espárragos
* 2 huevos
* 50 g de aceitunas sin hueso
* zumo de limón, aceite y sal

TOMATES DE VERANO

Tiempo de preparación: 35 minutos
Dificultad: baja

Preparación:

1. Lavar los tomates y perforarlos con la punta de un cuchillo, haciendo un redondel en su parte superior.
2. Vaciarlos cuidadosamente con una cucharita, evitando que se rompan. Dejarlos escurrir boca abajo sobre un plato durante 20 minutos.
3. Preparar el relleno con el bonito en escabeche, un huevo duro picado pequeño, y las aceitunas.
4. Preparar una salsa mahonesa, batiendo un huevo con el aceite y el zumo de limón; salar un poco y trabajar hasta lograr una salsa espesa y ligada.
5. Mezclar el relleno con la mahonesa y rellenar los tomates, que ya estarán escurridos.
6. Cubrir el fondo de una bandeja con las hojas bien limpias de la lechuga cortadas en juliana, colocar los tomates encima y adornar alrededor con las puntas de espárragos.

5 de Agosto

El menú de cada día

Ensalada de escabeche
(pág. 99)

Angulas a la ovetense
(pág. 121)

Rosquillas castellanas

Ingredientes para 4 personas:

* 3 huevos
* 10 cucharadas de aceite y aceite suficiente para freír
* 1 copita de anís
* 1 cucharada de manteca
* 150 g de azúcar
* una pizca de sal
* harina

ROSQUILLAS CASTELLANAS

Tiempo de preparación: 25 minutos
Dificultad: baja

Preparación:

1. En un recipiente hondo, mezclar todos los ingredientes, excepto la harina.
2. Cuando estén bien mezclados, añadir poco a poco harina, hasta lograr que la masa se despegue del recipiente.
3. Aplanar la masa resultante con un rodillo y cortarla en tiras de un centímetro de ancho y de unos siete de largo.
4. Formar con las tiras unas especies de corbatas o arandelas enganchando las puntas.
5. En una sartén con aceite abundante e hirviendo, ir friendo las rosquillas en tandas de tres o cuatro unidades, girándolas.
6. Una vez doradas las rosquillas, disponerlas en una fuente de cristal y espolvorearlas con azúcar.

6 de Agosto

El menú de cada día

Ensalada de jamón y sesos
(pág. 105)

Calamares guisados

Pastel cordobés
(pág. 69)

Ingredientes para 6 personas:

* 2 kg de calamares grandes
* 1 kg de patatas
* 2 cebollas
* 2 tomates
* 2 pimientos
* 2 dientes de ajo
* sal y aceite

CALAMARES GUISADOS

Tiempo de preparación: 1 hora y 45 minutos
Dificultad: baja

Preparación:

1. Limpiar bien los calamares y trocearlos.
2. Reservar dos bolsas de tinta de los calamares.
3. Picar las cebollas, los tomates, los pimientos y los ajos.
4. En una cazuela de barro con aceite bien caliente, dorar las cebollas, los tomates, los pimientos y los ajos.
5. Una vez hecho el sofrito, añadir los calamares y, cuando ya estén blandos, incorporar las patatas peladas y troceadas y dos bolsas de tinta de calamar.
6. Dejar cocer a fuego lento durante una hora.
7. Rectificar de sal.
8. Servir caliente.

7 de Agosto

El menú de cada día

Pipirrana

Cabrito al ajo cabañil (pág. 25)

Tarta típica de Portomarín (pág. 28)

Ingredientes para 4 personas:

* 1 pepino
* 2 pimientos verdes
* 3 ajos tiernos asados
* 2 tomates rojos fuertes
* 1 lechuga
* 200 g de bacalao seco
* aceite
* vinagre
* sal

PIPIRRANA

Tiempo de preparación: 40 minutos
Dificultad: baja

Preparación:

1. Pelar el pepino y cortarlo en rodajas.
2. Cortar los pimientos en tiras y picar los tomates.
3. Limpiar la lechuga, cortarla en trozos y dejarla en agua fría.
4. Desmenuzar el bacalao, limpio de pieles y espinas, desalar bañándolo varias veces en agua fría y escurrir presionando con las manos para eliminar el resto de la sal.
5. Machacar los ajos y agregar un poco de aceite.
6. Poner todos los ingredientes en una fuente para servir. Añadir el ajo machacado, sazonar con el aceite, el vinagre y la sal. Servir frío.

8 de Agosto

El menú de cada día

Arròs negre (Arroz negro) (pág. 30)

Mejillones en salsa (pág. 172)

Yemas de coco

Ingredientes para 4 personas:

* 250 g de coco rallado
* 300 g de azúcar fino
* 2 tazas de chocolate espeso

YEMAS DE COCO

Tiempo de preparación: 35 minutos
Dificultad: baja

Preparación:

1. En un cazo con dos vasos de agua, poner a cocer el azúcar.
2. Cuando la mezcla sea ya almíbar, añadir el coco, previamente humedecido.
3. Batir y retirar del fuego. Dejar reposar la mezcla durante toda la noche.
4. Con la mezcla ya reposada formar una bolas del tamano de una nuez, y rebozarlas con el chocolate frío y espeso.
5. Colocar las yemas de coco en una fuente plana de cristal.

9 de Agosto

El menú de cada día

Fideos con almejas
(pág. 59)

Besugo a la aragonesa

Rosquillas al horno
(pág. 61)

Ingredientes para 4 personas:

* 1 besugo de 1 1/2 kg, aproximadamente
* 3 dientes de ajo
* 1 limón
* pimentón dulce
* 1 copa de brandy
* 1 vaso de caldo de pescado
* 1 cucharada de harina
* aceite de oliva
* sal

BESUGO A LA ARAGONESA

Tiempo de preparación: 2 horas y 5 minutos
Dificultad: alta

Preparación:

1. Vaciar y limpiar el besugo. Abrirlo por la mitad con cuidado y retirar las espinas y la piel.
2. Cortar el limón en rodajas y partirlas por la mitad.
3. Rellenar el pescado con los trozos de limón, doblarlo, dejándolo entero, y rebozarlo en harina.
4. En una fuente refractaria con aceite, colocar el besugo; introducir en el horno y dejar que se dore un poco.
5. Rociar el pescado con el brandy y mantenerlo de nuevo en el horno hasta que esté en su punto.
6. Mientras, en una sartén con aceite caliente, sofreír los dientes de ajo pelados. Dejar enfriar el aceite y espolvorear con un poco de pimentón, 1/2 cucharada de harina y sal.
7. Verter en el sofrito un vaso de caldo de pescado; mezclar bien, pasar por el colador y rociar sobre el pescado, ya hecho, un instante antes de servirlo.
8. Servir caliente en la misma fuente en que se ha cocinado.

10 de Agosto

El menú de cada día

Gazpacho

Conejo al vino
(pág. 16)

Freixós de calabaza
(pág. 20)

Ingredientes para 6 personas:

* 6 tomates maduros
* 2 cebollas pequeñas
* 1 pimiento verde
* 1 pepino pequeño
* 3 dientes de ajo
* 1 cucharada pequeña de pimentón
* 70 g de pan seco
* 1 tacita de aceite
* 1/2 tacita de vinagre
* 1 cucharada pequeña de sal

Para acompañar

* tomate, cebolla, pimiento, pepino, huevo duro y pan

GAZPACHO

Tiempo de preparación: 25 minutos
Dificultad: media

Preparación:

1. Majar en el mortero (o en la batidora eléctrica) los tomates sin piel, las cebollas, el pimiento, el pepino, los ajos, el pimentón, la sal y el pan remojado y escurrido.
2. Una vez majado todo, añadir el aceite y después el vinagre, sin dejar de majar.
3. Poner toda la mezcla en un bol, añadir el agua necesaria y dejarlo unas horas en el refrigerador.
4. Servir acompañado de una bandeja en la que se habrá distribuido tomate, cebolla, pimiento, pepino y huevo duro, todo ello cortado en trozos pequeños. Trocear un poco de pan frito para acompañar.

11 de Agosto

El menú de cada día

Boniatos a la mallorquina (pág. 8)

Anguila adobada (pág. 13)

Sobaos pasiegos

Ingredientes para 6 personas:

* 250 g de harina
* 250 g de azúcar
* 250 g de mantequilla
* 3 huevos
* 1 cucharada de ron
* ralladura de limón
* sal
* 2 cucharaditas de levadura en polvo

SOBAOS PASIEGOS

Tiempo de preparación: 35 minutos
Dificultad: baja

Preparación:

1. En un bol hondo, trabajar la mantequilla reblandecida con el azúcar, la ralladura de limón, una pizca de sal, los huevos batidos y el ron.
2. Aparte, mezclar la harina con la levadura en polvo y añadirlas a la pasta anterior. Trabajar con las manos hasta que todo esté bien ligado.
3. Preparar unos moldes de papel antigraso y llenarlos hasta la mitad con la pasta preparada.
4. Precalentar el horno a 180 °C e introducir los moldes. Pasados 15 minutos retirarlos del horno cuando se vean dorados, pero sin llegar a resecarse.

12 de Agosto

El menú de cada día

Arroz a la zamorana (pág. 94)

Caldeirada de merluza

Tortitas de huevo (pág. [illegible])

Ingredientes para 6 personas:

* 1 kg y 200 g de merluza
* 3 tomates
* 2 cebollas
* 1 1/2 kg de patatas
* 6 dientes de ajo
* 1 cucharada de pimentón dulce
* 2 dl de aceite
* 1 dl de vinagre
* sal

CALDEIRADA DE MERLUZA

Tiempo de preparación: 35 minutos
Dificultad: baja

Preparación:

1. Cortar el pescado en rodajas de 2 a 3 centímetros de grosor. Sazonar.
2. Pelar y cortar las patatas en trozos y cocerlas con poca agua.
3. Cuando las patatas estén casi cocidas, agregar el pescado. Dejar cocer. Escurrir y reservar el caldo.
4. En una sartén con aceite, hacer un sofrito con los ajos cortados en pequeñas láminas, las cebollas en aros y el tomate en trozos.
5. Retirar el sofrito de la sartén y, en la misma, freír el pimentón; a continuación, añadir el vinagre y parte del caldo de la cocción del pescado, las patatas y la merluza.
6. Dejar cocer a fuego lento durante 10 minutos.
7. Servir caliente.

13 de Agosto

El menú de cada día

Esqueixada de bacallà (Ensalada de bacalao)

Angulas en cazuela *(pág. 118)*

Rosquillas de anís *(pág. 122)*

Ingredientes para 4 personas:

* 300 g de bacalao grueso «morro»
* 4 cebollitas tiernas
* 2 tomates maduros grandes
* 1,5 dl de aceite
* 0,5 dl de vinagre
* 150 g de aceitunas negras y verdes
* 2 pimientos verdes
* 2 huevos duros
* sal
* pimienta

ESQUEIXADA DE BACALLÀ (ENSALADA DE BACALAO)

Tiempo de preparación: 30 minutos
Dificultad: baja

Preparación:

1. Desalar el bacalao, dejándolo en remojo 3 o 4 horas, después de haberlo cortado en tiras, cambiar el agua un par de veces, después prensar y secar con un trapo.
2. Escaldar los tomates y pelarlos, quitar las pepitas.
3. En una fuente de servir, poner el bacalao bien escurrido, comprobar el punto de sal (tiene que tener un punto salado).
4. Añadir las cebollitas cortadas a lo largo, los tomates en gajos, los pimientos en aros, poner las aceitunas por encima.
5. Preparar una vinagreta mezclando el aceite, el vinagre, sal y pimienta con un batidor de mano; sazonar con esta salsa el plato.
6. Adornar con los huevos duros cortados a gajos. Servir fresco.

14 de Agosto

El menú de cada día

Coliflor rebozada *(pág. 116)*

Perdices con chocolate *(pág. 106)*

Casadielles

Ingredientes para 4 personas:

* 1/2 kg de masa de hojaldre
* 1/2 copita de anís
* 150 g de nueces peladas
* 8 cucharadas de azúcar
* mantequilla

CASADIELLES (DULCES TÍPICOS DE OVIEDO)

Tiempo de preparación: 1 hora y 10 minutos
Dificultad: alta

Preparación:

1. Pelar y machacar las nueces en un mortero.
2. En un recipiente hondo, mezclar las nueces peladas, el azúcar, la media copita de anís y 100 gramos de mantequilla.
3. Aplastar con un rodillo la masa de hojaldre y cortar unos triángulos. Disponer en cada uno de ellos una cucharada del relleno anterior, doblarlos y unir los bordes con ayuda de un tenedor.
4. Disponer los dulces en una placa de pastelería, llevarlos a horno moderado y retirarlos cuando estén dorados.
5. Espolvorearlos por encima con azúcar.

15 de Agosto

El menú de cada día

Ancas de rana al vino blanco
(pág. 98)

Tortilla a la maña

Tostadas de crema
(pág. 107)

Ingredientes para 4 personas:

* 8 huevos
* 100 g de tocino de jamón
* 100 g de arroz
* 3 patatas medianas
* 2 dientes de ajo
* perejil
* hinojo
* aceite
* sal

TORTILLA A LA MAÑA

Tiempo de preparación: 1 hora y 20 minutos
Dificultad: media

Preparación:

1. Pelar y cortar en rodajas muy finas las patatas, pelar los dientes de ajo y triturar una ramita de perejil.
2. En una cazuela con agua hirviendo y sal, cocer las patatas y el arroz durante veinte minutos. Escurrir y conservar el caldo.
3. Poner de nuevo al fuego el caldo obtenido, echando los dientes de ajo, el perejil y una pizca de hinojo.
4. Mientras, cortar a trozos el tocino y añadirlo a la cocción anterior, dejando a fuego lento durante unos 30 minutos, hasta reducir el caldo.
5. En dos platos hondos, batir por separado 4 huevos repartiendo entre ambos las patatas y el arroz; rectificar de sal.
6. Formar las dos tortillas dejándolas doradas, pero jugosas.
7. Disponerlas en una fuente para servir y rociarlas con el caldo.

16 de Agosto

El menú de cada día

Xató de Sitges (ensalada)

Truchas a la turolense
(pág. 120)

Suspiros de Murcia
(pág. 115)

Ingredientes para 4 personas:

* 1 escarola grande
* 100 g de bacalao sin espinas
* 100 g de atún salado seco
* 4 anchoas saladas
* 150 g de aceitunas «arbequines»
* 2 tomates rojos y fuertes

Salsa

* 2 ñoras secas
* 2 dientes de ajo
* 10 almendras tostadas
* 2 tomates maduros
* 1 cucharada de pimentón
* sal y guindilla
* 1,5 dl de aceite de oliva
* 4 cucharadas de vinagre

XATÓ DE SITGES (ENSALADA)

Tiempo de preparación: 1 hora
Dificultad: baja

Preparación:

1. Poner las ñoras, sin pepitas, en agua fría unas dos horas.
2. Desmenuzar el bacalao y el atún y dejarlos en remojo hasta que se desalen.
3. Sacar las espinas de las anchoas y hacer filetes, desalar pasándolos por agua.
4. Lavar bien la escarola y cortarla pequeña.
5. Ponerla en una ensaladera grande, añadir los tomates cortados a trozos regulares, las aceitunas, el bacalao bien escurrido y el atún, los filetes de anchoa por encima, adornando.
6. Aliñarla con la salsa preparada.
7. Servir el xató fresco.

Salsa:

8. Asar («escalivar») al fuego los dientes de ajo y los tomates, pelar. En el mortero, machacar las almendras hasta que queden bastante finas, añadir los ajos y los tomates (picados un poco más), la guindilla, el vinagre, el pimentón y trabajar.
9. Raspar con un cuchillo la pulpa de las ñoras y añadirla a la salsa, echar poco a poco el aceite, comprobar de sal.

17 de Agosto

El menú de cada día

Caldereta mallorquina
(pág. 12)

Berenjenas rellenas
(pág. 10)

Rosquillas de Santander

Ingredientes para 6 personas:

* 1/2 kg de harina
* 200 g de azúcar
* 1/2 dl de aguardiente
* 2 huevos
* aceite de oliva
* 2 cucharaditas de levadura en polvo
* ralladura de limón
* azúcar glas

ROSQUILLAS DE SANTANDER

Tiempo de preparación: 1 hora
Dificultad: baja

Preparación:

1. Trabajar los huevos con el azúcar hasta que estén espumosos; añadir, entonces, la raspadura de limón, el aguardiente y el aceite, y mezclar bien.
2. Aparte, juntar bien la harina con la levadura en polvo, y añadir lentamente a la mezcla los huevos y azúcar, hasta formar una masa ligera, suave.
3. A continuación, es preciso untarse las manos con aceite para formar unas bolas con la masa: después con los dedos, hay que hacer un agujero en el centro y echarlas en una sartén con aceite no muy caliente, para que queden cocidas por dentro.
4. Cuando estén doradas, se retiran, se escurren y, una vez frías, se espolvorean con azúcar glas.

18 de Agosto

El menú de cada día

Espárragos a la navarra

Manjar de gallina
(pág. 45)

Baltazares de nueces
(pág. 55)

Ingredientes para 4 personas:

* 1 manojo de espárragos de Tudela o trigueros
* 100 g de jamón
* 4 huevos
* 3 dientes de ajo
* aceite y sal

ESPÁRRAGOS A LA NAVARRA

Tiempo de preparación: 1 hora
Dificultad: baja

Preparación:

1. Pelar y limpiar los espárragos.
2. Poner en una cazuela con agua fría y sal sobre el fuego, y dejarlos cocer hasta que estén tiernos. A continuación, escurrirlos y reservarlos.
3. Picar los dientes de ajo pelados, cortar en pedazos el jamón, y en una cazuela con un poco de aceite, sofreírlos ligeramente.
4. Disponer los espárragos sobre el sofrito y cubrirlos con el jugo de su cocción.
5. Dejar cocer durante unos minutos sofrito y espárragos, y disponer encima los 4 huevos enteros y crudos, dejando que los mismos cuajen antes de servir.
6. Servir los espárragos en la misma cazuela.

19 de Agosto

El menú de cada día

Mejillones a la panadeira (pág. 50)

Anguilas con habichuelas al estilo aragonés (pág. 91)

Marañuelas leonesas

Ingredientes para 4 personas:

* 250 g de mantequilla
* 1/2 kg de harina
* 5 huevos
* 250 g de azúcar
* 1 copita de anís
* 1 cucharada pequeña de levadura en polvo
* 1 cucharada sopera de aceite
* 1 limón
* sal

MARAÑUELAS LEONESAS

Tiempo de preparación: 40 minutos
Dificultad: media

Preparación:

1. En un recipiente colocado cerca de una fuente de calor, batir fuertemente la mantequilla durante unos diez minutos, añadiendo despacio el azúcar.
2. Agregar el anís, el zumo de un limón, un poco de sal y 3 huevos. Seguir batiendo con una espátula de madera y añadir también la harina y la levadura.
3. Trabajar la masa con las manos. Espolvorear el mármol con un poco de harina y extender encima la pasta. Formar con ella unas bolas del tamaño de un huevo.
4. Untar con aceite una placa de pastelería para horno y disponer encima las marañuelas. Batir 2 huevos con un poco de agua y pintar las marañuelas.
5. Introducir la placa en horno fuerte y retirarla cuando las pastas estén doradas.
6. Una vez frías, servirlas.

20 de Agosto

El menú de cada día

Pote marinero (pág. 150)

Cangrejos de río

Reinetas con salsa de chocolate (pág. [illegible])

Ingredientes para 4 personas:

* 48 cangrejos de río vivos
* 100 g de cebollas
* 1 hoja de laurel
* 400 g de tomates
* 2 dl de vino blanco
* 0,5 dl de brandy
* 1 dl de aceite de oliva
* salsa Perrins, sal y pimienta
* unas gotas de salsa tabasco

CANGREJOS DE RÍO

Tiempo de preparación: 30 minutos
Dificultad: baja

Preparación:

1. Lavar bien, escurrir y castrar los cangrejos (arrancar la aleta del medio de la cola y después sacar el intestino).
2. En una cazuela con el aceite caliente, sofreír la cebolla picada fina y los tomates pelados, de los que habremos eliminado todas las semillas, y picados pequeños, dejar cocer un poco.
3. Incorporar los cangrejos preparados previamente, el laurel, sal, pimienta, un poco de salsa Perrins y unas gotas de Tabasco, el brandy y el vino blanco. Dejar hervir 10 minutos hasta que estén listos.
4. Servirlos inmediatamente.

21 de Agosto

El menú de cada día

Espencat (Ensalada)

Chuletas de cordero al ajo cabañil
(pág. 86)

Torta de chicharrones
(pág. 90)

Ingredientes para 4 personas:

* 200 g de bacalao seco
* 4 berenjenas grandes
* 4 pimientos rojos
* 2 huevos
* 25 g de piñones
* 2 tomates de ensalada
* aceite de oliva
* sal
* pimienta

ESPENCAT (ENSALADA)

Tiempo de preparación: 45 minutos
Dificultad: baja

Preparación:

1. Asar al horno los pimientos y las berenjenas unos treinta minutos. Cuando estén, envolver con papel, dejar enfriar y pelar.
2. Cortarlos en tiritas, colocarlos en una fuente que pueda ir a la mesa, sazonar con sal y pimienta.
3. Mientras, hervir los huevos unos doce minutos, enfriar y pelar.
4. En la fuente, añadir los tomates, bien lavados y cortados en gajos.
5. Desmenuzar el bacalao, lavar para sacar un poco la sal y repartir por encima de la ensalada.
6. Esparcir los piñones sobre el bacalao.
7. Aliñar con sal y aceite de oliva, y adornar con los huevos duros cortados pequeños por encima.
8. Servir frío.

22 de Agosto

El menú de cada día

Apios a la crema de roquefort
(pág. 16)

Codornices con verduras al estilo aragonés
(pág. 99)

Bunyols del Pirineu (Buñuelos del Pirineo)

Ingredientes para 6 personas:

* 1/4 l de agua o leche
* 125 g de harina
* 4 huevos
* 100 g de mantequilla
* canela en polvo, vainilla líquida y corteza de limón
* 10 g de azúcar
* aceite, azúcar de lustre y sal

Para el relleno

* crema o nata
* 200 g de chocolate
* almendras picadas

BUNYOLS DEL PIRINEU (BUÑUELOS DEL PIRINEO)

Tiempo de preparación: 35 minutos
Dificultad: media

Preparación:

1. Verter la leche, o agua, en un cazo junto con la sal, la mantequilla, la canela y unas gotas de vainilla. Poner al fuego y, cuando empiece a hervir, echarle de un golpe la harina removiendo vivamente con un batidor de varillas; trabajarlo hasta conseguir una pasta muy unida y que se despegue del cazo (tarda unos dos minutos).
2. Retirar el cazo del fuego y añadir de uno en uno los huevos, procurando que, antes de echar uno, el anterior haya sido absorbido por la masa. Dejar reposar unos quince minutos.
3. Calentar aceite abundante en una sartén, freír pequeñas porciones de la pasta preparada; al sacarlos, ponerlos sobre papel absorbente. Dejar enfriar.
4. Abrir los buñuelos por la mitad y rellenarlos con crema o nata (según gusto).
5. En un cazo, derretir al baño María el chocolate. Cuando esté bien deshecho y caliente, bañar los buñuelos.
6. Colocar en una bandeja los buñuelos cubiertos de chocolate y espolvoreados con las almendras picadas. Servir.

23 de Agosto

El menú de cada día

Acelgas rehogadas
(pág. 95)

Sardinas en salmorejo

Flan de naranja
(pág. 17)

Ingredientes para 4 personas:

* 8 sardinas de bota o cubo
* 4 huevos
* 2 dientes de ajo
* 1 hoja de laurel
* perejil
* 1/2 l de caldo de pescado o 1 pastilla de caldo de pescado
* harina
* 3 cucharadas de vinagre
* aceite de oliva
* sal

SARDINAS EN SALMOREJO

Tiempo de preparación: 1 hora y 10 minutos
Dificultad: media

Preparación:

1. Limpiar cuidadosamente las sardinas, retirándoles la cabeza y las vísceras. Ponerlas en remojo en un recipiente de barro con agua y vinagre. Dejarlas toda la noche.
2. Pelar los dientes de ajo y picar bien el perejil.
3. Escurrir, secar y aplanar un poco las sardinas; pasarlas por harina.
4. En una sartén con aceite hirviendo, freír las sardinas; retirarlas y reservarlas.
5. Verter el aceite sobrante en una cazuela de barro plana y, cuando esté bien caliente, sofreír los dientes de ajo; añadir enseguida el caldo de pescado, el perejil y el laurel.
6. Dejar hervir la mezcla durante unos 15 minutos a fuego normal. Salar.
7. Ir echando los huevos de uno en uno en la cazuela procurando que no se enganchen entre ellos, ni se deshagan. Mover continuamente la cazuela cogiéndola por las 2 asas.
8. Cuando los huevos estén con la clara cuajada, añadir las sardinas; retirar del fuego y servir.

24 de Agosto

El menú de cada día

Calabacines a la marinera
(pág. 13)

Pulpo a la granadina
(pág. 24)

Bartolillos

Ingredientes para 4 personas:

* 1/2 kg de harina
* 100 g de mantequilla
* 100 g de azúcar
* 20 g de levadura de panadería (2 cucharadas)
* 15 g de levadura en polvo (1 1/2 cucharada)
* 2 1/2 vasos pequeños de leche
* mermelada de melocotón

BARTOLILLOS (PESTIÑOS MADRILEÑOS CON MERMELADA)

Tiempo de preparación: 55 minutos
Dificultad: media

Preparación:

1. En un recipiente hondo, disponer la harina, la mantequilla derretida al calor, el azúcar, la levadura de panadería disuelta en un poco de agua tibia, la levadura en polvo y la leche fría.
2. Mezclar todos los ingredientes, amasar durante un buen rato hasta que la masa quede flexible, recubrirla con un lienzo y dejarla reposar.
3. Disponer la masa sobre una superficie lisa y aplanarla con el rodillo, dejándola delgada.
4. Con una rueda de pastelería, cortar unos rectángulos de 10 por 5 centímetros, aproximadamente.
5. Espolvorear la mesa con harina y disponer encima los triángulos de masa. Pincelarlos en la superficie con un poco de leche.
6. Rellenar cada triángulo con un montículo pequeño de mermelada de melocotón (se puede usar también crema pastelera). Doblarlos por la mitad y unir los bordes con el cortapastas.
7. Dejar reposar los bartolillos durante unos veinte minutos y luego freírlos en una sartén con aceite hirviendo.
8. Retirarlos de la sartén, disponerlos en una fuente y espolvorearlos con azúcar.

25 de Agosto

El menú de cada dia

Cazuela de espárragos trigueros
(pág. 52)

Pollastre farcit a la catalana (Pollo relleno)

Compota de peras al vino
(pág. 43)

Ingredientes para 8 personas:

* 1 pollo de unos 3 1/4 kg
* 50 g de manteca de cerdo
* sal y aceite

Relleno

* 1 lata de trufa y 2 huevos
* 300 g de carne de cerdo picada
* 1 manzana golden mediana
* 35 g de jamón del país
* 25 g de piñones y 25 g de pasas
* 12 orejones y 12 ciruelas
* 1 hígado de pollo
* 1 copa de brandy

Salsa

* 1 cebolla y 1 zanahoria mediana
* 1/4 l de vino blanco seco
* 1/4 l de caldo de pollo
* 1/2 rama de canela
* 1 ramito (laurel, tomillo, perejil)
* sal, pimienta y aceite

POLLASTRE FARCIT A LA CATALANA (POLLO RELLENO)

Tiempo de preparación: 2 horas
Dificultad: alta

Preparación:

1. Limpiar y chamuscar bien el pollo, salpimentar y luego reservar.
2. Retirar los huesos de las ciruelas y pasas, cortar a trozos, cortar también los orejones, pelar la manzana y cortar en dados.
3. Poner todo en un bol grande, junto con la carne de cerdo picada, la trufa picada, el jamón cortado y el hígado de pollo.
4. Batir los huevos y añadirlos; luego, los piñones y la copa de brandy; remover bien con una espátula de madera y salpimentar.
5. Rellenar el pollo con este preparado, coser con hilo y aguja los orificios del pollo.
6. Colocarlo en una cazuela de barro, sazonar por los dos lados y repartir alrededor del pollo la cebolla, la zanahoria, el ramito compuesto y la canela; untar el pollo con aceite y manteca de cerdo.
7. Precalentar el horno a 210 °C, y dejar cocer unos 30 minutos; rociar con el vino blanco y el caldo de pollo.
8. Reducir la temperatura del horno y dejar cocer unos veinte minutos más, rociándolo con frecuencia con su propio jugo. Servir bien caliente; se puede presentar en la misma cazuela.

26 de Agosto

El menú de cada dia

Ensalada murciana

Cabrito al horno
(pág. 20)

Tarta de manzanas
(pág. 73)

Ingredientes para 4 personas:

* 3 pimientos rojos
* 4 tomates rojos medianos
* 4 cebollas medianas
* 1 manojo de ajos tiernos
* 3 berenjenas
* 3 dientes de ajo
* 1 dl de aceite de oliva
* el zumo de 1 limón y sal

ENSALADA MURCIANA

Tiempo de preparación: 45 minutos
Dificultad: baja

Preparación:

1. Precalentar el horno a una temperatura de 200 °C.
2. Colocar en una bandeja de horno los pimientos, las berenjenas, las cebollas, los tomates y los ajos tiernos, dejar asar lentamente, dándoles vueltas a menudo. Cuando estén en su punto, con la piel casi quemada, sacar los tomates y reservar. Los pimientos, las cebollas y berenjenas, sacarlos y envolverlos en un paño y dejarlos un rato, para poder pelarlos mejor.
3. Pasado un rato, cuando estén fríos, pelarlos y quitar las semillas.
4. En una bandeja grande, colocar ordenadamente formando grupos, los pimientos y berenjenas en tiras, los tomates enteros, las cebollas a gajos, los ajos tiernos enteros; salpicar por encima con los dientes de ajo picados pequeños.
5. Sazonar, poner aceite y rociar con zumo de limón.
6. Servir tibia.

27 de Agosto

El menú de cada día

Pisto montañés
(pág. 58)

Pajaritos con jamón
(pág. 114)

Merengue de arroz

Ingredientes para 6 personas:

* 200 g de arroz
* 1 l de leche fresca
* 150 g de azúcar
* 2 huevos
* 4 manzanas
* 60 g de mantequilla
* sal
* 1 vaina de vainilla
* 1/2 cucharadita de canela en polvo

MERENGUE DE ARROZ

Tiempo de preparación: 1 hora y 10 minutos
Dificultad: media

Preparación:

1. Lavar el arroz, ponerlo en una cacerola al fuego cubierto de agua y dejar hervir aproximadamente 5 minutos a fuego lento.
2. En otra cacerola, poner a hervir la leche con la vaina de vainilla abierta.
3. Escurrir cuidadosamente el arroz, echarlo en la leche hirviendo, añadir unos 20 g de mantequilla y con la cacerola tapada dejar cocer durante 25 minutos muy lentamente, procurando no remover.
4. Mientras, pelar las manzanas, sacarles el corazón y las pepitas y trocearlas. Derretir unos 30 g de mantequilla en un cazo y dorar las manzanas en él.
5. Separar las claras de las yemas de los huevos. Cuando el arroz esté cocido, escurrirlo y mezclar con unos 80 g de azúcar, las 2 yemas de huevo y un poco de canela.
6. Con el resto de la mantequilla, untar una fuente que pueda ir al horno.
7. Colocar el arroz en el fondo de la fuente, disponer los trozos de manzana sobre él y espolvorear con un poco de azúcar.
8. Montar las claras a punto de nieve, añadirles el resto de azúcar, y extender sobre las manzanas.
9. Introducir en el horno precalentado a 220 °C. Mantener durante unos minutos, hasta que cuaje.

28 de Agosto

El menú de cada día

L'empedrat (ensalada de judías y bacalao)
(pág. 79)

Cazuela marinera

Tocinillos de cielo
(pág. 81)

Ingredientes para 4 personas:

* 1 kg de merluza
* 1/4 kg de almejas
* 2 dientes de ajo
* 1 cebolla
* 1/2 tazón de guisantes pelados
* harina, perejil, aceite y sal

CAZUELA MARINERA

Tiempo de preparación: 55 minutos
Dificultad: media

Preparación:

1. Pelar la cebolla y los dientes de ajo; picarlos junto con el perejil.
2. Cortar la merluza en 8 rodajas.
3. Poner las almejas en remojo, en agua fría con un poco de sal.
4. En una cazuela de barro sofreír la cebolla, el ajo y un poco de perejil. Añadir los guisantes y las almejas. Dejar a fuego lento.
5. Mientras, rebozar la merluza en harina y freírla en una sartén con aceite hirviendo. Retirarla una vez dorada por ambos lados y disponerla en la cazuela con el sofrito.
6. Espolvorear el guiso con un poco más de perejil picado y dejar a fuego lento unos doce minutos más.
7. Servir en la cazuela.

29 de Agosto

El menú de cada día

Ensalada de espinacas

Caldereta de cordero
(pág. 31)

Mel i mató
(Miel y requesón)
(pág. 36)

Ingredientes para 4 personas:

* 1 kg de espinacas frescas y muy tiernas
* 8 cebollitas tiernas
* 4 zanahorias pequeñas
* sal
* aceite de oliva
* vinagre de calidad

ENSALADA DE ESPINACAS

Tiempo de preparación: 30 minutos
Dificultad: baja

Preparación:

1. Poner las espinacas en remojo en un lebrillo de barro con agua fría. Escurrirlas y cortar las hojas en tiras finas.
2. Pelar y picar finamente las cebollitas y las zanahorias.
3. En un tazón, batir fuertemente 8 cucharadas de aceite, 4 de vinagre y un poco de sal.
4. Disponer las verduras en una ensaladera y dejarla en un sitio frío, unas dos horas.
5. Rociarlas con la salsa y servirlas junto con animales de caza en adobo.

30 de Agosto

El menú de cada día

Menestra de verduras
(pág. 101)

Ancas de rana al ajillo
(pág. 123)

Brazo de gitano

Ingredientes para 6 personas:

* 6 huevos
* 150 g de harina
* 150 g de azúcar
* 1 limón
* mantequilla
* azúcar de lustre

Para el relleno

* crema, chocolate, trufa o nata

BRAZO DE GITANO

Tiempo de preparación: 30 minutos
Dificultad: alta

Preparación:

1. Forrar con papel blanco una fuente para horno, untar el papel con un poco de mantequilla y espolvorear con harina.
2. Cascar los huevos y poner sólo las yemas en un bol.
3. Batir las yemas y añadir la piel de limón rallada y el azúcar, mezclar bien.
4. Montar las claras a punto de nieve e incorporarlas a las yemas con cuidado de que no se deshagan; añadir la harina y mezclar poco a poco con una espátula de madera hasta conseguir una pasta homogénea.
5. Extender la pasta encima del papel de la fuente y estirarla hasta obtener 5 milímetros de grosor.
6. Llevar la fuente al horno a temperatura media y dejar cocer durante 10 minutos.
7. Sacar del horno y separar la pasta del papel.
8. Colocar la pasta sobre otro papel previamente espolvoreado con harina.
9. Cubrir la pasta con el relleno que se quiera y enrollarla, dándole forma de tubo y cuidando de que el relleno no salga por los lados.
10. Espolvorear con azúcar de lustre, dejar enfriar y servir.

El menú de cada día

Menestra de verduras santanderina
(pág. 113)

Conill a l'allioli (Conejo al «allioli»)

Crema quemada con hojaldre
(pág. 18)

Ingredientes para 4 personas:

* 1 conejo grande
* 100 g de manteca de cerdo
* 1 tomate grande
* 1 zanahoria
* 1 cebolla
* 2 dientes de ajo
* 1 hoja de laurel
* sal y pimienta
* canela en polvo
* 3/4 l de vino blanco

«Allioli»

* 2 dl de aceite
* 4 dientes de ajo
* sal

CONILL A L'ALLIOLI (CONEJO AL «ALLIOLI»)

Tiempo de preparación: 1 hora
Dificultad: media

Preparación:

1. Frotar con limón el conejo ya limpio y cortarlo a trozos más bien grandes. Dorarlo en una cazuela al fuego con la manteca de cerdo derretida.
2. Añadir la cebolla cortada fina y la zanahoria; agregar la hoja de laurel. Cuando empiece a tomar color, añadir los ajos picados pequeños, remover y echar los tomates rallados, dejar rehogar un poco y rociar con el vino; dejar evaporar.
3. Cocer lentamente; si hace falta, añadir un poco de caldo, o bien de agua.
4. Comprobar su cocción, el punto de sal y, si está hecho, comprobar que esté tierno y esponjoso.
5. Cuando esté en su punto, pasarlo a una bandeja y servirlo bien caliente.
6. Presentar el «allioli» en salsera aparte.

«Allioli»:

7. En el mortero, machacar los ajos pelados con la mano de mortero, junto con la sal, hasta convertirlos en una pasta finísima, sin ningún trozo; añadir despacio, con cuidado, y removiendo continuamente, el aceite, gota a gota, hasta conseguir una salsa bien espesa.

Septiembre

1 de Septiembre

El menú de cada día

Nabos al estilo de Badajoz *(pág. 119)*

Sardinas en salmorejo *(pág. 141)*

Reinetas con salsa de chocolate

REINETAS CON SALSA DE CHOCOLATE

Tiempo de preparación: 1 hora y 15 minutos
Dificultad: media

Ingredientes para 4 personas:

* 4 manzanas reinetas
* 1 naranja
* 1 limón
* 1/2 kg de azúcar
* 100 g de avellanas tostadas
* 1 l de agua
* canela en rama

Para la salsa

* 100 g de chocolate fondant
* 2 dl de crema de leche

Preparación:

1. Pelar la naranja, sin coger la piel blanca; cortar la piel en juliana. Luego, exprimir el jugo de la naranja. Cortar el limón en rodajas.
2. En un cazo, poner el azúcar y el agua. Dejar cocer a fuego medio hasta que esté disuelto el azúcar; añadir entonces el zumo de naranja, las rodajas de limón y la canela en rama. Mantener el jarabe en cocción suave durante 10 minutos, aproximadamente.
3. Pelar las manzanas procurando no quitarles el rabo. Introducirlas enteras en el jarabe preparado, mantenerlas y dejarlas cociendo unos 20 minutos, a fuego muy lento, hasta que estén tiernas.
4. Retirarlas del fuego, añadir la juliana de naranja, tapar y dejar macerar. Retirar las manzanas cuando estén frías, colocarlas en una copa, recubrirlas de jarabe, añadir la juliana de naranja y reservar en la nevera.

Salsa de chocolate:

5. Trocear el chocolate y ponerlo en un cazo al baño María, añadir la crema de leche y dejar fundir. Cuando el chocolate esté fundido, cubrir con él las manzanas y espolvorearlas con las avellanas picadas. Decorar con la juliana de naranja y servir.

2 de Septiembre

El menú de cada día

Tomates de verano *(pág. 131)*

Congrio con fideos

Crema catalana *(pág. 15)*

CONGRIO CON FIDEOS

Tiempo de preparación: 45 minutos
Dificultad: media

Ingredientes para 6 personas:

* 6 rodajas abiertas de un congrio de 8 kg
* 300 g de fideos
* 300 g de guisantes
* 2 cebollas
* 4 tomates pelados
* 1 pimiento verde
* 1 ramita de azafrán
* aceite, agua, pimentón, perejil y sal

Preparación:

1. En una cazuela de barro con aceite, añadir una cebolla picada, el pimiento verde troceado, los guisantes, una ramita de azafrán, una pizca de pimentón y un cucharón de agua. Sazonar.
2. Dejar hervir todo junto durante 10 minutos.
3. Añadir los fideos y dejar hervir 15 minutos más.
4. Agregar el congrio y los tomates troceados.
5. Dejar cocer lentamente durante 10 minutos y servir caliente espolvoreado con perejil picado.

3 de Septiembre

El menú de cada día

Alcachofas en cazuela

Conejo al romero
(pág. 66)

Piñonate
(pág. 71)

Ingredientes para 4 personas:

* 20 alcachofas
* 250 g de jamón serrano
* 3 cebollas
* 4 dientes de ajo
* 4 huevos
* 1 limón
* azafrán
* pimienta
* 1 cucharada de harina
* aceite
* sal

ALCACHOFAS EN CAZUELA

Tiempo de preparación: 1 hora y 30 minutos
Dificultad: baja

Preparación:

1. Sacar las hojas duras y cortar la parte de arriba de las alcachofas. Frotarlas con limón.
2. En una cacerola al fuego con abundante agua, sal y un chorrito de aceite, hervir las alcachofas hasta que estén al dente. Escurrirlas y pasarlas a una cazuela de barro.
3. En una sartén con un poco de aceite, rehogar los dientes de ajo. Ponerlos en un mortero y picarlos junto con las hebras de azafrán y un poco de sal.
4. En la misma sartén, rehogar las cebollas picadas pequeñas y el jamón cortado en taquitos; añadir una cucharada de harina, dejar dorar y mojar con un poco del agua de hervir las alcachofas.
5. Mezclar todos estos ingredientes con los del mortero y verterlos sobre las alcachofas. Dejar cocer lentamente durante unos 10 minutos.
6. Cascar los huevos encima de las alcachofas y el rehogado de jamón y dejar cocer hasta que cuajen.

4 de Septiembre

El menú de cada día

Judías verdes al estilo de Huesca
(pág. 70)

Conejo a la pastora
(pág. 63)

Bizcocho de manzanas

Ingredientes para 4 personas:

* 3 huevos
* 125 g de harina
* 2 cucharaditas de levadura en polvo
* 3 manzanas reinetas
* ralladura de limón
* 100 g de mermelada de albaricoque
* 125 g de mantequilla

BIZCOCHO DE MANZANAS

Tiempo de preparación: 50 minutos
Dificultad: baja

Preparación:

1. En un bol, trabajar la mantequilla reblandecida junto con el azúcar, luego, añadir los huevos y la ralladura de limón y seguir trabajando hasta formar una masa espumosa.
2. Agregar la harina mezclada con la levadura y batir con las varillas hasta que esté bien amalgamado.
3. Untar un molde de 24 cm de diámetro, forrar el fondo con un papel y volver a untar. Verter la preparación anterior en el molde.
4. Pelar las manzanas, cortarlas en gajos muy finos y cubrir toda la masa en forma circular.
5. Precalentar el horno a 180 °C, introducir el molde, y dejar cocer unos 30 minutos. Comprobar el punto de cocción, pinchando con una aguja, que debe salir limpia.
6. Cuando esté en su punto, sacar del horno y desmoldar en rejilla.
7. En un cazo pequeño, disolver la mermelada con 2 cucharadas de agua y 1 de azúcar, remover y dejar hervir unos segundos. Cubrir el pastel con este almíbar y servirlo en bandeja con blonda.

5 de Septiembre

El menú de cada día

Sopa marinera
(pág. 44)

Rape a la catalana

Rosquillas caseras
(pág. 64)

Ingredientes para 4 personas:

* 1 kg de rape
* 3 dientes de ajo
* 1 cebolla grande
* 50 g de chocolate rallado
* 1 cucharada de vinagre
* 1 hoja de laurel
* 200 g de harina
* 1/4 l de aceite
* 1 cucharón de caldo de pescado, o agua
* sal
* perejil
* pimienta

RAPE A LA CATALANA

Tiempo de preparación: 45 minutos
Dificultad: baja

Preparación:

1. Preparar los filetes de rape sin piel, salarlos y pasarlos por harina; freírlos en una sartén con el aceite bien caliente.
2. Cuando estén dorados, colocarlos en una cazuela de barro grande, de manera que queden holgados.
3. Picar la cebolla finamente y poner sobre los filetes de rape, añadir los ajos pelados, enteros, el vinagre, el laurel, el chocolate rallado y el aceite que ha quedado de freír el pescado, añadir un cucharón de caldo de pescado o, en su lugar, de agua.
4. Tapar la cazuela y dejar cocer lentamente unos treinta minutos. Servir en la misma cazuela, espolvoreado con perejil picado.

6 de Septiembre

El menú de cada día

Pote marinero

Rape de Cantabria
(pág. 27)

Arroz con leche
(pág. 189)

Ingredientes para 4 personas:

* 1 kg de rape, congrio, mero, chopa y tiñoso
* 1 cebolla
* 1 diente de ajo
* 1 hoja de laurel
* 2 zanahorias
* aceite de oliva, tomillo, perejil, sal y pimienta en grano
* una pizca de azafrán
* 1/2 cucharada de pimentón
* 1 vasito de vino blanco
* 4 rebanadas de pan tostado

POTE MARINERO

Tiempo de preparación: 1 hora y 25 minutos
Dificultad: alta

Preparación:

1. Limpiar el pescado retirando tripas y escamas, y ponerlo todo a hervir en una cazuela con agua y sal.
2. Añadir la cebolla pelada y triturada, las zanahorias cortadas en rodajas, el diente de ajo pelado y triturado con el perejil, el laurel, atado junto con el tomillo, y la pimienta.
3. Cuando el pescado y sus ingredientes estén cocidos, escurrirlos, reservar el caldo, retirar pieles y espinas y machacar la carne en un mortero.
4. En una sartén con aceite caliente, rehogar el pescado machacado.
5. En la olla con el caldo de pescado, echar la pasta de pescado, el vino, azafrán y pimentón.
6. Dejar la olla a fuego muy suave una media hora.
7. Servir la sopa en unos cuencos de barro sobre unas rebanadas de pan tostado.

7 de Septiembre

El menú de cada día

Fabada asturiana
(pág. 46)

Cachopo
(pág. 28)

Flan de frutas cántabro

Ingredientes para 4 personas:

* 4 huevos
* 5 dl de leche
* 1/2 kg de peras
* ralladura de limón
* 2 dl de agua
* 160 de azúcar

FLAN DE FRUTAS CÁNTABRO

Tiempo de preparación: 1 hora
Dificultad: media

Preparación:

1. Caramelizar un molde de flan con 60 g de azúcar. Dejar enfriar.
2. Pelar las peras y cortarlas en trocitos pequeños. Cocerlos con los 2 dl de agua y 3 cucharadas de azúcar. Cuando estén cocidas, colar y repartir los trocitos de pera sobre el caramelo.
3. En un bol, batir los huevos, añadir 100 g de azúcar y la ralladura de limón, verter la leche templada y batir bien para mezclarlo todo. Rociar por encima de las peras.
4. Precalentar el horno a temperatura media. Introducir el flan en el horno a baño María y dejar cocer unos 40 minutos. Comprobar el punto de cocción.
5. Demoldar cuando ya esté frío.

8 de Septiembre

El menú de cada día

Gazpacho
(pág. 134)

Delicias de lenguado al txacolí

Tarta de Santiago
(pág. [illegible])

Ingredientes para 4 personas:

* 8 filetes de lenguado
* 8 langostinos
* 100 g de champiñones
* 50 g de mantequilla
* 1 dl de vino txacolí
* 1 chalote
* 30 g de queso rallado
* 1 limón
* sal

DELICIAS DE LENGUADO AL TXACOLÍ

Tiempo de preparación: 30 minutos
Dificultad: media

Preparación:

1. Cocer los langostinos en agua y sal, unos tres minutos, refrescar, pelar y partir por la mitad a lo largo.
2. Lavar bien los champiñones, cortarlos en láminas y rociarlos con zumo de limón.
3. En una cacerola plana, derretir la mantequilla, añadir la chalote picada fina, dejar dorar un poco.
4. Rociar con txacolí, poner los filetes de lenguado encima. Sazonar.
5. Al estar en su punto, retirar.
6. Colocarlos en una fuente, encima las láminas de champiñones y los langostinos cocidos, agregar la salsa que ha quedado de cocer el pescado.
7. Precalentar el horno a temperatura media, espolvorear el pescado con el queso rallado y llevar al gratinador unos minutos.
8. Servir enseguida.

9 de Septiembre

El menú de cada día

Ensalada de rape muy especial

Pulpo al ajoarriero
(pág. 207)

Torta a la navarra
(pág. 87)

Ingredientes para 6 personas:

* 1/2 kg de lomo de rape
* 1 lechuga
* 3 tomates
* 3 cebollas
* 1 dl de vinagre de jerez blanco
* 2 dl de aceite
* sal

ENSALADA DE RAPE MUY ESPECIAL

Tiempo de preparación: 20 minutos
Dificultad: baja

Preparación:

1. Cortar el rape en láminas, lo más finas posible, y dejar en maceración 12 horas con el vinagre.
2. Cortar los tomates en rodajas, las cebollas en gajos y la lechuga en juliana, distribuir las láminas de rape sobre la ensalada y aliñar con una salsa vinagreta, batiendo el aceite, un poco de vinagre y sal.

10 de Septiembre

El menú de cada día

Almejas a la marinera
(pág. 81)

Patatas con sardinas
(pág. 33)

Roscón de fiestas extremeño

Ingredientes para 4 personas:

* 200 g de harina
* 100 g de azúcar
* 1 huevo
* 1 tacita de aceite de oliva
* 20 g de levadura prensada
* sal
* 1 copita de anís

ROSCÓN DE FIESTAS EXTREMEÑO

Tiempo de preparación: 1 hora y 10 minutos
Dificultad: baja

Preparación:

1. En un recipiente disponer la harina formando un hueco en el centro.
2. Colocar en el centro de este hueco el huevo, el azúcar, el anís, el aceite y la sal. Agregar la levadura diluida en agua tibia.
3. Trabajar la masa y dejarla reposar durante unos 15 minutos.
4. Volverla a amasar un poco rato más.
5. Seguidamente, con ambas manos, estirarla en forma de rollo y unir los extremos. Poner en un recipiente plano.
6. A continuación, espolvorear el roscón con el azúcar.
7. Por último, cocerlo en horno flojo.
8. Servir inmediatamente después de enfriado.

11 de Septiembre

El menú de cada día

Xató de Sitges (ensalada) *(pág. 137)*

Pulpo a la asturiana

Crema de chocolate *(pág. 66)*

Ingredientes para 4 personas:

* 1 kg de pulpo fresco
* 2 dientes de ajo
* 1 pimiento morrón
* 1 cebolla
* 1 vasito de vino blanco
* 1 hoja de laurel
* 1 tomate maduro grande
* aceite
* sal

PULPO A LA ASTURIANA

Tiempo de preparación: 30 minutos, más el tiempo de cocción del pulpo
Dificultad: media

Preparación:

1. Limpiar y vaciar la cabeza de pulpo, si es posible, con agua de mar.
2. Golpear al pulpo durante unos minutos, para que de esta manera se ablande.
3. En una olla con agua hirviendo, una hoja de laurel y el vino blanco, cocer el pulpo, cogiéndolo por la cabeza e introducirlo primero por los tentáculos. (No salar hasta el final, eso lo endurecería.)
4. Los 20 primeros minutos, el pulpo debe cocer a fuego muy vivo y el resto de tiempo a fuego medio.
5. Mientras, en una cazuela con aceite caliente, sofreír la cebolla pelada y triturada. Cuando esté transparente, añadir el pimiento morrón, el tomate sin piel y el ajo, todo bien picado.
6. Una vez cocido el pulpo, trocearlo e incorporarlo a la cazuela con el sofrito, dejándolo al fuego hasta que quede en su punto.

12 de Septiembre

El menú de cada día

Pringada extremeña

Magras a la maña *(pág. 185)*

Flan de manzana *(pág. 198)*

Ingredientes para 4 personas:

* 4 rebanadas de pan extremeño del día anterior
* 4 lonchas grandes de tocino fresco
* 200 g de chorizo extremeño
* aceite

PRINGADA EXTREMEÑA

Tiempo de preparación: 30 minutos
Dificultad: baja

Preparación:

1. En una sartén amplia con aceite caliente, saltear las lonchas de tocino. A continuación, retirarlas y reservarlas aparte.
2. En el aceite restante, freír las rebanadas de pan de un dedo de grosor. Al darles la vuelta para que se frían por los dos lados, añadir el chorizo, cortado a rodajas para que suelten su jugo y el pan quede encarnado, y las lonchas de tocino.
3. Servir caliente.

13 de Septiembre

El menú de cada día

Migas a la pastora
(pág. 176)

Cordero asado a la cazadora
(pág. 70)

Natillas

Ingredientes para 4 personas:

* 1 l de leche
* 6 yemas de huevo
* 1 cucharada de harina
* 4 cucharadas de azúcar
* 2 ramas de canela

NATILLAS

Tiempo de preparación: 50 minutos
Dificultad: media

Preparación:

1. Cocer la leche junto con la canela. Colarla y dejarla enfriar.
2. En una cazuela, poner las yemas de huevo, el azúcar y la harina. A continuación mezclar y agregar la leche ya fría.
3. Poner la cazuela sobre el fuego y remover continuamente hasta que rompa a hervir.
4. En ese momento, bajar el fuego y, sin dejar de remover, mantener durante 5 minutos, aproximadamente.
5. Finalmente, retirar el cazo del fuego, verter las natillas en una fuente de postre y dejar hasta que se enfrie.
6. Servir espolvoreado con canela.

14 de Septiembre

El menú de cada día

Espárragos a la navarra
(pág. 138)

Dorada al horno

Merengue de arroz
(pág. 143)

Ingredientes para 4 personas:

* 1 dorada de 1 kg, aproximadamente
* 1 cebolla
* 2 dientes de ajo
* 1/2 kg de patatas
* 2 tomates
* 1 copa de brandy
* 1 vasito de vino blanco
* 1 hoja de laurel
* perejil, aceite, sal y pimienta blanca

DORADA AL HORNO

Tiempo de preparación: 1 hora
Dificultad: media

Preparación:

1. Limpiar y salpimentar el pescado.
2. Untar con aceite una bandeja para horno.
3. Pelar y cortar las patatas en rodajas no muy gruesas; distribuirlas bien en la bandeja y salpimentar.
4. Colocar la dorada encima.
5. Picar la cebolla y los ajos, pelar los tomates y cortarlos en rodajas. Distribuir todo encima del pescado.
6. Añadir el laurel y el perejil picados a la bandeja del pescado.
7. Rociar con el brandy, el aceite y, al final, el vino.
8. Llevar la bandeja al horno a temperatura media, durante 35 a 40 minutos.
9. Rociar el pescado con el mismo jugo de la cocción.
10. Servir caliente.

15 de Septiembre

El menú de cada día

Judías de la huerta con almejas

Chuletas de cordero a la mañica (pág. 102)

Tortas de Chanchigorri (pág. 95)

Ingredientes para 4 personas:

* 400 g de judías
* 1/4 kg de almejas
* 1 cebolla
* 1 diente de ajo
* perejil
* una pizca de azafrán
* sal
* aceite

JUDÍAS DE LA HUERTA CON ALMEJAS

Tiempo de preparación: 15 minutos, más el tiempo de cocción de las judías
Dificultad: baja

Preparación:

1. Poner las judías en remojo el día anterior.
2. El día de la preparación, cocerlas en una cazuela con agua fría con sal.
3. Pelar y picar la cebolla.
4. Trinchar el perejil.
5. Lavar las almejas y abrirlas a fuego lento, en una cazuela de barro con una pizca de agua.
6. En una sartén con aceite caliente, sofreír la cebolla, el ajo y el perejil.
7. Agregar el sofrito a las judías y espolvorear con una pizca de azafrán.
8. A media cocción, añadir las almejas al guiso y dejar a fuego lento hasta que las judías estén en su punto.

16 de Septiembre

El menú de cada día

Sopa marinera (pág. 44)

Vieiras al natural (pág. 196)

Bizcochos de Calatayud

Ingredientes para 4 personas:

* 200 g de harina
* 2 cucharadas de levadura
* 3 cucharadas de azúcar fino
* 125 g de azúcar molido
* 6 huevos
* aceite

BIZCOCHOS DE CALATAYUD

Tiempo de preparación: 1 hora
Dificultad: media

Preparación:

1. Batir las yemas de los huevos con el azúcar molido hasta lograr una mezcla esponjosa.
2. Batir también las claras de huevo a punto de nieve.
3. Mezclar la levadura con la harina
4. Poner en un recipiente hondo las yemas batidas con el azúcar, la mezcla de harina y levadura y las claras a punto de nieve. Mezclar y agregar el azúcar fino.
5. Untar con aceite rectángulos de papel de barba para pastelería.
6. Con la ayuda de una manga pastelera con boquilla ancha, formar unos bizcochos alargados en estos papeles.
7. Disponerlos sobre una placa de hornear y cocerlos en el horno, a temperatura suave, durante 20 minutos.

17 de Septiembre

El menú de cada día

Guiso de patatas
(pág. 187)

Huevos empanados

Carbayón
(pág. 195)

Ingredientes para 4 personas:

* 8 huevos
* 1/2 kg de tomates
* 1/4 kg de carne de ternera picada
* 150 g de carne de cerdo picada
* 1 cucharadita de azúcar
* 6 cucharadas de pan rallado
* aceite
* sal

HUEVOS EMPANADOS

Tiempo de preparación: 1 hora y 5 minutos
Dificultad: media

Preparación:

1. En un recipiente con agua hirviendo, escaldar los tomates. Retirarles la piel y convertirlos en puré.
2. Mezclar las dos carnes, espolvorearlas con un poco de sal y saltearlas en una sartén.
3. A continuación, en otra sartén amplia con un poco de aceite, preparar un puré de tomate espolvoreándolo con azúcar para quitarle la acidez.
4. Juntar el puré de tomate con la carne picada. Disponer la mezcla en una fuente para horno formando una capa y estrellar encima los 8 huevos. Espolvorearlos con pan rallado, llevar a horno normal y servir.

18 de Septiembre

El menú de cada día

Revuelto de grelos y gambas

Merluza con patatas a la malagueña
(pág. 186)

Leche frita
(pág. 46)

Ingredientes para 4 personas:

* 500 g de gambas
* 3 manojos de grelos
* 8 huevos
* 2 dientes de ajo
* aceite y sal

REVUELTO DE GRELOS Y GAMBAS

Tiempo de preparación: 30 minutos
Dificultad: baja

Preparación:

1. En una sartén con aceite caliente, poner los dientes de ajo que previamente hemos picado y dejar rehogar.
2. Pelar las gambas y reservar, de momento.
3. Una vez rehogado el ajo, añadir las gambas crudas.
4. A continuación, añadir los grelos, previamente cocidos, escurridos y picados.
5. Batir los huevos y agregarlos a la sartén. Salar.
6. Mezclar bien y remover con cuidado hasta obtener un punto jugoso.
7. Este plato es especialmente sabroso si se sirve bien caliente y sin que quede quemado.

19 de Septiembre

El menú de cada día

Sardinas con pimientos y patatas
(pág. 54)

Calamarcitos al jerez
(pág. 124)

Magdalenas

Ingredientes para 4 personas:

* 200 g de harina
* 200 g de huevos
* 200 g de azúcar
* 5 cucharadas de mantequilla
* 150 g de manteca bien blanca

MAGDALENAS

Tiempo de preparación: 30 minutos
Dificultad: media

Preparación:

1. Derretir la mantequilla al calor de la lumbre.
2. En un recipiente hondo, poner los huevos y batirlos con fuerza durante un buen rato. A continuación añadir la manteca, el azúcar y seguir batiendo.
3. Añadir a la mezcla anterior sin dejar de batir, la mantequilla y la harina. Mezclar hasta lograr una pasta homogénea.
4. Rellenar con la mezcla unos moldes especiales de papel para magdalenas pero no del todo, para que no sobrepasen del filo del molde al subir la masa en el momento de la cocción.
5. Disponer las magdalenas en una placa de hornear para pastelería y cocerlas hasta que la superficie quede dorada.
6. Retirar del horno, dejar enfriar y servir.

20 de Septiembre

El menú de cada día

Ensalada de verano
(pág. 130)

Estofado de congrio

Bunyols del Pirineu
(Buñuelos del Pirineo)
(pág. 140)

Ingredientes para 4 personas:

* 1 kg de congrio
* 4 cebollas
* 1 diente de ajo
* 1 dl de aceite
* 2 dl de vino blanco seco
* 2 dl de agua
* 1 cucharada de vinagre
* 1 ramillete de hierbas aromáticas (laurel, perejil, tomillo)
* 1 clavo de especia
* perejil, sal y pimienta

ESTOFADO DE CONGRIO

Tiempo de preparación: 1 hora
Dificultad: media

Preparación:

1. Cortar el congrio en cuatro trozos (de la parte ancha sin espinas).
2. En una salteadora, calentar aceite y saltear los trozos de congrio, dejar dorar por ambos lados, sacar y reservar.
3. En el mismo aceite, poner la cebolla, picada pequeña y el ajo picado, rehogar a fuego lento, rociar con el vino y evaporar.
4. Bañar con el agua y añadir el ramito de hierbas, el clavo y la cucharada de vinagre; salpimentar.
5. Incorporar otra vez el congrio a la salteadora, dejar cocer a fuego lento y agregar un poco de pimienta.
6. Cuando el congrio esté cocido, colocar los trozos en una fuente de servir, previamente calentada.
7. Rociar el pescado con la salsa de cocción y espolvorear con perejil picado. Servir bien caliente.

21 de Septiembre

El menú de cada día

Crema de borrajas

Estofado de ternera
(pág. 103)

Flores extremeñas
(pág. 97)

Ingredientes para 4 personas:

* 1 kg de hojas de borraja
* 3 patatas medianas
* 4 zanahorias tiernas
* aceite
* sal

CREMA DE BORRAJAS

Tiempo de preparación: 45 minutos
Dificultad: media

Preparación:

1. Limpiar cuidadosamente las hojas de borraja con agua fría.
2. Pelar y trocear las patatas y las zanahorias.
3. En una cazuela con agua hirviendo, poner a cocer las verduras con un chorro de aceite y un poco de sal.
4. Cuando estén bien tiernas, triturarlas hasta conseguir una crema.
5. Dejar enfriar y servir como entrante.

22 de Septiembre

El menú de cada día

Cachelada gallega
(pág. 10)

Tordos de Tudela
(pág. 37)

Buñuelos de manzanas

Ingredientes para 4 personas:

* 1/2 kg de manzanas
* 1/4 kg de harina
* 2 huevos
* 3 cucharadas de azúcar
* 1 copita de ron
* levadura en polvo
* aceite y sal

BUÑUELOS DE MANZANAS

Tiempo de preparación: 30 minutos, más el tiempo necesario para la cocción
Dificultad: media

Preparación:

1. Retirar el corazón de las manzanas, pelarlas y cortarlas en rodajas de 1/2 dedo de grosor.
2. Poner el ron y el azúcar en un plato, mezclar y añadir las rodajas de manzana, dándoles la vuelta de vez en cuando durante 15 minutos.
3. Mientras, poner en un recipiente hondo la harina mezclada con la levadura y tamizada, un poco de sal, un vasito de agua y dos yemas de huevo.
4. Batir las dos claras a punto de nieve.
5. Mezclar los ingredientes del recipiente y añadir enseguida las claras batidas a punto de nieve.
6. Calentar aceite en una sartén honda. Cuando esté hirviendo, freír las rodajas de manzana rebozadas en la mezcla anterior.
7. Cuando los buñuelos estén dorados, escurrirlos, disponerlos en una fuente y espolvorearlos con azúcar.

23 de Septiembre

El menú de cada día

Sopa de pescado
(pág. 180)

Bacalao en salsa

Torrijas
(pág. 169)

Ingredientes para 4 personas:

* 3/4 kg de bacalao
* 4 dientes de ajo
* 1 cucharada de harina
* aceite de oliva
* medio tazón de miga de pan
* 3 ramilletes de perejil

BACALAO EN SALSA

Tiempo de preparación: 1 hora y 5 minutos
Dificultad: media

Preparación:

1. Poner el bacalao en remojo el día anterior.
2. El día de la preparación, pelar los dientes de ajo.
3. Picar finamente el perejil.
4. Escurrir el bacalao remojado y conservar el agua aparte.
5. En una cazuela de barro con aceite hirviendo, dorar el ajo. Retirarlo y dejar la cazuela fuera del fuego.
6. Quitar las espinas del bacalao, escurrirlo con las palmas de las manos, recubrir los trozos por ambas partes con la miga de pan.
7. Disponer el bacalao con la parte de la piel hacia arriba en el aceite de la cazuela, espolvorear con harina y recubrir con el perejil.
8. Rociar con el agua de remojar el bacalao y poner la cazuela de barro a fuego normal.
9. Cuando dé el primer hervor, rebajar el fuego y dejar la cazuela una hora, moviéndola frecuentemente para que el bacalao no se pegue en el fondo. Servir.

24 de Septiembre

El menú de cada día

Revuelto de verduras

Caldereta de lomo
(pág. 108)

Tortilla de manzanas al ron
(pág. 98)

Ingredientes para 4 personas:

* 200 g de yemas de espárragos trigueros (peso neto)
* 200 g de ajos tiernos
* 6 alcachofas
* 250 g de champiñones
* 4 huevos
* 2 dl de aceite de oliva
* 1/2 limón
* sal y pimienta

REVUELTO DE VERDURAS

Tiempo de preparación: 50 minutos
Dificultad: media

Preparación:

1. Quitar las hojas externas, que son las más duras de las alcachofas, eliminar también la parte estropajosa del centro; utilizar sólo el corazón. Cortarlas en pequeños pedazos.
2. Pelar los ajos, cortarlos en cuadrados pequeños.
3. Limpiar cuidadosamente los champiñones hasta dejarlos libres de tierra, rociarlos con zumo de limón, cortarlos en trocitos.
4. Quitar los hilos a los espárragos, hervir 20 minutos en abundante agua con sal; cortar en trocitos, desechando las partes duras.
5. En una cazuela de barro, calentar el aceite, incorporar las verduras y dejar cocer lentamente. Comprobar el punto de sal y poner un poco de pimienta.
6. Cuando estén en su punto, batir los huevos y verterlos sobre las verduras.
7. Remover vivamente para que cuajen los huevos y queden bien mezclados con las verduras.
8. Servir con triángulos de pan frito.

25 de Septiembre

El menú de cada día

Patatas con pimiento
(pág. 170)

Tortilla a la maña
(pág. 137)

Teresicas

Ingredientes para 4 personas:

* 1/4 kg de harina
* 3 cucharadas de manteca de cerdo
* 10 cucharadas de mantequilla
* 1 cucharada de levadura
* 1 cucharada de azúcar
* 1/2 l de vino blanco
* 1 vaso de agua
* azúcar fino, aceite y sal
* confitura de frambuesa o de fresa

TERESICAS

Tiempo de preparación: 1 hora y 5 minutos
Dificultad: media

Preparación:

1. En un cazo, poner a calentar el vino, el agua con un poco de sal, 1 cucharada de azúcar y la manteca.
2. Cuando empiece a dar el primer hervor, retirar el cazo del fuego.
3. Con la mezcla aún tibia, agregar la levadura y dejar enfriar.
4. En un plato disponer la harina en forma de montículo con un hueco en el centro y verter en él el líquido anterior; mezclar con cuidado, siempre de fuera hacia dentro, hasta que quede una masa lisa.
5. Poner la masa sobre el mármol y aplanar con el rodillo, incorporando poco a poco la mantequilla, como si fuera un hojaldre.
6. Finalmente, aplanar de nuevo la masa, dejándola muy fina, y cortarla en arandelas con la ayuda de los bordes de un vaso puesto del revés.
7. Poner en el centro de cada teresica un poco de confitura o mermelada, o simplemente crema pastelera. Doblarlas en forma de empanadillas.
8. Freírlas en aceite abundante y muy caliente. Espolvorearlas con azúcar.

26 de Septiembre

El menú de cada día

Sopa de ostras
(pág. 174)

Langostinos al ajo

Roscos
(pág. 106)

Ingredientes para 4 personas:

* 600 g de langostinos
* 1 cebolla
* 6 dientes de ajo
* 1/2 dl de vino blanco seco
* un buen ramillete de perejil
* sal y pimienta

LANGOSTINOS AL AJO

Tiempo de preparación: 20 minutos
Dificultad: baja

Preparación:

1. En una cazuela de barro con aceite de oliva, rehogar la cebolla cortada muy fina.
2. Cuando empiece a tomar color, poner unas cuantas ramitas de perejil picado. Antes de que se dore la cebolla, añadir los langostinos y rehogar hasta que cambien de color (toman un color rosado).
3. Machacar los ajos en el mortero y desleír con un poco de vino blanco seco.
4. Añadir a la cazuela, mezclar bien y salpimentar.
5. Dar unos hervores fuertes, sacar y servir en la misma cazuela, bien caliente.

El menú de cada día

Paella a la aragonesa

Mejillones a la vinagreta *(pág. 169)*

Quesada pasiega *(pág. 166)*

Ingredientes para 4 personas:

* 4 tazas de arroz
* 1/2 conejo tierno
* 1/4 kg de carne magra
* 2 calamares limpios
* 8 cangrejos de río
* 2 pimientos rojos
* 150 g de guisantes desgranados
* 3 dientes de ajo
* 1 cebolla
* 1/2 vaso de vino
* 1 hoja de laurel
* perejil, azafrán en rama, aceite y sal

PAELLA A LA ARAGONESA

Tiempo de preparación: 1 hora y 30 minutos
Dificultad: alta

Preparación:

1. Asar los pimientos, retirarles la piel y las pepitas y cortarlos a tiras iguales.
2. Lavar cuidadosamente los cangrejos y cocerlos en un cazo con agua hirviendo, una hoja de laurel, 1/2 vasito de vino y sal.
3. Cortar en arandelas los calamares; trocear el conejo y la carne magra.
4. En una cazuela de barro amplia con aceite hirviendo, dorar la carne magra y el conejo, espolvorear con sal y añadir los ajos picados.
5. Rehogar la carne con el sofrito y agregar los calamares, los guisantes y la cebolla. Rociar con un poco de agua y cocer todo ello hasta que la carne esté tierna.
6. Añadir la mitad del pimiento asado y el arroz; mezclar. Rociar con 10 tazas de agua hirviendo, rectificar de sal y añadir 1 diente de ajo previamente machacado en un mortero junto con el azafrán en rama y el perejil y disuelto todo ello en un poco de agua.
7. Mantener la cazuela sobre fuego normal durante 10 minutos y agregar finalmente los cangrejos. Proseguir la cocción unos 10 minutos más, aproximadamente.
8. Retirar la cazuela del fuego, adornar el arroz con el resto de tiras de pimiento y servir.

28 de Septiembre

El menú de cada día

Ensalada de bogavante y berros *(pág. 96)*

Marisco a la plancha *(pág. 166)*

Pastissets de Tortosa

Ingredientes para 4 personas:

Cabello de ángel (relleno)
* 1 calabaza de cabello de ángel
* 1 limón y 1 rama de canela
* 800 g de azúcar

Para la pasta
* 200 g de azúcar
* 1 huevo grande
* 2 dl de aguardiente
* 3,25 dl de aceite
* 800 g aproximadamente de harina
* sal

PASTISSETS DE TORTOSA

Tiempo de preparación: 1 hora y 45 minutos
Dificultad: media

Preparación:

Cabello de ángel:

1. Dar un golpe a la calabaza para partirla. Retirar las pepitas y filamentos y cortar en trozos; cubrirla con agua fría.
2. Cocer la calabaza en una olla con agua, dejar hervir unos veinticinco minutos, escurrir, desmenuzar y pesar la cantidad obtenida.
3. Volver a cocer la calabaza con el zumo de limón y la raspadura de la piel, la canela en rama y azúcar (800 gramos por kilo de pulpa obtenida), hervir unos 45 minutos, destapada, para que quede más espesa. Dejar enfriar.

Pasteles:

4. Mientras, preparar la pasta «dels pastissets». En un bol, batir el huevo con el azúcar con una espátula de madera, añadir el aguardiente, el aceite y finalmente la harina tamizada; trabajar un poco y pasarlo al mármol para trabajarlo más con las manos, hasta obtener una pasta fina y homogénea.
5. Dividir la pasta en pequeñas bolitas y trabajarlas hasta que tengan elasticidad.
6. Untar dos papeles de folio y en uno de ellos poner una bolita de pasta, tapar con el otro papel. Aplanar y formar un disco de pasta del diámetro deseado.
7. Rellenar una parte de la circunferencia con cabello de ángel, doblar y formar un cordón con los dedos para sujetar el relleno.
8. Precalentar el horno a 200 °C, y cocer unos veinte minutos.
9. Al sacarlos del horno, espolvorear con azúcar. Si los pastissets no han quedado suficientemente dorados, pueden gratinarse.

El menú de cada día

Pote a la asturiana
(pág. 47)

Gallina con pisto

Yemas
(pág. 104)

GALLINA CON PISTO

Tiempo de preparación: 1 hora y 30 minutos
Dificultad: alta

Ingredientes para 6 personas:

* 1 gallina
* manteca de cerdo, leche, pimienta molida y sal
* 1 cebolla
* 1/4 kg de tomates maduros
* 3 pimientos
* 1 limón y 1 vaso de vino blanco

Preparación:

1. Limpiar la gallina y trocearla en pedazos pequeños.
2. Retirar la piel a los tomates y la cebolla y trinchar junto con los pimientos.
3. Exprimir el limón y reservar el zumo.
4. A continuación, en una cazuela de barro plana y amplia, con manteca caliente, saltear los pedazos de gallina.
5. Salpimentar y rociar con un litro de leche.
6. Cuando la gallina lleve unos diez minutos hirviendo, añadir la cebolla, el pimiento y los tomates. Reducir el fuego, rociar con el vino y el zumo de limón y dejar hasta que la gallina quede tierna y el caldo reducido.

30 de Septiembre

El menú de cada día

Salpicón de bogavante

Atún a la asturiana
(pág. 174)

Coquillos
(pág. 94)

Ingredientes para 6 personas:

* 1 bogavante de 2 kg aproximadamente
* 1 huevo
* 2 pimientos morrones
* aceitunas y sal
* 1 hoja de laurel

Para la salsa vinagreta

* aceite, vinagre, huevo duro pepinillos o alcaparra, perejil, sal y pimienta blanca

SALPICÓN DE BOGAVANTE

Tiempo de preparación: 50 minutos
Dificultad: media

Preparación:

1. Cocer el bogavante con agua hirviendo, sal y laurel durante 20 minutos.
2. Dejar enfriar.
3. Abrir el crustáceo con cuidado y sacar la carne de la cabeza y las patas y colocarla en una bandeja.
4. Cocer el huevo hasta que quede duro; finalmente pelarlo.
5. Sacar la cola del caparazón, que es la parte mayor del animal, cortarla en rodajas finas y colocarlas con cuidado encima de la base de la cabeza y las patas.
6. Adornar con el huevo duro troceado, las aceitunas y los pimientos morrones.
7. Trabajar una salsa vinagreta, picando todos los ingredientes y mezclándolos con el aceite, el vinagre, la sal y la pimienta.`
8. Aderezar el salpicón con la salsa vinagreta.
9. Este plato se sirve frío o templado como entrante.

Octubre

1 de Octubre

El menú de cada día

Puré de patatas horneado
(pág. 107)

Albóndigas a la bilbaína
(pág. 14)

Quesada pasiega

Ingredientes para 8 personas:

* 1/2 kg de harina
* 2 huevos
* 1/2 l de leche fresca
* 30 g de mantequilla
* 4 cucharadas soperas de cuajada
* 100 g de azúcar
* ralladura de limón
* 1 cucharadita de levadura
* sal

QUESADA PASIEGA

Tiempo de preparación: 45 minutos
Dificultad: baja

Preparación:

1. En un bol, batir los huevos y el azúcar e ir añadiendo los demás ingredientes, trabajando muy bien, con cuidado de que no queden grumos, ni que la mezcla resulte demasiado empalagosa.
2. Untar un molde con un poco de mantequilla y extender la pasta sobre él.
3. Precalentar el horno, introducir la quesada y dejar cocer durante unos 30 minutos, hasta que esté dorada. Comprobar el punto de cocción pinchando con una aguja.
4. Cuando esté en su punto, sacar del horno y dejar enfriar el tiempo necesario.

2 de Octubre

El menú de cada día

Paella a la aragonesa
(pág. 161)

Marisco a la plancha

Pastissets de Tortosa
(pág. 161)

Ingredientes para 6 personas:

* 1 langosta de 2 kg
* 1 lubigante o bogavante de 2 kg
* 18 cigalas de 200 g cada una
* 80 g de mantequilla
* 2 limones
* sal y aceite

MARISCO A LA PLANCHA

Tiempo de preparación: 35 minutos
Dificultad: baja

Preparación:

1. Abrir las piezas por el centro, desde la cabeza hasta la cola.
2. Sazonar todas las piezas.
3. Disponer todas las piezas sobre la plancha (el lado de la carne debe estar primero sobre la plancha).
4. Encima, verter un poco de aceite y dejar dorar; luego, darle la vuelta a cada pieza.
5. El tiempo de cocción de la langosta y el lubigante es de 25 minutos. El de la cigala es de 10 minutos, aproximadamente.
6. Mientras, en una sartén, fundir la mantequilla y el zumo de los limones.
7. Disponer todo el marisco en una fuente y rociarlo con la salsa.
8. Servir caliente.

3 de Octubre

El menú de cada día

Guisantes a la maña

Caldero de pastor
(pág. 35)

Flan de frutas cántabro
(pág. 151)

Ingredientes para 4 personas:

* 800 g de guisantes desgranados
* 100 g de magro de jamón
* 2 cebollas
* perejil
* harina
* manteca de cerdo
* aceite
* sal

GUISANTES A LA MAÑA

Tiempo de preparación: 1 hora y 5 minutos
Dificultad: baja

Preparación:

1. En una cazuela con aceite, disponer los guisantes, el perejil trinchado, las cebollas peladas y trituradas y el jamón cortado a dados, salar según gusto y colocar la cazuela sobre el fuego.
2. Verter agua hasta cubrir los guisantes y remover continuamente hasta que rompa a hervir.
3. Cuando lleve 20 minutos hirviendo, agregar una cucharada de manteca y espolvorear con un poco de harina.
4. Dejar el guiso durante 15 minutos más a fuego lento.
5. Servir caliente.

4 de Octubre

El menú de cada día

Ensalada de rape muy especial
(pág. 152)

Anguila en salsa
(pág. 131)

Gató (tarta de almendras)

Ingredientes para 4 personas:

* 175 g de almendras molidas
* 175 g de azúcar
* 1/2 cucharadita de canela en polvo
* 6 huevos
* la ralladura de un limón
* mantequilla
* azúcar de lustre

GATÓ
(TARTA DE ALMENDRAS)

Tiempo de preparación: 1 hora y 20 minutos
Dificultad: media

Preparación:

1. Separar las claras de las yemas, trabajar las yemas con el azúcar, hasta formar una crema clara, suave y esponjosa; añadir la ralladura de limón, aromatizar con la canela en polvo, adicionar las almendras molidas, continuar batiendo para lograr una mezcla homogénea.
2. Batir las claras a punto de nieve y añadirlas al preparado anterior, con mucho cuidado para que no baje la crema.
3. Untar el fondo y las paredes interiores de un molde redondo con un poco de mantequilla, verter la mezcla preparada, procurando que quede lleno sólo en sus tres cuartas partes, para que al subir la masa preparada no se derrame.
4. Precalentar el horno a 170 °C. Introducir el molde en el horno durante unos 30 minutos. Para comprobar si ya está en su punto, pinchar la tarta con un pinchito o aguja gruesa; cuando lo saquemos seco indicará que la tarta ya está hecha.
5. Apagar el horno y dejar 5 minutos dentro.
6. Desmoldar en una bandeja para servir y espolvorear con azúcar de lustre.

5 de Octubre

El menú de cada día

Pipirrana
(pág. 133)

Molls a la catalana
(Salmonetes)

Filloas de matanza
(pág. 184)

Ingredientes para 4 personas:

* 4 salmonetes grandes
* 3 dientes de ajo
* 2 tomates maduros
* 25 g de pan rallado
* 2 dl de aceite de oliva
* 1 dl de vino blanco seco
* perejil
* sal
* pimienta

MOLLS A LA CATALANA (SALMONETES)

Tiempo de preparación: 30 minutos
Dificultad: baja

Preparación:

1. Cuando tengamos limpios los salmonetes, con un cuchillo bien afilado, hacerles unos cortes en diagonal sobre el lomo, a distancias regulares.
2. Escaldar los tomates, pelarlos y picarlos pequeños, pelar los ajos.
3. Untar una bandeja que pueda ir al horno y colocar los salmonetes, salpimentados, espolvorear por encima con los ajos y el perejil, los tomates cortados en macedonia y el pan rallado por encima.
4. Bañar con el aceite y el vino blanco y llevar al horno precalentado, 20 o 25 minutos, hasta que estén bien cocidos. (Cuando se les ponen blancos los ojos ya están en su punto.)
5. Servir inmediatamente, en la misma bandeja.

6 de Octubre

El menú de cada día

Setas con salsa de almendras

Lomo de ternera al vino
(pág. 194)

Brazo de gitano
(pág. 144)

Ingredientes para 4 personas:

* 1 kg de setas
* 12 almendras blancas sin piel
* 1/2 cucharada de pimentón
* pimienta molida, caldo de carne, harina, manteca de cerdo, aceite y sal

SETAS CON SALSA DE ALMENDRAS

Tiempo de preparación: 55 minutos
Dificultad: baja

Preparación:

1. Lavar con mucho cuidado las setas y secarlas con un trapo bien limpio.
2. Machacar las almendras conjuntamente con un poco de sal en un mortero.
3. En una sartén con manteca, freír las setas. A continuación espolvorear las setas con un poco de sal, pimienta y 1 cucharada de harina. Remover.
4. Mezclar y rociar con un poco de caldo.
5. Dejar las setas a fuego lento hasta que la salsa quede espesa, y añadir las almendras trituradas.
6. Seguir mezclando durante al menos 2 o 3 minutos.
7. Servir calientes.

7 de Octubre

El menú de cada día

Migas clásicas
(pág. 184)

Cordero en salsa picante
(pág. 77)

Torrijas

Ingredientes para 4 personas:

* 1 barra de pan del día anterior
* 3 dl de leche fresca
* 3 huevos frescos
* 1 rama de canela
* ralladura de limón
* 3 dl de aceite
* 100 g de azúcar
* azúcar glas

TORRIJAS

Tiempo de preparación: 35 minutos
Dificultad: baja

Preparación:

1. Cortar el pan en rebanadas un poco gruesas.
2. En un cazo, calentar la leche con la canela, el azúcar y la raspadura de limón. Dejar hervir unos minutos, retirar y dejar enfriar.
3. Batir los huevos como para tortilla, pasar las rebanadas de pan por la leche azucarada, escurrirlas y pasarlas luego por los huevos batidos.
4. Tener preparada en el fuego una sartén con aceite caliente. Freír las torrijas, dejándolas doradas por los dos lados. Escurrir bien.
5. Pasarlas por un plato que contenga azúcar glas. Servir.

8 de Octubre

El menú de cada día

Paella a la marinera
(pág. 114)

Mejillones a la vinagreta

Cañas de nata con chocolate
(pág. 183)

Ingredientes para 4 personas:

* 1 1/2 kg de mejillones
* 1 cebolla
* 1 vaso de vino blanco
* 2 pimientos morrones
* 2 pimientos verdes
* 1 hoja de laurel
* perejil, pepinillos en vinagre, alcaparras, aceite, vinagre y sal

MEJILLONES A LA VINAGRETA

Tiempo de preparación: 25 minutos
Dificultad: baja

Preparación:

1. Lavar bien los mejillones y ponerlos a cocer en una olla con agua y sal.
2. Añadir a la olla la hoja de laurel, un chorrito de vino blanco y tapar. Dejar cocer.
3. Una vez cocidos, dejarlos enfriar y retirarles las valvas.
4. Picar finamente todos los ingredientes y mezclarlos con el aceite, el vinagre y la sal.
5. Colocar bien los mejillones en una fuente y verter por encima todo el picadillo.

9 de Octubre

El menú de cada día

Patatas con pimiento

Bocartes al ajillo
(pág. 202)

Pastel de dátiles
(pág. 118)

Ingredientes para 4 personas:

* 1 1/2 kg de patatas
* 1 pimiento rojo
* 1 tomate maduro grande
* 2 dientes de ajo
* 1 hoja de laurel
* 1/2 cucharada de pimentón
* aceite
* sal

PATATAS CON PIMIENTO

Tiempo de preparación: 40 minutos
Dificultad: baja

Preparación:

1. Pelar y cortar a rodajas las patatas; retirar la piel del tomate y triturarlo; cortar a cuadrados el pimiento, y pelar y machacar los dientes de ajo.
2. En una cazuela de barro con aceite, rehogar el pimiento y el tomate, mezclándolos; añadir las patatas, seguir mezclando durante unos minutos y espolvorear con sal y pimentón.
3. Recubrir las patatas con agua y añadir el ajo machacado y el laurel; dejar la cazuela sobre fuego normal hasta que las patatas estén algo deshechas y el caldo mermado.
4. Servir bien caliente.

10 de Octubre

El menú de cada día

Olla aranesa
(pág. 41)

Chuletas en adobo
(pág. 89)

Confitura de calabaza

Ingredientes para 4 personas:

* 1 kg de calabaza
* 600 g de azúcar cristalizado
* 2 limones

CONFITURA DE CALABAZA

Tiempo de preparación: 1 hora por kilo de calabaza, más 24 horas de maceración
Dificultad: media

Preparación:

1. Lavar y cepillar bien los limones, cortar en láminas finas.
2. Sacar la cáscara a la calabaza y limpiar de semillas, cortar la pulpa en dados y pesar.
3. Colocar en un bol, junto con las láminas de limón y el azúcar (que debe ser 600 gramos por kilo de calabaza); remover de vez en cuando y dejar en maceración 24 horas.
4. Después, poner en una cazuela de barro para confituras toda esta preparación, y dejar cocer una hora por kilo de calabaza, contando a partir de empezar la ebullición; espumar un par de veces, dejar cocer suavemente.
5. Preparar los tarros, escaldándolos y dejándolos sobre un paño limpio, sin secar: se secarán solos.
6. Colocar la confitura en los tarros, todavía caliente, dejar enfriar destapados y cubiertos con un paño limpio, luego tapar con tapas de rosca o también con un celofán o papel parafinado sujeto con un cordel o una goma.

11 de Octubre

El menú de cada día

Setas a la navarra
(pág. 78)

Papayuelas asadas
(Codornices)

Marañuelas
(pág. 192)

Ingredientes para 4 personas:

* 4 codornices
* 150 g de lonchas de tocino
* 2 cebollas
* 1 vaso de vino blanco
* 1 pimiento
* 1 diente de ajo
* perejil
* manteca de cerdo
* aceite
* sal

PAPAYUELAS ASADAS (CODORNICES)

Tiempo de preparación: 1 hora y 5 minutos
Dificultad: media

Preparación:

1. Vaciar, limpiar y secar las codornices.
2. Untarlas por dentro con manteca de cerdo y rellenarlas con una loncha de tocino.
3. Pelar y picar las cebollas y el diente de ajo junto con una ramita de perejil.
4. Lavar, quitar las semillas y trocear el pimiento.
5. En una cazuela de barro con aceite caliente, sofreír la cebolla, los trozos de pimiento, el ajo y el perejil picados.
6. Añadir al sofrito las codornices ya preparadas.
7. Darles la vuelta unos segundos, espolvorear con sal y rociarlas con el vino.
8. Dejarlas cocer a fuego lento hasta que queden en su punto, es decir, hasta que se desprenda la carne de los huesos.
9. Pueden servirse con patatas fritas.

12 de Octubre

El menú de cada día

Sopa de castañas

Conill a l'allioli
(Conejo al «allioli»)
(pág. 145)

Marañuelas leonesas
(pág. 139)

Ingredientes para 6 personas:

* 2 l de agua
* 1 1/2 kg de castañas
* 2 cebollas y 1 diente de ajo
* 1/2 oreja de cerdo
* 1 vaso de aceite
* un trozo de tocino
* vinagre y sal

SOPA DE CASTAÑAS

Tiempo de preparación: 3 horas
Dificultad: media

Preparación:

1. Mondar las castañas.
2. Poner a cocer las castañas en agua con sal, hasta que empiecen a hervir.
3. Retirar las castañas del fuego y quitarles la piel.
4. En una olla al fuego con agua y sal, poner una cebolla, el ajo, el tocino, la oreja de cerdo y las castañas. Dejar cocer todo junto durante dos horas.
5. En una sartén con aceite caliente, hacer un sofrito de cebolla y echarle unas gotas de vinagre.
6. Agregar el sofrito al caldo, dejándolo hervir todo junto unos veinte minutos.
7. Retirar la olla del fuego y trocear el tocino y la oreja de cerdo.
8. En una sopera, poner el tocino y la oreja de cerdo troceados. Al mismo tiempo, verter el caldo caliente y las castañas.

13 de Octubre

El menú de cada día

Esqueixada de bacallà (Ensalada de bacalao)
(pág. 136)

Cangrejos de río
(pág. 139)

Crema frita

Ingredientes para 6 personas:

* 4 huevos
* 5 dl de leche fresca
* 50 g de harina
* 80 g de maicena
* ralladura de limón
* canela en polvo
* canela en rama
* 30 cl de Cointreau
* mantequilla
* aceite
* 100 g de azúcar
* sal

CREMA FRITA

Tiempo de preparación: 40 minutos
Dificultad: baja

Preparación:

1. En un cazo de porcelana, verter la leche (reservar un poco para disolver la maicena), añadir el azúcar, la canela en rama, la ralladura de limón y una pizca de sal; remover para mezclarlo todo, poner sobre el fuego y dejar hervir 5 minutos.
2. Mezclar la leche reservada con la maicena, añadir 3 yemas de huevo, batir con las varillas y mezclar con la leche del cazo, sin dejar de remover; cocer unos minutos más hasta que espese.
3. Verter en una fuente plana, untada con un poco de mantequilla y dejar enfriar.
4. Cuando la crema esté fría, cortarla en cuadros regulares, pasarla por harina y a continuación por el huevo restante batido.
5. Calentar aceite en una sartén y freír los cuadros con crema. Colocarlos en una fuente de servir, rociarlos con el Cointreau y espolvorearlos con la canela en polvo.
6. Servir calientes.

14 de Octubre

El menú de cada día

Salpicón de bogavante
(pág. 163)

Mejillones en salsa

Compota de manzanas
(pág. 63)

Ingredientes para 6 personas:

* 2 1/2 kg de mejillones
* 4 puerros
* 1 vaso de vino blanco seco
* harina, limón, pimienta blanca perejil, mostaza, aceite y sal

MEJILLONES EN SALSA

Tiempo de preparación: 45 minutos
Dificultad: baja

Preparación:

1. Limpiar bien los mejillones.
2. Poner los mejillones en una cazuela al fuego con un poco de agua. Una vez abiertos, sacarlos de su concha reservándolos.
3. Verter el jugo de los mejillones encima de éstos.
4. En una sartén al fuego con aceite caliente, añadir los puerros finamente picados.
5. Cuando los puerros empiecen a dorarse, añadir la harina, el vino blanco y el caldo de los mejillones, un poco de mostaza, el zumo de medio limón y la pimienta blanca. Sazonar.
6. Añadir esta salsa a los mejillones; espolvorear con perejil, finamente picado.
7. Servir frío.

15 de Octubre

El menú de cada día

Michirones (Habas picantes)

Bacalao en salsa
(pág. 159)

Natillas
(pág. 154)

Ingredientes para 4 personas:

* 3 kg de habas desgranadas
* 2 chorizos murcianos
* 1 hueso de jamón
* 1 pimiento picante
* 1 cucharadita de azúcar
* sal
* pimienta

MICHIRONES (HABAS PICANTES)

Tiempo de preparación: 45 minutos
Dificultad: baja

Preparación:

1. Disponer una olla de barro al fuego, con las habas desgranadas, los chorizos, el hueso de jamón, el pimiento picante, limpio y sin pepitas.
2. Cubrir con agua, salpimentar, añadir la cucharadita de azúcar y dejar hervir lentamente, hasta que las habas estén tiernas y se haya consumido el caldo, dejando un jugo espeso y un poco de grasa. Servir caliente en la misma olla.

16 de Octubre

El menú de cada día

Sopa burgalesa
(pág. 32)

Pollastre farcit a la catalana (Pollo relleno)
(pág. 142)

Confitura de higos

Ingredientes para 4 personas:

* 1 kg de higos maduros
* 3/4 kg de azúcar
* 2 limones
* 2 dl de agua

CONFITURA DE HIGOS

Tiempo de preparación: 1 hora y 20 minutos
Dificultad: baja

Preparación:

1. Esterilizar los tarros, escaldarlos y dejarlos boca abajo, sobre un paño limpio y seco, sin secarlos.
2. Lavar los higos sin que se rompan y pelarlos.
3. En una cazuela de barro para confituras, poner el azúcar con el agua, hervir sin remover unos quince minutos, hasta alcanzar el punto de bola blanda (se toma un poco de almíbar con una espátula que tenga agujeros, se sopla y si se forman pequeñas bolas, entonces estará en su punto).
4. Añadir los higos al jarabe, debe cubrirlos, dejar reposar una noche.
5. Al día siguiente, escaldar los limones, secar, rallar la piel y escurrir el jugo, añadir el jarabe. Mezclar con cuidado.
6. Poner al fuego la cazuela, remover con cuchara de madera y dejar hervir de 20 a 30 minutos, hasta que los higos estén transparentes.
7. Poner en los tarros esterilizados, tapar y esterilizar al baño María unos quince minutos.
8. Al sacar, enfriar cuidadosamente, para que no se rompan los frascos; primero, dejar correr el agua caliente encima de la olla donde están los frascos, ir enfriando el chorro de agua poco a poco hasta poner solamente agua fría.

17 de Octubre

El menú de cada día

Espencat
(Ensalada)
(pág. 140)

Atún a la asturiana

Sopas dulces
(pág. 67)

Ingredientes para 4 personas:

* 400 g de atún cortado en 8 rodajas de 1/2 cm
* 4 cucharadas de harina
* 2 dientes de ajo
* 1 cucharada de vinagre
* 1 cebolla
* perejil
* 1/2 cucharadita de pimentón
* pimienta
* aceite de oliva
* sal

ATÚN A LA ASTURIANA

Tiempo de preparación: 1 hora y 20 minutos
Dificultad: baja

Preparación:

1. Pelar la cebolla y los dientes de ajo y picarlos junto con el perejil.
2. Lavar y secar las rodajas de atún.
3. Poner harina en un plato.
4. En una sartén con aceite abundante y caliente, dorar las rodajas de pescado pasadas por harina.
5. Cuando estén hechas por los dos lados, retirarlas de la sartén y disponerlas en una fuente para servir, tapándolas para que conserven el calor.
6. En el aceite restante, sofreír la cebolla, el ajo y el perejil.
7. Añadir el vinagre y el pimentón, dejar cocer una media hora; salpimentar y recubrir con esta salsa las rodajas de atún.
8. Servir enseguida.

18 de Octubre

El menú de cada día

Sopa de ostras

Besugo a la aragonesa
(pág. 134)

Bartolillos
(pág. 141)

Ingredientes para 6 personas:

* 1 1/2 l de caldo de pescado
* 20 ostras
* 2 yemas de huevo
* 1 bote de crema de leche
* sal y agua

SOPA DE OSTRAS

Tiempo de preparación: 1 hora y 10 minutos
Dificultad: media

Preparación:

1. Limpiar bien las ostras bajo el grifo de agua fría para quitar todas las impurezas y la arena que pudieran tener.
2. En una cazuela con agua hirviendo, escaldar las ostras durante unos momentos y escurrirlas teniendo la precaución de recoger el agua.
3. Dejar reducir a fuego lento el agua de las ostras hasta que quede la mitad y juntarla con el caldo de pescado.
4. Dejar hervir todo el caldo durante 10 minutos. Probarlo y rectificar la sal.
5. Al final del hervor, verter la crema de leche y las dos yemas de huevo, removiendo con cuidado hasta que esté bien ligado.
6. Por último, añadir al caldo las ostras que teníamos aparte.
7. Servir caliente repartiendo las ostras entre todos los platos a modo de tropezones.

19 de Octubre

El menú de cada día

Pimientos rellenos
(pág. 61)

Estofado de congrio
(pág. 157)

Rejanes

Ingredientes para 4 personas:

* 150 g de mantequilla
* 150 g de azúcar
* 8 huevos
* harina
* 150 g de almendras peladas
* 2 cucharadas de levadura
* manteca de cerdo

REJANES

Tiempo de preparación: 40 minutos más tiempo de horno
Dificultad: alta

Preparación:

1. Triturar las almendras junto con el azúcar hasta convertirlas en una harina muy fina.
2. Separar las yemas de las claras de 3 huevos. Batir las claras a punto de nieve y reservar las yemas.
3. Enmantecar un papel de barba y recubrir con él el fondo de un molde alargado y hondo.
4. En otro recipiente hondo, disponer la mezcla de almendras y azúcar junto con la mantequilla partida en trozos pequeños; mezclar bien todo el conjunto.
5. Añadir 5 huevos y 3 yemas. Mezclar bien durante un rato y agregar en forma de lluvia la harina tamizada con la levadura. A continuación, trabajar bien la masa con una espátula de madera.
6. Incorporar a la masa las claras de huevo montadas a punto de nieve y seguir mezclando.
7. Verter la masa en el molde y meterlo en el horno, templado, durante treinta minutos. Para saber si el pastel está en su punto, clavar en él con cuidado la punta afilada de un cuchillo: si éste sale seco el pastel ya estará listo.
8. Por último, desmoldar el pastel, dejarlo enfriar y cortarlo en tajadas de 1 cm y, seguidamente, en triángulos.

20 de Octubre

El menú de cada día

Alcachofas en cazuela
(pág. 149)

Merluza a la baturrica

Hojuelas
(pág. 33)

Ingredientes para 4 personas:

* 8 rodajas de merluza
* 1 cebolla
* 2 cucharadas de puré de tomate
* pimienta molida
* caldo de pescado
* harina, aceite y sal

MERLUZA A LA BATURRICA

Tiempo de preparación: 45 minutos
Dificultad: baja

Preparación:

1. Pelar y picar finamente la cebolla.
2. Limpiar y secar las rodajas de merluza.
3. Espolvorear con sal y harina y poner seguidamente las rodajas en una cazuela plana.
4. Recubrir la merluza con la cebolla, el puré de tomate, un poco de pimienta, un chorro de aceite y 3 cucharadas de caldo.
5. Introducir en el horno ya muy caliente y mantener durante unos 25 minutos a temperatura alta.
6. Servir bien caliente en la misma cazuela plana.

21 de Octubre

El menú de cada día

Migas a la pastora

Conejo a la navarra
(pág. 60)

Rosquillas de Santander
(pág. 138)

Ingredientes para 4 personas:

* 1 pan de pueblo del día anterior
* 200 g de tocino entreverado
* 250 g de longaniza
* uvas negras
* 1 cebolla grande
* 4 dientes de ajo
* aceite
* sal

MIGAS A LA PASTORA

Tiempo de preparación: 50 minutos
Dificultad: baja

Preparación:

1. Cortar el pan en trozos muy pequeños, depositarlo en una servilleta y salpicar de agua sin mojarlo demasiado; envolverlo y dejar en reposo la víspera anterior.
2. Pelar y picar la cebolla, cortar el tocino a cuadraditos y la longaniza a rodajas y desgranar las uvas.
3. En una cazuela de barro amplia y plana con aceite hirviendo, dorar ligeramente los dientes de ajo, pelados y enteros. Retirarlos.
4. Sofreír la cebolla, la longaniza y el tocino a fuego lento durante 2 minutos, aproximadamente.
5. Añadir las migas de pan, mezclar continuamente mientras se fríe y retirar cuando el pan esté tostado. Rectificar de sal.
6. Servir en la misma cazuela acompañado de las uvas.

22 de Octubre

El menú de cada día

Costrada
(pág. 65)

Liebre en escabeche
(pág. 42)

Crema frita con salsa de frambuesa

Ingredientes para 4 personas:

* 1/2 l de leche
* 3 huevos
* 40 g de maicena
* 125 g de azúcar

Para freír

* 2 dl de aceite
* 1 huevo
* 100 g de harina y 100 g de azúcar

Salsa

* 100 g de frambuesa
* 100 g de azúcar
* 100 g de nata líquida
* 0,4 dl de kirsh

CREMA FRITA CON SALSA DE FRAMBUESA

Tiempo de preparación: 45 minutos
Dificultad: media

Preparación:

1. Trabajar el azúcar con las yemas de los huevos, hasta que se forme una pasta blanquecina, añadir la maicena y mezclar bien.
2. Añadir la leche tibia, remover bien con las varillas y llevar a ebullición sin dejar de remover. Retirar. Continuar batiendo unos minutos hasta que se enfríe un poco.
3. Untar una bandeja con aceite y poner la crema en porciones en forma de tortitas de unos cuatro centímetros de diámetro. Dejar enfriar bien.
4. Cuando las tortitas estén sólidas, pasarlas por harina, huevo batido y freírlas en aceite caliente. Sacar, escurrir, pasarlas por azúcar y poner en una fuente.
5. Preparar la salsa, mezclando en la batidora todos los ingredientes indicados.
6. Cubrir las tortitas de crema con la salsa de frambuesas.

23 de Octubre

El menú de cada día

Consomé de hongos
(pág. 68)

Marmita de bonito

Casadielles
(pág. 136)

Ingredientes para 4 personas:

* 800 g de bonito
* 1 kg de patatas
* 2 cebollas pequeñas
* 4 rebanadas de pan
* aceite
* sal

MARMITA DE BONITO

Tiempo de preparación: 55 minutos
Dificultad: baja

Preparación:

1. Retirar la piel del bonito y cortarlo en trozos no demasiado pequeños.
2. Pelar y trocear las patatas.
3. Triturar las cebollas, una vez peladas.
4. En una cazuela de barro honda con agua hirviendo y sal, cocer las patatas.
5. Mientras, en una sartén con aceite hirviendo, dorar ligeramente las cebollas y añadir el sofrito a la olla con las patatas.
6. Veinte minutos después, agregar el bonito, tapar la cazuela y dejar unos quince minutos más a fuego normal.
7. Cinco minutos antes de retirar del fuego, agregar las rebanadas de pan, darles un ligero hervor y servir enseguida.

24 de Octubre

El menú de cada día

Sopa de perdices

Churrasco de ternera
(pág. 53)

Yemas de coco
(pág. 133)

Ingredientes para 4 personas:

* 2 perdices
* clavo, canela, pimienta y sal
* 8 cucharadas de salsa española
* 2 copas de vino de Jerez

SOPA DE PERDICES

Tiempo de preparación: 1 hora y 30 minutos
Dificultad: media

Preparación:

1. Limpiar bien y secar las perdices, disponerlas en una fuente refractaria y asarlas en el horno hasta que queden hechas por dentro y algo doradas por fuera.
2. Dejar enfriar las perdices y, después, retirarles huesos y pieles; machacar su carne en el mortero junto con la salsa española; rociar con el jerez.
3. En un puchero con 1 l de agua hirviendo y sal, cocer los huesos de las perdices durante unos 30 minutos.
4. Colar el caldo, ponerlo de nuevo en un puchero y añadir la majada de carne pasada por el cedazo. Sazonar al gusto de cada uno y dejar unos minutos más sobre el fuego.

25 de Octubre

El menú de cada día

Alubias blancas con chorizo
(pág. 72)

Codornices con ternera
(pág. 51)

Pan de higos

Ingredientes para 4 personas:

* 800 g de higos secos
* 500 g de almendras tostadas
* 400 g de avellanas tostadas
* 5 cucharadas de azúcar
* 3 pastillas de chocolate
* canela en polvo
* 1 limón
* 1 copita de anís

PAN DE HIGOS

Tiempo de preparación: 30 minutos
Dificultad: media

Preparación:

1. Pelar las almendras y las avellanas y triturarlas.
2. Picar seguidamente los higos hasta que formen una pasta.
3. Rallar el chocolate y derretirlo en un recipiente al calor. (Puede disponerse el chocolate en un plato sobre una olla con agua caliente.)
4. En un recipiente hondo, disponer los higos picados, las almendras y las avellanas trituradas, el chocolate deshecho, la canela, la ralladura del limón, el azúcar y la copita de anís.
5. Amasar bien la mezcla hasta formar una masa compacta.
6. Disponer la masa en una lata para galletas y poner encima del pan de higos un peso para prensarlo. (Pero similar al que se usa para la confección de patés.)
7. Una vez dispuesto el pan de higos, dejarlo reposar unas cuarenta y ocho horas.

26 de Octubre

El menú de cada día

Ensalada murciana
(pág. 142)

Merluza al horno

Granizado de limón
(pág. 130)

Ingredientes para 4 personas:

* 800 g de merluza
* 2 tomates maduros
* 1 cebolla
* pimienta blanca molida
* caldo de pescado o agua
* harina, aceite y sal

MERLUZA AL HORNO

Tiempo de preparación: 35 minutos
Dificultad: baja

Preparación:

1. Limpiar, secar, cortar a rodajas y salar la merluza.
2. En un plato con harina, rebozar las rodajas de merluza y disponerlas en una fuente refractaria.
3. Pelar y picar la cebolla.
4. Escaldar, pelar y hacer puré los tomates.
5. Recubrir el pescado con la salsa de tomate y la cebolla picada. Salpimentar y verter un chorro de aceite y un poco de caldo de pescado o agua.
6. Introducir la fuente en el horno normal y dejarla unos 20 minutos, aproximadamente.

27 de Octubre

El menú de cada día

Cordero con verduras

Riñones al jerez
(pág. 112)

Suspiros de monja
(pág. 121)

Ingredientes para 4 personas:

* 3/4 kg de carne de cordero deshuesada
* 4 zanahorias tiernas
* 1/4 kg de guisantes desgranados
* 1 cebolla
* 1/2 kg de patatas
* 4 alcachofas tiernas
* verduras del tiempo al gusto
* 4 cucharadas de manteca de cerdo
* sal

CORDERO CON VERDURAS

Tiempo de preparación: 1 hora y 10 minutos
Dificultad: baja

Preparación:

1. Cortar a pedacitos la carne y las verduras.
2. En una cazuela con la manteca o aceite caliente, rehogar la carne.
3. Añadir la cebolla, y dar la vuelta a la carne; cuando la cebolla empiece a tomar color, agregar las verduras; espolvorear todo con sal, mezclar durante unos minutos y cubrir con agua.
4. Dejar la cazuela a fuego lento durante 30 minutos, aproximadamente. Servir caliente.

28 de Octubre

El menú de cada día

Arroz con vino
(pág. 87)

Cazuela marinera
(pág. 143)

Filloas con crema

Ingredientes para 6 personas:

Para la masa
* 6 huevos
* 75 g de harina
* 1/2 l de leche
* azúcar de lustre y mantequilla
* canela molida y sal

Para la crema
* 1/2 l de leche
* 100 g de azúcar
* 6 yemas de huevo
* 50 g de harina
* canela en rama, un limón y aceite

FILLOAS CON CREMA

Tiempo de preparación: 1 hora y 10 minutos
Dificultad: alta

Preparación:

1. En un recipiente, batir la leche junto con la harina y los huevos. Fundir la mantequilla y añadirla, junto con la sal y volver a batir. Pasar el líquido obtenido por el colador chino.
2. En una sartén, verter tres cucharadas de líquido y esparcirlo bien. Cuando la filloa haya cuajado por un lado, darle la vuelta para que cuaje por el otro.
3. Poner a hervir la leche con la ramita de canela y dejar enfriar.
4. En un cazo, echar las yemas de huevo y el azúcar, batirlo todo junto.
5. Cuando empiece a estar fino, añadir la harina desleída en un poco de leche fría y mezclar con la leche hervida y ya templada junto con la corteza de limón.
6. Poner a cocer a fuego muy suave hasta que se espese, pero cuidando de que no arranque el hervor.
7. Verter en un recipiente de porcelana o cristal y seguir trabajando hasta que se haya enfriado. Sacar la corteza de limón.
8. Rellenar las filloas con la crema y freír en abundante aceite.
9. Escurrir y espolvorear con azúcar y canela molida.

29 de Octubre

El menú de cada día

Potaje gallego
(pág. 82)

Callos a la asturiana

Sobaos pasiegos
(pág. 139)

Ingredientes para 6 personas:

* 1 1/2 kg de callos
* 1 mano de cerdo
* 1 mano de vaca
* 2 dientes de ajo
* 100 g de chorizo
* 100 g de jamón magro
* salsa de tomate
* 1 vasito de vino blanco
* 1/2 tazón de caldo de carne
* 2 cebollas pequeñas
* 1/2 guindilla
* garbanzos
* manteca de cerdo
* pimienta molida
* perejil, pimentón y sal

CALLOS A LA ASTURIANA

Tiempo de preparación: 2 horas y 35 minutos
Dificultad: alta

Preparación:

1. Limpiar y trocear los callos, ponerlos en una cazuela con agua fría y cocerlos unos quince minutos. Escurrirlos y ponerlos en otra cazuela con un diente de ajo picado, cebolla triturada y perejil. Dejar al fuego hasta que queden muy tiernos.
2. Mientras, en otra cazuela cocer las manos de vaca y de cerdo bien limpias y cortadas en trozos desiguales.
3. Escurrir los callos y añadirlos a las manitas. Dejar la cazuela a fuego normal hasta que la salsa quede espesa.
4. Aparte, en una sartén con manteca caliente, rehogar la cebolla, el chorizo y el jamón cortados en trocitos. Mezclar y agregar la guindilla, el pimentón, la sal, la pimienta y la salsa de tomate. Rociar enseguida con un poco de caldo y con el vino. Dejar el guiso unos minutos más y añadir el sofrito.
5. Rectificar la sal.
6. Dejar que los callos prosigan su cocción con todos sus ingredientes y retirarlos cuando estén caldosos pero no espesos.
7. Dejarlos enfriar y servir al día siguiente, recalentados a fuego muy suave para evitar que el guiso se pegue.

30 de Octubre

El menú de cada día

Sopa de pescado

Calamares guisados
(pág. 132)

Perrunillas
(pág. 83)

Ingredientes para 6 personas:

* 1 cabeza de merluza
* 300 g de rape
* 200 g de congrio
* 500 g de pescado de roca
* 6 langostinos
* 3 dientes de ajo
* 100 g de cebollas
* 100 g de zanahorias
* 100 g de puerros
* 100 g de tomates maduros
* 1 cucharada de Pernod
* 1 dl de aceite
* laurel, perejil, pan, sal y pimienta

SOPA DE PESCADO

Tiempo de preparación: 1 hora y 45 minutos
Dificultad: media

Preparación:

1. Lavar, escamar y vaciar todos los pescados.
2. En una olla un poco grande, calentar el aceite, poner los dientes de ajo, la cebolla, la zanahoria y el puerro, todo cortado pequeño; dejar sofreír y añadir el tomate pelado y cortado en trozos.
3. Añadir el pescado de roca y la cabeza de merluza, dejar rehogar bien a fuego lento.
4. Bañar con el agua, salpimentar, aromatizar con el laurel, perejil y el Pernod, dejar cocer unos treinta minutos.
5. Pasado ese tiempo, colar y reservar.
6. Volver a poner la olla al fuego con el caldo, añadir el rape, el congrio y los langostinos cortados en trozos. Cuando vuelva a hervir, dejar cocer unos quince minutos y añadir el pescado desmenuzado.
7. Verter en una sopera y servir caliente con unos cuscurros de pan previamente tostados y frotados con ajo.

El menú de cada día

Ensalada de judías tiernas
(pág. 85)

Cordero lechal asado
(pág. 80)

Plàtans a la catalana (Plátanos)

PLÀTANS A LA CATALANA (PLÁTANOS)

Tiempo de preparación: 1 hora y 15 minutos
Dificultad: baja

Ingredientes para 6 personas:

* 12 plátanos
* 100 g de avellanas tostadas
* 50 g de azúcar
* 1 dl de coñac
* canela en polvo
* mantequilla para untar

Preparación:

1. Hacer un corte en la piel de los plátanos, de arriba abajo, para poder extraer la fruta sin estropear la piel, que luego habrá que utilizar como guarnición del plato.
2. Cortar los plátanos en rodajas y ponerlos en un bol grande; añadir el azúcar, las avellanas picadas groseramente y el coñac. Dejarlo en maceración una hora. Espolvorear con la canela en polvo.
3. Pasado ese tiempo, rellenar con este preparado las pieles que tenemos reservadas. Untar una bandeja con mantequilla, pasar los plátanos a la bandeja. Llevarlos 15 minutos al horno, precalentado.
4. Al sacarlos del horno, flamear con el mismo licor de la maceración y servirlo quemado a la mesa.

Noviembre

1 de Noviembre

El menú de cada día

Migas clásicas

Pollo a las finas hierbas
(pág. 79)

Rosquillas castellanas
(pág. 132)

Ingredientes para 4 personas:

* 1/2 pan del día anterior
* 2 dientes de ajo
* 4 huevos
* 1 cucharada de pimentón picante
* aceite
* sal

MIGAS CLÁSICAS

Tiempo de preparación: 50 minutos
Dificultad: baja

Preparación:

1. En la víspera de la elaboración de las migas, poner en una vasija el pan troceado, humedecido con agua y espolvoreado con el pimentón y un poco de sal; dejarlo en adobo.
2. Pelar los dientes de ajo y freírlos en una sartén amplia con aceite. Retirarlos y, cuando el aceite esté hirviendo, agregar el pan humedecido y triturarlo con la espumadera hasta que las migas absorban el aceite y queden de esta forma aparentemente casi secas.
3. Mientras, freír los huevos en otra sartén y, cuando las migas queden completamente despegadas las unas de las otras, servirlas en la misma sartén o cazuela utilizadas para su elaboración acompañadas con los huevos fritos.

2 de Noviembre

El menú de cada día

Hongos al horno
(pág. 88)

Callos a la madrileña
(pág. 40)

Filloas de matanza

Ingredientes para 6 personas:

* 1 l de leche
* 4 huevos
* 250 g de harina
* 1 vaso de sangre de cerdo recién sacrificado
* 1 cucharadita de canela en polvo
* un limón, manteca de cerdo, sal y azúcar

FILLOAS DE MATANZA

Tiempo de preparación: 15 minutos
Dificultad: baja

Preparación:

1. Batir bien los huevos en un recipiente hondo y echar a continuación la leche, la canela en polvo y la ralladura de la piel del limón. Añadir un poco de sal.
2. Mezclar todo bien e incorporar, poco a poco, la harina removiendo todo hasta que quede una masa homogénea y sin grumos. A continuación se le añade la sangre de cerdo y se mezcla todo bien.
3. Untar una sartén con manteca de cerdo y poner al fuego.
4. Cuando esté caliente, echar un cacito de la pasta hecha anteriormente, extendiéndola por toda la sartén.
5. Dejar cuajar bien la pasta y dejar que se doren bien por los dos lados. Esta operación se repite con todas las filloas.
6. Disponer en una fuente y espolvorear con azúcar y canela en polvo.

3 de Noviembre

El menú de cada día

Arroz con conejo a la cacereña (pág. 122)

Magras a la maña

Torrijas con paletada de miel (pág. 84)

MAGRAS A LA MAÑA

Tiempo de preparación: 1 hora
Dificultad: media

Ingredientes para 4 personas:

* 800 g de magro de jamón
* 8 tomates maduros
* 8 rebanadas finas de pan
* 1/2 vaso de vino blanco
* leche
* 1/2 cucharada de azúcar
* 2 cucharadas de vinagre
* aceite
* sal

Preparación:

1. Cortar el magro de jamón en 8 lonchas gruesas (si el magro es algo salado, remojarlo en leche fría una hora antes).
2. Rallar el tomate y freírlo en una sartén con aceite caliente.
3. En otra sartén con aceite hirviendo, dorar las magras por ambos lados. Retirarlas y en el mismo aceite, freír las rodajas de pan remojadas en un poco de leche. Retirarlas también.
4. Poner en la sartén 1/2 cucharada de azúcar, removiendo para que no se queme, y rociar con dos cucharadas de vinagre, el vino blanco y sal.
5. Disponer en una fuente para servir las magras y las rodajas de pan frito, verter toda la salsa de la sartén y colocar alrededor el puré de tomate.

4 de Noviembre

El menú de cada día

Tiznao (guiso manchego de patatas y bacalao)

Ternasco asado (pág. 115)

Mamia (Cuajada vasca) (pág. 213)

TIZNAO
(GUISO MANCHEGO DE PATATAS Y BACALAO)

Tiempo de preparación: 1 hora
Dificultad: media

Ingredientes para 6 personas:

* 2 kg de patatas
* 1/2 kg de bacalao
* 10 pimientos rojos secos
* 2 cucharadas de pimentón
* 10 cebolletas tiernas
* una cabeza de ajos, aceite y sal

Preparación:

1. Asar en plancha, en brasas u horno, los dientes de ajo, las cebollas y el bacalao.
2. Pelar las patatas y cortarlas en trozos.
3. Cocer las patatas en agua hirviendo con sal. Cuando estén cocidas escurrirlas con la espumadera.
4. En una cazuela de barro, a fuego normal, echar aceite y los pimientos sin pepitas ni rabo y cortados en trozos. Añadir a continuación las patatas.
5. Disponer encima del bacalao deshojado, las cebolletas asadas, los dientes de ajo, el pimentón y un poco de sal. Rociar con un vaso de agua y dejar la cazuela a fuego normal unos diez minutos.
6. Servir en la misma cazuela.

5 de Noviembre

El menú de cada día

Patatas a la extremeña
(pág. 202)

Capón asado
(pág. 43)

Frixuelos

Ingredientes para 4 personas:

* 1 l de leche
* 4 huevos
* harina
* azúcar
* aceite
* sal

FRIXUELOS

Tiempo de preparación: 25 minutos, más el tiempo necesario para freír los frixuelos
Dificultad: baja

Preparación:

1. En un cuenco hondo, disponer los huevos con un poco de sal. Batirlos unos instantes y agregar la leche. Seguir mezclando.
2. Añadir la harina en forma de lluvia y batir fuertemente hasta lograr una mezcla fina.
3. En una sartén caliente, con el fondo recubierto por un poco de aceite, derramar cucharadas de la masa procurando que quede bien derretida y fina.
4. Cuando esté una parte dorada, darle la vuelta y disponerlas en una fuente, espolvoreándolas con azúcar blanca molida.

6 de Noviembre

El menú de cada día

Olla de invierno
(pág. 206)

Merluza con patatas a la malagueña

Quesada aragonesa
(pág. 47)

Ingredientes para 4 personas:

* 1 merluza de 2 kg
* 500 g de patatas
* 2 cebollas y 1 diente de ajo
* 10 almendras tostadas
* tomillo, laurel, pimienta en grano, azafrán, clavo, nuez moscada, aceite y sal

MERLUZA CON PATATAS A LA MALAGUEÑA

Tiempo de preparación: 2 horas y 5 minutos
Dificultad: media

Preparación:

1. Hacer un caldo con la cabeza y la cola de la merluza, añadiéndole, además, la cebolla cortada en lonchas, el tomillo y el laurel, dejándolo cocer todo junto por espacio de una hora.
2. Quitar las espinas de la merluza y cortarla en filetes.
3. Preparar un majado con el ajo, 2 hebras de azafrán, las almendras, una pizca de clavo, la pimienta en grano y la nuez moscada.
4. Cuando esté todo bien machacado, añadir un poco de caldo.
5. Cuando le falten 15 minutos al caldo para terminar de cocer, añadirle las patatas, cortadas en rodajas.
6. En una cazuela aparte, añadir los filetes de merluza, un poco de caldo, el suficiente para que cubra el pescado. También las patatas ya cocidas, el majado y sazonar.
7. Poner la cazuela al fuego y dejar cocer todo junto por espacio de 10 minutos.
8. Servir bien caliente en la misma cazuela.

7 de Noviembre

El menú de cada día

Guiso de patatas

Pierna de cordero al horno (pág. 209)

Mantecadas borrachas (pág. 32)

Ingredientes para 4 personas:

* 2 kg de patatas
* 200 g de longaniza
* 100 g de guisantes desgranados
* 1 cebolla
* 2 dientes de ajo
* 4 huevos duros
* 1 hoja de laurel
* 8 cucharadas de queso rallado
* perejil, pimienta blanca molida, caldo, aceite de oliva y sal

GUISO DE PATATAS

Tiempo de preparación: 1 hora y 5 minutos
Dificultad: baja

Preparación:

1. Pelar las patatas, la cebolla y los dientes de ajo.
2. Cortar las patatas en rodajas, picar la cebolla, machacar los dientes de ajo con el perejil y trocear la longaniza.
3. En una sartén con aceite hirviendo, freír las patatas.
4. En un cazo con un poco de agua hirviendo con sal, cocer unos veinte minutos los guisantes.
5. Una vez fritas, poner las patatas en una cazuela de barro formando capas con la longaniza y un sofrito de cebolla, perejil, ajo, una hoja de laurel, sal, pimienta y los guisantes.
6. Recubrir por completo las patatas con caldo.
7. Poner la cazuela a fuego normal y dejarla hasta que el caldo quede bastante mermado. Espolvorear con queso y decorar con rodajas de huevo duro.
8. Introducir la cazuela en el horno durante unos 5 minutos y servir caliente.

8 de Noviembre

El menú de cada día

Verdura al ajoarriero (pág. 203)

Rape mozárabe (pág. 217)

Flaó (Torta de queso)

Ingredientes para 6 - 8 personas:

Para la masa

* 250 g de harina
* 50 g de manteca de cerdo
* 1 huevo
* 30 g de azúcar
* 1/2 dl de leche
* una pizca de sal

Para el relleno

* 400 g de queso tierno
* 250 g de azúcar y 4 huevos
* 15 hojas de hierbabuena fresca
* 1 cucharadita de anís seco

FLAÓ (TORTA DE QUESO)

Tiempo de preparación: 1 hora
Dificultad: media

Preparación:

1. Hacer un volcán con la harina y poner en el centro todos los ingredientes de la masa.
2. Trabajar primero con un tenedor y luego con las manos, hasta formar una pasta homogénea, suave y elástica. Dejar descansar 15 minutos.
3. Precalentar el horno a 160 ºC.
4. Preparar el relleno en un bol, batir un poco los huevos con el azúcar.
5. Incorporar el queso, desmenuzado, trabajar un poco y añadir las hojas de hierbabuena picadas finas y el anís; mezclar bien.
6. Extender con el rodillo la pasta preparada anteriormente, forrar un molde, de manera que cubra hasta el borde.
7. Rellenar con el preparado del queso y llevar al horno una media hora.
8. Dejar enfriar el «flaó» y espolvorear con un poco de azúcar de lustre.

9 de Noviembre

El menú de cada día

Cebollas rellenas al estilo de Cáceres
(pág. 205)

Truchas a la asturiana

Espuma de chocolate
(pág. 31)

Ingredientes para 4 personas:

* 4 truchas
* 400 g de sal
* 250 g de manteca de cerdo ahumado o grasa de tocino de jamón un poco rancio
* harina

TRUCHAS A LA ASTURIANA

Tiempo de preparación: 55 minutos
Dificultad: media

Preparación:

1. Lavar y secar las truchas.
2. En un recipiente hondo, disponer la sal.
3. En una cazuela con agua hirviendo, cocer unos minutos las truchas. Escurrirlas y dejarlas enfriar.
4. Ponerlas enseguida en el recipiente con la sal, embadurnándolas por todos los lados y dejarlas en maceración una hora.
5. Poner la grasa en una sartén amplia. Cuando esté hirviendo, freír las truchas rebozadas con harina.

10 de Noviembre

El menú de cada día

Tomatada

Bacalao a la cantábrica
(pág. 205)

Huesos de santo
(pág. 204)

Ingredientes para 4 personas:

* 1 kg de tomates maduros
* 100 g de jamón
* 100 g de chorizo de Pamplona
* 2 pimientos rojos
* aceite y sal

TOMATADA

Tiempo de preparación: 1 hora y 15 minutos
Dificultad: baja

Preparación:

1. Cortar a pequeños dados el jamón y el chorizo.
2. Asar los pimientos que han de ser carnosos, retirarles la piel, una vez fríos, y cortarlos a tiras.
3. Limpiar y trocear los tomates, sin pelar.
4. En una sartén amplia con muy poco aceite, poner los tomates troceados, el jamón y el chorizo y llevarla al fuego.
5. Cuando dé el primer hervor, tapar la sartén y dejar sobre fuego lento unos 20 minutos, vigilando no se queme por los bordes.
6. Destapar la sartén y continuar la cocción durante 10 minutos más, aproximadamente.
7. Disponer la salsa de tomates en una fuente y colocar encima las tiras de pimiento a modo de adorno según los gustos personales. Rectificar la salazón antes de servir.

11 de Noviembre

El menú de cada día

Sopa de ajo a la Tía Remigia
(pág. 211)

Truchas con aceitunas
(pág. 203)

Arroz con leche

Ingredientes para 4 personas:

* 1 l de leche fresca
* 200 g de arroz
* 100 g de azúcar
* 1 limón
* un poco de canela en rama
* canela en polvo
* sal

ARROZ CON LECHE

Tiempo de preparación: 35 minutos
Dificultad: baja

Preparación:

1. En un cazo al fuego, poner el arroz con agua que lo cubra escasamente, dejar hervir 5 minutos a fuego moderado, escurrir y refrescar.
2. Volver a poner en el cazo y verter la leche hirviendo sobre el arroz, también un pellizco de sal, el azúcar, la piel de medio limón cortada fina y la canela en rama.
3. Dejar hervir lentamente hasta que el arroz esté cocido.
4. Colocar en una fuente plana, y espolvorear con canela en polvo. Servir fresco.

12 de Noviembre

El menú de cada día

Garbanzos a la andaluza
(pág. 216)

Merluza del mesonero

Intxaursalsa
(pág. 40)

Ingredientes para 6 personas:

* 1 kg de merluza bien fresca de la parte de la cola
* 6 cucharadas de pan rallado
* 2 dientes de ajo
* aceite de oliva, perejil, sal y pimienta blanca molida

MERLUZA DEL MESONERO

Tiempo de preparación: 50 minutos
Dificultad: baja

Preparación:

1. Pelar y picar los 2 dientes de ajo.
2. Triturar el perejil.
3. Lavar debajo del grifo de agua fría la merluza y recortar un poco la punta de la cola.
4. Disponer el pescado en una fuente que pueda ir al horno. Sazonarlo con sal y pimienta, recubrirlo con pan rallado, ajo picado y perejil triturado y, finalmente, rociar con bastante aceite de oliva.
5. Introducir la merluza en horno muy suave y dejarla hasta que la piel de la parte superior quede dorada.
6. Rociar el pescado de vez en cuando con su propio jugo.
7. Puede servirse en la misma fuente.

13 de Noviembre

El menú de cada dia

Vedella amb bolets (Ternera con setas)

Maganos santanderinos (Calamares) *(pág. 212)*

Fariñes (gachas de harina de maíz) *(pág. 29)*

Ingredientes para 4 personas:

* 1 kg y 200 g de ternera de la parte de la culata
* 800 g de setas («pinetells», «rovellons», «rossinyols»)
* 1 cebolla
* 1 zanahoria
* 4 tomates maduros
* 150 g de harina
* 50 g de manteca de cerdo
* 2 dl de aceite
* sal
* 1 hoja de laurel
* pimienta en grano
* 3 clavos de especia
* 1 dl de aguardiente

VEDELLA AMB BOLETS (TERNERA CON SETAS)

Tiempo de preparación: 1 hora y 15 minutos
Dificultad: media

Preparación:

1. Cortar la carne en lonchas de unos cuarenta gramos cada una, sazonar, enharinar.
2. Freír en una sartén con manteca de cerdo y aceite mezclado. Cuando se vayan dorando, retirar y reservar.
3. En una cazuela de barro, poner el aceite sobrante de la sartén, calentar y rehogar la zanahoria cortada en rodajas finas, la cebolla cortada a la pluma y el laurel. Dejar cocer un poco y añadir los tomates en trozos.
4. Cuando esté todo bien sofrito, salpimentar, añadir los clavos de especia, el aguardiente y agua caliente hasta cubrirlo. Dejar hervir unos minutos y añadir la carne; dejar cocer poco a poco.
5. Cuando esté casi cocido, retirar del fuego. Sacar la carne y colar la salsa por el chino.
6. Poner la carne en la cazuela y derramar la salsa por encima.
7. Lavar bien las setas, cortarlas en trozos, rehogar un poco en la sartén con aceite caliente.
8. Añadir las setas a la cazuela, junto con la carne y salsa. Dejar cocer unos diez minutos todo junto.
9. Rectificar de sal.
10. Servir caliente.

14 de Noviembre

El menú de cada dia

Pringada extremeña *(pág. 153)*

Congrio con fideos *(pág. 148)*

Florones

Ingredientes para 4 personas:

* 100 g de harina
* 1 huevo
* 1/4 l de leche
* 5 cucharadas de azúcar
* raspadura de la piel de un limón
* aceite
* azúcar de lustre

FLORONES

Tiempo de preparación: 55 minutos
Dificultad: media

Preparación:

1. En un recipiente, batir el huevo junto con el azúcar. Agregar la harina, la raspadura de limón y la leche. Mezclar durante un buen rato.
2. Cuando se haya obtenido una masa ligeramente espesa, dejarla reposar unos instantes.
3. En una sartén amplia y honda con aceite abundante y muy caliente, introducir los moldes para florones. Retirarlos, una vez estén calientes.
4. Introducir los moldes en la pasta sin llegar a rellenarlos totalmente y volver a introducirlos seguidamente en el aceite hirviendo, dejándolos unos segundos hasta que la masa se desprenda del molde.
5. Una vez dorados los florones, retirarlos con una espumadera y disponerlos sobre papel absorbente.
6. Colocar las pastas en una fuente plana para servir postres y espolvorearlas con azúcar de lustre.
7. Repetir la operación hasta acabar la pasta.

15 de Noviembre

El menú de cada día

Potaje navarro
(pág. 15)

Congrio con patatas

Buñuelos de calabaza
(pág. 7)

Ingredientes para 4 personas:

* 1 trozo de congrio de unos 3/4 kg
* 1 vaso de vino blanco
* 1 hoja de laurel
* 1/2 kg de patatas
* 1 cebolla pequeña
* perejil, aceite y sal

CONGRIO CON PATATAS

Tiempo de preparación: 1 hora
Dificultad: alta

Preparación:

1. Retirar con cuidado la piel del congrio y tirarla.
2. Pelar y picar la cebolla.
3. Triturar el perejil.
4. Pelar y cortar las patatas.
5. En una fuente de barro, poner el congrio. Añadir vino y agua a partes iguales, la cebolla picada, el perejil y el laurel.
6. Media hora después, trasladar todos los ingredientes a una cazuela y disponerla a fuego normal. Cuando dé el primer hervor, rociar con aceite.
7. Veinte minutos después, retirar el pescado, cortarlo en rodajas, retirar todas las espinas y volverlo a disponer en la cazuela. Dejarlo hervir unos cinco minutos más.
8. Mientras, cocer las patatas en una olla con agua hirviendo y sal. Escurrirlas.
9. Disponer el pescado en una fuente para servir rodeado de las patatas y rociado con el caldo escurrido.

16 de Noviembre

El menú de cada día

Tomates horneados

Tronco de merluza con almejas
(pág. 215)

Compota ribereña
(pág. 18)

Ingredientes para 4 personas:

* 8 tomates grandes, rojos pero fuertes
* 4 dientes de ajo
* 1/2 dl de aceite de oliva
* un poco de miga de pan
* cebolla, un manojo de perejil, sal y pimienta

TOMATES HORNEADOS

Tiempo de preparación: 30 minutos
Dificultad: baja

Preparación:

1. Lavar bien los tomates y abrirlos por su parte más ancha, quitar las semillas y dejarlos un rato boca abajo.
2. Picar finamente el ajo y el perejil, mezclar con la miga de pan y aceite, formar una pasta que servirá de relleno.
3. Salpimentar.
4. Rellenar los tomates con el preparado.
5. Precalentar el horno, colocar los tomates en una fuente refractaria, rociar con aceite y poner al horno unos veinte minutos. Al sacarlos, espolvorear con perejil picado.
6. Servir calientes.

17 de Noviembre

El menú de cada día

Potaje andaluz
(pág. 6)

Cabrito a la castellana
(pág. 17)

Marañuelas

Ingredientes para 4 personas:

* 8 huevos
* 8 cucharadas de azúcar
* 8 cucharadas de mantequilla
* 3 copas de vino blanco de Luanco
* harina
* sal

MARAÑUELAS

Tiempo de preparación: 35 minutos
Dificultad: alta

Preparación:

1. En un recipiente hondo, batir 7 yemas de huevo y uno entero. Añadir el azúcar, la mantequilla, el vino blanco de Luanco y un poco de sal.
2. Mezclar los ingredientes y añadir harina hasta conseguir una masa consistente.
3. Después de amasada, cortar en dos partes iguales la masa y formar unas marañuelas en forma de ocho.
4. Disponerlas en una placa de pastelería para horno, llevarla a horno moderado y dejarla hasta que las marañuelas estén doradas.

18 de Noviembre

El menú de cada día

Migas de Teruel
(pág. 212)

Mero con mejillones

Flan de frutas cántabro
(pág. 151)

Ingredientes para 4 personas:

* 1/2 kg de mero
* 1/2 kg de mejillones
* 1 vaso de vino blanco
* 1/2 cucharada de pimentón
* 1 cucharada de puré de tomate
* 2 cebollas
* aceite de oliva, harina, perejil y sal

MERO CON MEJILLONES

Tiempo de preparación: 1 hora y 5 minutos
Dificultad: baja

Preparación:

1. Limpiar el pescado y cortarlo en rodajas de 1 1/2 centímetros de espesor.
2. Pelar y picar las cebollas.
3. Limpiar cuidadosamente los mejillones y abrirlos al vapor. Retirar las valvas. Picar el perejil.
4. En una cazuela amplia de barro, disponer las rodajas de pescado, junto con la cebolla, los mejillones, 2 cucharadas de puré de tomate y espolvorear con el pimentón y 2 cucharadas de harina.
5. Rociar todos los ingredientes con el vino, un buen chorro de aceite y un vasito de agua.
6. Poner la cazuela a fuego normal y dejar unos diez minutos a fuego vivo y seguidamente a fuego lento, hasta que esté todo en su punto.
7. Disponer el mero en una fuente para servir, adornar con los mejillones, recubrir con la salsa pasada por el tamiz y espolvorear con perejil picado.
8. Rectificar de sal.

19 de Noviembre

El menú de cada día

Habas con almejas

Parrillada de mariscos
(pág. 204)

Crema frita con salsa de frambuesa
(pág. 176)

Ingredientes para 6 personas:

* 600 g de habas secas
* 1 1/4 kg de almejas
* 1 pimiento rojo
* 2 tomates
* 1 cebolla grande
* 3 dientes de ajo
* 1 cucharada de pimentón dulce
* aceite
* sal

HABAS CON ALMEJAS

Tiempo de preparación: 1 hora y 40 minutos
Dificultad: baja

Preparación:

1. Poner las habas en remojo durante 12 horas (es preferible dejarlas la noche anterior).
2. En una cazuela con agua, agregar las habas y todos los demás ingredientes.
3. Dejar cocer durante una hora, a fuego lento.
4. Retirar el pimiento, el tomate, la cebolla y el ajo y pasarlo todo por el pasapurés.
5. Agregar de nuevo la salsa a las habas.
6. Cuando las habas estén tiernas, rectificar de sal y pimentón y añadir las almejas.
7. Dejar cocer hasta que se hayan abierto las almejas.

20 de Noviembre

El menú de cada día

Sopa de perdices
(pág. 177)

Sepia guisada

Crema frita
(pág. 172)

Ingredientes para 6 personas:

* 1 1/2 kg de sepia
* 3 cebollas, 3 tomates y 3 patatas
* 4 dientes de ajo
* 1 pimiento rojo
* 1 hoja de laurel
* caldo de gallina, sal, perejil y aceite

SEPIA GUISADA

Tiempo de preparación: 1 hora
Dificultad: media

Preparación:

1. Limpiar bien la sepia y cortarla en dados.
2. Picar las cebollas, los ajos, trocear el pimiento, trinchar el perejil y triturar los tomates.
3. En una cazuela con aceite caliente, sofreír las cebollas, los ajos, el pimiento, el perejil, los tomates y el laurel.
4. Dejar cocer hasta conseguir una salsa homogénea. Remover con una espátula de vez en cuando.
5. Añadir los dados de sepia, sazonar y añadir poco a poco el caldo.
6. Pelar y lavar las patatas. Cortarlas en dados y sazonar.
7. Cuando falten 20 minutos para el final de la cocción, añadir las patatas y dejar cocer.
8. Servir caliente y en la misma cazuela.

21 de Noviembre

El menú de cada día

Potaje de lentejas con tropezones de cerdo
(pág. 9)

Lomo de ternera al vino

Confitura de higos
(pág. 173)

LOMO DE TERNERA AL VINO

Tiempo de preparación: 40 minutos
Dificultad: baja

Ingredientes para 4 personas:

* 1 trozo de lomo de unos 600 g
* 1 kg de patatas
* 1 vaso de vino blanco
* mantequilla
* aceite
* sal

Preparación:

1. Espolvorear la carne con sal.
2. En una cazuela con aceite caliente, dorar por ambos lados el lomo.
3. Disponer la carne en una fuente para horno y rociarla con el jugo de su cocción. Llevarla a horno normal y dejarla unos 20 minutos.
4. Al cabo de ese tiempo, rociarla con el vino blanco y dejarla en el horno hasta que quede en su punto.
5. En una sartén con mantequilla derretida, añadir el jugo de cocción de la carne y darle unos hervores.
6. Disponer la carne cortada en rodajas en una fuente para servir, rociar con la salsa y acompañar con patatas fritas.

22 de Noviembre

El menú de cada día

Tumbet mallorquí (verduras en cazuela)

Truchas rellenas con queso de Cantabria y anchoas
(pág. 206)

Coquillos
(pág. 94)

TUMBET MALLORQUÍ (VERDURAS EN CAZUELA)

Tiempo de preparación: 1 hora y 15 minutos
Dificultad: baja

Ingredientes para 4 personas:

* 1/2 kg de patatas
* 1/2 kg de berenjenas
* 1/2 kg de pimientos verdes
* 1 kg de tomates maduros
* 4 dientes de ajo
* 1/2 l de aceite
* 1 cucharadita de azúcar
* perejil, sal, pimienta y huevos

Preparación:

1. Pelar las patatas, pasarlas por agua y cortarlas en rodajas de un centímetro.
2. Lavar bien las berenjenas y, sin pelar, cortarlas también en rodajas, ponerlas en una escurridera y espolvorearlas con sal; dejarlas una hora, aproximadamente.
3. Escaldar los tomates en agua hirviendo durante un rato para que la piel salte más fácilmente, pelarlos y picarlos pequeños.
4. Mientras, en aceite caliente, freír las patatas, salpimentarlas y colocarlas ordenadamente en una cazuela de barro.
5. Pasada la hora, secar las berenjenas (que ya habrán soltado el agua) con un paño de cocina; en el mismo aceite de las patatas, freír las berenjenas, escurrir bien y colocarlas sobre las patatas.
6. Bajar un poco el fuego y freír los pimientos, lavados, quitado el péndulo y semillas y troceados, removiendo con cuidado para que no se quemen. Escurrir y poner en la cazuela sobre las berenjenas. Salpimentar.
7. Quitar un poco de aceite de la sartén, si vemos que es excesivo; rehogar a fuego lento los ajos y perejil finamente picados y, cuando empiecen a tomar color, agregar los tomates ya preparados. Dejar cocer a fuego medio, removiendo a menudo, poner sal y una cucharadita de azúcar.
8. Cuando la salsa esté en su punto, verter por encima de las verduras. Adornar con rodajas de huevo duro bien finas.
9. Servir. Se puede tomar como más apetezca: al gusto, caliente, tibio o bien frío.

23 de Noviembre

El menú de cada día

Arròs negre
(Arroz negro)
(pág. 30)

Salmón al vino tinto de Liébana
(pág. 211)

Carbayón

Ingredientes para 4 personas:

* 1/2 kg de harina
* 1/2 kg de azúcar
* 200 g de almendras tostadas
* 8 huevos
* 1 copa de licor
* mantequilla

Pasta de hojaldre

* 1/2 kg de harina
* 1 cucharada de sal
* 1/2 kg de mantequilla
* 1 tacita de agua

CARBAYÓN

Tiempo de preparación:
1 hora más el tiempo de cocción del hojaldre
Dificultad: alta

Preparación:

1. Preparar la masa de hojaldre.
2. Pelar las almendras y machacarlas en un mortero hasta que queden muy molidas.
3. Separar las yemas de las claras de huevo.
4. En un recipiente, batir las yemas y, antes de terminar, añadir 6 cucharadas de azúcar. Seguir batiendo hasta que quede una mezcla espesa.
5. Aparte, proceder de igual forma con las claras.
6. Juntar las dos mezclas y agregar la almendra, 10 cucharadas de harina, 100 gramos de mantequilla derretida al calor y el licor.
7. Mezclar todos los ingredientes durante unos tres minutos aproximadamente.
8. Estirar con el rodillo la masa de hojaldre, rellenar unos moldes especiales para este dulce, de forma alargada, con la masa y disponer dentro el preparado anterior.
9. Colocar los moldes en una placa de horno para pasteles.
10. Llevar la placa a horno moderado y retirar cuando el hojaldre esté en su punto.
11. Dejar enfriar los carbayones, sacarlos del molde y disponerlos en otro de papel rizado. Bañarlos con cobertura de pastelería.

Preparación de la pasta de hojaldre:

1. Sobre la mesa de cocina, poner la harina, formar un hueco en el centro y espolvorear con sal.
2. Rociar con agua y amasar.
3. Aplanar la masa con el rodillo, extender en el centro pedacitos de mantequilla y unir los bordes hasta recubrir la mantequilla.
4. Aplastar de nuevo con el rodillo hasta formar un rectángulo; doblarlo en forma de cuadro. Repetir la operación unas cuantas veces, cuidando que la mantequilla no se salga de la masa.
5. Dejar reposar la pasta y repetir la operación unas seis veces más.

24 de Noviembre

El menú de cada día

Sopa de vigilia
(pág. 217)

Ostras a la pimienta negra

Orejones de Navidad
(pág. 216)

Ingredientes para 4 personas:

* 24 ostras
* 2 cebollas
* pimienta negra, vinagre, limón y sal

OSTRAS A LA PIMIENTA NEGRA

Tiempo de preparación: 45 minutos
Dificultad: media

Preparación:

1. Abrir y vaciar las ostras; colocarlas en un colador de alambre tupido.
2. Sumergir el colador en agua hirviendo con un poco de sal, durante 4 o 5 segundos.
3. Retirar el colador, dejar escurrir las ostras y ponerlas a enfriar en agua con hielo.
4. Colocarlas en un recipiente de cristal y sazonar con la pimienta.
5. Añadir la cebolla picada muy fina, el vinagre y el limón.
6. Dejar reposar unas dos horas dentro del frigorífico, sobre hielo picado.
7. Servir en el mismo recipiente de cristal encima del hielo picado.

25 de Noviembre

El menú de cada día

Garbanzos con chorizo

Rabas fritas (calamares) (pág. 210)

Compota de Navidad (pág. 215)

Ingredientes para 6 personas:

* 1/2 kg de garbanzos
* 1/2 kg de patatas
* 100 g de jamón magro
* 100 g de tocino
* 3 chorizos
* una pizca de azafrán
* sal

GARBANZOS CON CHORIZO

Tiempo de preparación: 10 minutos, más el tiempo de cocción de los garbanzos
Dificultad: baja

Preparación:

1. Pelar y trocear las patatas.
2. Cortar el jamón en cuadraditos.
3. Cortar el tocino en tiras.
4. Poner a cocer los garbanzos en una olla junto con el jamón y el tocino. Espolvorear con el azafrán y la sal.
5. Cuando los garbanzos empiecen a ablandarse, añadir las patatas y dejarlas unos veinte minutos.
6. En un puchero aparte, cocer los chorizos.
7. Diez minutos antes de retirar la cazuela del fuego, cuando los garbanzos estén tiernos pero no deshechos y las patatas en su punto, añadir los chorizos con un poco de su jugo.
8. Escurrir el guiso, servir en una fuente los garbanzos y sus ingredientes y decorar con los chorizos.

26 de Noviembre

El menú de cada día

Caldereta mallorquina (pág. 12)

Vieiras al natural

Peras al vino tinto (pág. 25)

Ingredientes para 4 personas:

* 8 vieiras
* 1 cebolla
* vinagre, aceite y sal

VIEIRAS AL NATURAL

Tiempo de preparación: 25 minutos
Dificultad: baja

Preparación:

1. Limpiar y abrir las vieiras desechando la tapa plana.
2. Disponerlas en una placa para horno.
3. Encima de las vieiras agregar la cebolla, previamente picada, un chorrito de vinagre, un poco de aceite y sal.
4. Introducir la placa en el horno a temperatura baja y mantenerla durante 15 minutos, aproximadamente.
5. Las vieiras deben llegar a la mesa aún calientes.

27 de Noviembre

El menú de cada día

Calabacines a la marinera (pág. 13)

Congrio en salsa marinera

Emparedados de membrillo y queso (pág. 26)

Ingredientes para 4 personas:

* 3/4 kg de congrio
* 4 dientes de ajo
* 1 vasito de vino blanco
* 1/4 kg de tomates maduros
* aceite de oliva, pimienta molida, sal y perejil

CONGRIO EN SALSA MARINERA

Tiempo de preparación: 1 hora y 30 minutos
Dificultad: media

Preparación:

1. Cortar el congrio en cuatro raciones.
2. Pelar y picar los dientes de ajo.
3. Triturar el perejil.
4. Escaldar los tomates, retirarles la piel y triturarlos.
5. Verter aceite en una cazuela plana de barro y disponer en ella el tomate, el ajo y el perejil. Colocar seguidamente los cuatro pedazos de congrio, recubrir con una capa de tomate, perejil y ajo, salpimentar y rociar con el vino blanco y un chorrito de aceite.
6. Disponer la cazuela al fuego. Cuando dé el primer hervor, retirarla; llevarla al horno hasta que acabe la cocción del guiso.
7. Regar de vez en cuando el pescado con su propio jugo para que no se reseque la piel y la carne quede impregnada con su sabor.
8. Servir caliente en la misma cazuela.

28 de Noviembre

El menú de cada día

Tupí d'hivern (Olla de invierno)

Salmón al estilo de Limpias (pág. 208)

Tarta de queso fresco con salsa de arándanos (pág. 34)

Ingredientes para 4 personas:

* 2 zanahorias, 2 puerros, 2 ajos y 2 patatas
* 4 ramas de apio
* 1/2 col de olla, 1/2 cebolla y 1/2 chirivía
* 1/2 pollo, 1/2 butifarra blanca y 1/2 butifarra negra
* 1 codillo de jamón fresco
* 1 hueso de ternera
* un puñado de arroz
* 1 puñado de fideos gruesos
* aceite, agua y sal

TUPÍ D'HIVERN (OLLA DE INVIERNO)

Tiempo de preparación: 60 minutos
Dificultad: media

Preparación:

1. Pelar y lavar todas las verduras. Cortarlas en cuadrados pequeños.
2. Calentar aceite en una cacerola honda y sofreír todas las verduras.
3. Antes de que se doren, añadir los huesos de jamón y de ternera y el pollo cortado a trozos; dejar sofreír un poco y añadir agua hasta cubrirlo escasamente. Dejar hervir tapado unos treinta minutos.
4. Pasado este tiempo, añadir las butifarras, los fideos y el arroz, tapar nuevamente y dejar cocer 15 minutos más.
5. Comprobar la sal.
6. Retirar todos los huesos.
7. Servir con el pollo desmenuzado y las butifarras cortadas en cuatro trozos, uno por plato.

El menú de cada día

Cordero con verduras
(pág. 179)

Hígado con cebolla
(pág. 82)

Flan de manzana

Ingredientes para 6 personas:

* 1 kg de manzanas
* 300 g de azúcar
* 6 huevos
* 100 g de mantequilla
* 1 dl de vino blanco
* 1 limón
* 30 g de azúcar para caramelizar el molde

FLAN DE MANZANA

Tiempo de preparación: 1 hora y 30 minutos
Dificultad: media

Preparación:

1. Pelar las manzanas, partirlas y quitarles las semillas y frotarlas con limón.
2. En un cazo al fuego, poner la mantequilla junto con las manzanas troceadas y el vino blanco; remover constantemente para que no se peguen.
3. Cuando estén blandas las manzanas, unos diez minutos, pasarlas por el pasapurés, obteniendo así un puré fino y seco.
4. Batir los huevos con el azúcar, hasta que forme relieve, añadir el puré y mezclar muy bien todos los ingredientes.
5. Caramelizar el fondo de un molde rectangular con un poco de azúcar, y verter en él la preparación.
6. Precalentar el horno y cocer el flan al baño María unos cuarenta y cinco minutos, hasta que esté cuajado.
7. Desmoldar cuando aún esté tibio, dejar enfriar y cortar en rebanadas. Servir bien fresco. Se puede acompañar con nata.

El menú de cada día

Almejas a la marinera
(pág. 84)

Ostras fritas

Polvorones
(pág. 210)

Ingredientes para 6 personas:

* 36 ostras grandes
* harina de maíz
* 1 limón
* 2 huevos
* aceite
Para acompañar
* 1 botella de salsa especiada

OSTRAS FRITAS

Tiempo de preparación: 55 minutos
Dificultad: media

Preparación:

1. Abrir las ostras y separar la carne de las valvas.
2. Las valvas deben limpiarse muy bien; luego se secarán y reservarán.
3. Rociar la carne de las ostras con un chorrito de zumo de limón.
4. Pasarlas por huevo batido y la harina de maíz.
5. En una sartén con aceite muy caliente freiremos las ostras rebozadas y dejaremos que se doren.
6. Retirarlas procurando que escurran el aceite.
7. Colocar cada ostra en su concha y servirlas en platos individuales.
8. En una salsera aparte serviremos la salsa especiada.

Diciembre

1 de Diciembre

El menú de cada día

Patatas a la extremeña

Cochifrito
(pág. 49)

Roscos de vino
(pág. 54)

Ingredientes para 4 personas:

* 2 kg de patatas harinosas
* 100 g de chorizo extremeño
* 1 pimiento rojo
* 1 pimiento verde
* 2 dientes de ajo
* 1/2 cucharada de pimentón
* 1 hoja de laurel
* aceite y sal

PATATAS A LA EXTREMEÑA

Tiempo de preparación: 1 hora y 10 minutos
Dificultad: baja

Preparación:

1. Pelar las patatas y cortarlas a trozos irregulares; cortar a cuadrados los pimientos y a rodajas el chorizo y machacar los dientes de ajo pelados.
2. En una cazuela de barro, disponer el aceite, los pimientos, las patatas, la hoja de laurel, sal y pimentón, y rociar con agua hasta cubrir las patatas.
3. Poner la cazuela sobre el fuego y, cuando dé el primer hervor, añadir los ajos machacados; mantener sobre fuego normal durante 30 minutos.
4. Colocar las rodajas de chorizo sobre las patatas, tapar la cazuela y dejar a fuego vivo 10 minutos más.
5. Servir en la misma cazuela.

2 de Diciembre

El menú de cada día

Pastel de setas y espárragos trigueros
(pág. 84)

Bocartes al ajillo

Tarta de Sacromonte
(pág. 77)

Ingredientes para 4 personas:

* 700 g de bocartes
* 4 dientes de ajo
* 2 dl de vino blanco
* 1 cucharada de vinagre
* un trozo de guindilla, perejil, aceite y sal

BOCARTES AL AJILLO

Tiempo de preparación: 35 minutos
Dificultad: baja

Preparación:

1. Limpiar los bocartes sin utilizar agua, solamente pasándoles papel de cocina. Salar.
2. Cubrir el fondo de una cazuela plana de barro con el aceite, añadir los dientes de ajo pelados y troceados y la guindilla. Dorar ligeramente, sacudir la cazuela y disponer los bocartes.
3. Dejar que se hagan a fuego lento sacudiendo la cazuela de vez en cuando.
4. Verter el vino blanco y el vinagre, tapar la cazuela y dejar durante unos minutos.
5. Espolvorear con el perejil picado y servir en la misma cazuela.

3 de Diciembre

El menú de cada día

Vedella amb bolets
(Ternera con setas)
(pág. 190)

Truchas con aceitunas

Tarta de mirabeles
(Fruta típica gallega)
(pág. 78)

Ingredientes para 4 personas:

* 4 truchas de 250 g cada una
Para la salsa
* 1 cebolla tierna
* 100 g de aceitunas deshuesadas
* 1 cucharada sopera de vinagre
* 1 dl de aceite de oliva
* sal
* pimienta
Para el caldo de cocción
* 1 cebollita
* 1 zanahoria
* 1 hoja de laurel
* perejil
* tomillo
* 8 granos de pimienta
* 2 l de agua
* 1/2 dl de vinagre
* sal

TRUCHAS CON ACEITUNAS

Tiempo de preparación: 55 minutos
Dificultad: baja

Preparación:

1. Preparar el caldo de cocción con todos los ingredientes indicados. Aproximadamente, mantener durante unos 30 minutos a partir del primer hervor.
2. Limpiar las truchas e introducirlas, bien limpias, en el caldo y dejar cocer 10 minutos más. A continuación, retirar del fuego y dejar que se enfríen dentro del caldo de cocción.
3. Escurrir las truchas y disponerlas cuidadosamente en una fuente de servir.
4. Picar bien las aceitunas y la cebolla tierna, ponerlas en un bol y mezclarlas con el aceite y el vinagre; salpimentar a continuación según el gusto personal.
5. Servir las truchas frías, rociadas con la salsa.
6. Pueden acompañarse, en una fuente aparte, con patatas simplemente cocidas al vapor o con una buena ensalada.

4 de Diciembre

El menú de cada día

Verdura al ajoarriero

Fardeles
(pág. 88)

Buñuelos de san José
(pág. 51)

Ingredientes para 4 personas:

* 1 coliflor bien blanca, de 1 kg, aproximadamente
* 1/2 cucharada de pimentón dulce
* 4 dientes de ajo
* 1 cucharada de vinagre
* aceite de oliva, sal y perejil

VERDURA AL AJOARRIERO

Tiempo de preparación: 55 minutos
Dificultad: media

Preparación:

1. Cortar a ras el tronco de la coliflor. Separar los ramilletes y ponerla a cocer en una cazuela con agua hirviendo y sal, durante unos veinte minutos. Escurrirla y dejarla en una fuente.
2. Pelar un diente de ajo y machacarlo en un mortero con un poco de perejil. Rociar con un poco de caldo de la cocción de la coliflor.
3. En una sartén con aceite caliente, dorar los 3 dientes de ajo pelados, retirarlos y, en el aceite restante, con la sartén fuera del fuego, diluir el pimentón y rociar enseguida con una cucharada de vinagre.
4. Añadir al sofrito de la sartén el majado del mortero, mezclar y verter sobre la coliflor.
5. Servir enseguida.

5 de Diciembre

El menú de cada día

Tupí d'hivern
(olla de invierno)
(pág. 197)

Codornices a las uvas
(pág. 50)

Huesos de santo

Ingredientes para 4 personas:

* 250 g de almendras tostadas
* 250 g de azúcar
* 1 vaso pequeño de agua
* 2 claras de huevo
* 1 limón
* 3 cucharadas de azúcar para glasear
* miel

HUESOS DE SANTO

Tiempo de preparación: 55 minutos
Dificultad: alta

Preparación:

1. Exprimir el limón y conservar el zumo.
2. En un mortero, machacar las almendras desprovistas de su cáscara hasta convertirlas en harina.
3. En un cazo con el vaso de agua, el azúcar y unas gotas de limón, formar un almíbar dejando el cazo a fuego lento.
4. Añadir al almíbar las almendras y las claras de huevo y dejar a fuego lento unos cinco minutos removiendo continuamente.
5. Espolvorear la mesa o el mármol de cocina con azúcar para glasear y extender encima la masa.
6. Dejarla enfriar y cortarla en tiras de unos seis centímetros de largo por 4 centímetros de ancho.
7. Enrollar los rectángulos de masa en un canuto para pastelería.
8. Disponer los rollos en una fuente y llevarla al horno durante unos minutos, hasta que la masa quede compacta, tostada y bien enrollada en los tubos.
9. Rellenarlos con un poco de miel. En vez de rellenarlos, puede también untarse la superficie con la misma miel.

6 de Diciembre

El menú de cada día

Habas con almejas
(pág. 193)

Parrillada de mariscos

Roscón de Almería
(pág. 52)

Ingredientes para 6 personas:

* 600 g de almejas
* 750 g de gambas
* 750 g de langostinos
* 1 kg de nécoras
* 1 kg de santiaguiños
* 1 kg de cigalas
* 1 bogavante de 800 g
* 1 langosta de 800 g
* 600 g de camarones
* 1/2 lechuga
* un limón, un manojo de perejil, aceite y sal

PARRILLADA DE MARISCOS

Tiempo de preparación: 35 minutos
Dificultad: baja

Preparación:

1. Partir las nécoras en cuatro partes cada una.
2. Partir por la mitad los santiaguiños, las cigalas, el bogavante y la langosta.
3. Ponerle sal a todas las piezas.
4. Disponer todas las piezas sobre una plancha muy caliente y con un poco de aceite.
5. Para cocer la langosta se necesitan 20 minutos; en cambio, las demás piezas se pueden cocer en sólo 10 minutos.
6. En otra plancha, disponer las almejas y las nécoras. Colocar un punto de sal y, al cabo de 10 minutos, retirarlas del fuego.
7. Una vez que tengamos cocido todo, disponemos todas las piezas en una fuente y decoramos con rodajas de limón, perejil picado y algunas hojas de lechuga.

7 de Diciembre

El menú de cada día

Cebollas rellenas al estilo de Cáceres

Merluza del mesonero (pág. 189)

Yemas de santa Teresa (pág. 120)

Ingredientes para 4 personas:

* 12 cebollas grandes
* 12 lonchas de tocino
* 200 g de carne picada
* 1 huevo
* 3 cucharadas de leche
* pimienta
* aceite
* sal

CEBOLLAS RELLENAS AL ESTILO DE CÁCERES

Tiempo de preparación: 2 horas
Dificultad: media

Preparación:

1. En una sartén con aceite, saltear la carne picada; retirarla y disponerla en una fuente para mezclarla con el huevo crudo, sal y pimienta.
2. Pelar las cebollas y vaciarlas formando un hueco en el centro; rellenarlas con la mezcla de carne.
3. En el aceite restante de freír la carne, rehogar las lonchas de tocino; retirar el tocino de la sartén y dorar las cebollas por todos los lados.
4. Disponer las cebollas en una cazuela, una al lado de la otra; añadir el jugo de freírlas, y cocerlas a fuego lento y con la cazuela tapada.
5. Pasada una hora, rociar con unas cucharadas de leche, dejar la cazuela a fuego vivo durante unos minutos; servir.

8 de Diciembre

El menú de cada día

Titaina (pimiento, tomate y atún) (pág. 117)

Bacalao a la cantábrica

Confitura de calabaza (pág. 170)

Ingredientes para 4 personas:

* 1/2 kg de bacalao seco
* 2 cebollas y 2 dientes de ajo
* un limón, perejil y sal
* 200 g de harina
* 1 dl de vino blanco
* 2 dl de agua
* 3 dl de aceite de oliva

BACALAO A LA CANTÁBRICA

Tiempo de preparación: 1 hora
Dificultad: baja

Preparación:

1. Poner en remojo el bacalao 24 horas antes de su preparación, cambiando el agua varias veces. Comprobar el punto de salazón, cortar en cuadrados y enharinar.
2. En una cazuela de barro con aceite caliente, dorar las cebollas cortadas finas, a fuego lento. Añadir una cucharada de harina, remover y dejar rehogar bien. Verter el vino y el agua; dejar hervir durante 5 minutos.
3. En un mortero, picar los dientes de ajo y un ramito de perejil, diluir con zumo de limón y verter en la cazuela. Evitar que se enganche la salsa. Incorporar el bacalao.
4. Dejar cocer lentamente unos 20 minutos. Comprobar el punto de sal y servir bien caliente.

9 de Diciembre

El menú de cada día

Huevos rellenos
(pág. 34)

Truchas rellenas con queso de Cantabria y anchoas

Calabazate cocido
(pág. 125)

Ingredientes para 4 personas:

* 4 truchas de aproximadamente 200 g cada una
* 250 g de queso de Cantabria
* 8 filetes de anchoa
* 4 escalonias
* 200 g de judías tiernas
* tomillo
* pimienta verde molida
* 25 g de mantequilla
* aceite
* sal

TRUCHAS RELLENAS CON QUESO DE CANTABRIA Y ANCHOAS

Tiempo de preparación: 40 minutos
Dificultad: media

Preparación:

1. Limpiar cuidadosamente las truchas, abrirlas por la parte del vientre y sacarles las espinas, sin estropearlas. Salpimentarlas.
2. Cortar el queso en lonchas finas y rellenar las truchas, colocando los filetes de anchoa entre medio del queso.
3. Cortar las judías tiernas en juliana fina y hervirlas unos 10 minutos en agua.
4. Pelar, picar pequeñas y rehogar en una sartén con aceite las escalonias. Cuando empiecen a tomar color, añadir las judías tiernas bien escurridas; aromatizar con el tomillo. Retirar y escurrir el aceite.
5. Preparar 4 cuadrados de papel de aluminio de unos 40 cm de lado cada uno.
6. Untar con un poco de mantequilla cada papel, repartir las verduras entre los 4 y colocar una trucha encima de cada uno.
7. Cerrar bien los dos extremos del papel de aluminio para que no salga el vapor. Seguidamente, introducir en el horno precalentado.
8. Cuando el papel esté bien hinchado (lo que sucederá aproximadamente a los 10 minutos) sacar del horno y servir.

10 de Diciembre

El menú de cada día

Olla de invierno

Merluza a la baturrica
(pág. 175)

Seguillos
(pág. 119)

Ingredientes para 8 personas:

* 1/4 kg de garbanzos
* 1 punta de jamón magro de unos 200 g
* 300 g de carne de ternera sin hueso
* 150 g de tocino
* 6 costillas de cerdo cortadas por la mitad
* 2 morcillas de la matanza
* 4 puerros
* 3 zanahorias
* 4 dientes de ajo
* 2 cebollas grandes
* sal

OLLA DE INVIERNO

Tiempo de preparación: 2 horas y 30 minutos
Dificultad: baja

Preparación:

1. Poner en remojo los garbanzos la víspera.
2. Cortar en trozos pequeños la carne, el tocino y el jamón.
3. Pelar y picar finamente las cebollas, los puerros, las zanahorias y los dientes de ajo.
4. En una olla grande con bastante agua hirviendo y sal (dos litros y medio) cocer los garbanzos con las carnes, las verduras y las morcillas.
5. Dejar la olla a fuego muy lento hasta que los garbanzos estén muy tiernos y las carnes blandas.
6. Retirar del fuego cuando el caldo esté muy espeso.
7. Servir bien caliente.

11 de Diciembre

El menú de cada día

Sopa a la muña
(pág. 36)

Marmita de bonito
(pág. 177)

Turrón de guirlache

Ingredientes para 4 personas:

* 500 g de azúcar
* 100 g de piñones
* 100 g de manteca
* aceite

TURRÓN DE GUIRLACHE

Tiempo de preparación: 25 minutos
Dificultad: media

Preparación:

1. En un cazo, disponer la manteca y el azúcar y dejarlo cocer a fuego lento.
2. Cuando la mezcla quede líquida y el azúcar absorbido, agregar los piñones.
3. Revolver continuamente con una espátula de madera hasta que el azúcar adquiera un tostado oscuro.
4. Untar el mármol de la cocina con un poco de aceite y verter encima el guirlache líquido.
5. Aplanar con un rodillo untado con aceite y dejarlo del grosor de un centímetro.
6. Antes de que se enfríe la mezcla, cortar la masa en tiras de unos ocho centímetros de largo por tres de ancho.

12 de Diciembre

El menú de cada día

Pimientos rellenos
(pág. 61)

Pulpo al ajoarriero

Torositas
(pág. 116)

Ingredientes para 4 personas:

* 1 kg de pulpo
* 1 cebolla
* 6 dientes de ajo
* pimentón picante, pimienta, aceite y sal
* 2 cucharadas de vinagre

PULPO AL AJOARRIERO

Tiempo de preparación: 30 minutos, más el tiempo de cocción del pulpo
Dificultad: baja

Preparación:

1. Golpear fuertemente el pulpo con un mazo para ablandarlo.
2. En una olla al fuego con mucha agua, poner 1 cebolla cortada pequeña. Cuando el agua hierva, hay que introducir el pulpo y sacarlo en seguida. repitiendo la operación tres o cuatro veces.
3. Cuando vuelva a hervir el agua, dejar el pulpo dentro y cocer hasta que esté tierno. Escurrir y cortar el pulpo en tiras de unos 2 cm. A continuación, colocarlo en una cazuela de barro.
4. En un cazo con aceite caliente, rehogar los dientes de ajo picados; retirar el cazo del fuego y añadir el pimentón picante. Poner de nuevo al fuego y verter el vinagre.
5. Rociar con este refrito el pulpo, sazonarlo con sal y pimienta, darle unas vueltas y servir.

13 de Diciembre

El menú de cada día

Pote de patatas

Merluza al horno
(pág. 178)

Tocinillo de cielo a la crema de frambuesas
(pág. 113)

Ingredientes para 4 personas:

* 1 1/2 kg de patatas
* 1/2 kg de carne de ternera
* 1 chorizo
* 100 g de tocino
* 1 pimiento
* 1/4 kg de zanahorias
* 1 cebolla
* 1/4 kg de tomate triturado
* 1/2 cucharada de pimentón
* 1 diente de ajo
* 1 vaso de vino blanco
* 2 huevos duros
* una pizca de azafrán
* perejil
* aceite
* sal

POTE DE PATATAS

Tiempo de preparación: 2 horas
Dificultad: media

Preparación:

1. Trocear la carne.
2. Pelar y picar la cebolla.
3. Machacar en un mortero el diente de ajo pelado.
4. Cortar el chorizo y el tocino en trozos pequeños.
5. Picar el pimiento y el perejil.
6. Pelar las patatas y cortarlas en cuadrados.
7. Pelar los huevos duros y cortarlos en cuartos a lo largo.
8. En una cazuela grande y plana con aceite hirviendo, dorar la carne. Añadir un poco de ajo machacado, el chorizo y tocino y un poco de cebolla picada.
9. Una vez rehogado todo, añadir el tomate triturado, el pimiento, y ajo y perejil machacados desleídos en vino blanco. Espolvorear con pimentón.
10. Dejar la cazuela a fuego lento durante unos tres cuartos de hora. Añadir las patatas, remover y agregar a continuación las zanahorias cortadas en rodajas.
11. Cubrir todos los ingredientes con agua hirviendo y un poco de azafrán. Espolvorear con sal y dejar a fuego lento hasta que la carne, las zanahorias y las patatas estén en su punto.
12. Antes de servir, adornar con los cuartos de huevo duro.

14 de Diciembre

El menú de cada día

Setas con salsa de almendras
(pág. 168)

Salmón al estilo de Limpias

Picardías de Lorca
(pág. 112)

Ingredientes para 4 personas:

* 4 rodajas de salmón de 150 g cada una
* 4 lonchas finas de jamón
* 1 diente de ajo
* 100 g de miga de pan rallado
* un limón, pimienta blanca, un manojo de perejil, aceite y sal

SALMÓN AL ESTILO DE LIMPIAS

Tiempo de preparación: 35 minutos
Dificultad: baja

Preparación:

1. Pasar un trapo húmedo por las rodajas de salmón, sazonar con sal y pimienta, y rociar con zumo de limón.
2. Colocarlas en una fuente un poco honda, regar con un poco de aceite, dejar macerar unos 20 minutos.
3. En un bol, mezclar la miga de pan con el jamón cortado pequeño y el ajo y el perejil muy picados.
4. Unos 25 minutos antes de servir el pescado, rebozar las rodajas de salmón con el picadillo preparado en el bol.
5. Seguidamente, asar el pescado en una parrilla a fuego vivo durante 2 o 3 minutos por cada lado.
6. Disponer el salmón en una fuente, rociar con zumo de limón y servir.

15 de Diciembre

El menú de cada día

Sopa de castañas
(pág. 171)

Pierna de cordero al horno

Rejanes
(pág. 175)

Ingredientes para 6 personas:

* 1 pierna de cordero lechal de 1 1/2 kg, aproximadamente
* 50 g de manteca de cerdo
* 1/2 dl de aceite de oliva
* 1 copa de brandy
* sal
* pimienta

PIERNA DE CORDERO AL HORNO

Tiempo de preparación: 40 minutos
Dificultad: baja

Preparación:

1. Untar la pierna de cordero con la manteca de cerdo y salpimentar generosamente.
2. Colocar la pierna de cordero en una bandeja refractaria, rociar con el aceite de oliva e introducirla en el horno ya caliente, a 220 °C.
3. Cuando esté exteriormente dorada, regar con la copa de brandy y con su propio jugo.
4. Moderar la temperatura del horno y continuar rociando la pierna de cordero con su salsa.
5. Retirar del horno después de un total de 30 minutos de cocción.
6. Este plato se puede servir acompañado de una buena ensalada o de puré de patata.

16 de Diciembre

El menú de cada día

Lentejas manchegas

Perdices con chocolate
(pág. 106)

Teresicas
(pág. 160)

Ingredientes para 6 personas:

* 1/2 kg de lentejas
* 2 huevos
* 1 cebolla grande
* aceite, vinagre, perejil, sal y pimienta

LENTEJAS MANCHEGAS

Tiempo de preparación: 1 hora y 10 minutos
Dificultad: baja

Preparación:

1. Poner en remojo las lentejas la víspera.
2. Pelar y triturar la cebolla.
3. Picar finamente el perejil.
4. En una cazuela con agua fría, cocer las lentejas. Espolvorearlas con sal, pimienta y escurrirlas. Conservar el caldo.
5. En una cazuela con aceite caliente, rehogar la cebolla y el perejil. Añadir las lentejas escurridas y rehogar unos instantes. Rociarlas con un poco de su caldo y dejarlas a fuego lento unos quince minutos.
6. Aparte, separar las yemas de los huevos y batirlas con una cucharada de vinagre. Echar la mezcla sobre las lentejas antes de retirarlas del fuego y servirlas en la misma cazuela.

17 de Diciembre

El menú de cada día

Revuelto de grelos y gambas (pág. 156)

Langostinos al ajo (pág. 160)

Polvorones

Ingredientes para 6 personas:

* 600 g de harina
* 250 g de azúcar de lustre
* 1 limón
* 1 copa de aguardiente
* 200 g de manteca de cerdo
* canela

POLVORONES

Tiempo de preparación: 1 hora y 20 minutos
Dificultad: alta

Preparación:

1. Verter la harina en una bandeja para horno y tostarla a temperatura media, cuidando que no se queme.
2. Cuando empiece a tomar color, retirar del horno y dejar que se enfríe.
3. Hacer un volcán con la harina tostada y agregar en el centro la manteca, el azúcar, la canela, el zumo y la raspadura del limón y la copa de aguardiente.
4. Amasar y hacer una bola. Tapar la masa con un paño y dejar reposar durante una hora.
5. Espolvorear el mármol con harina tostada y extender la masa con la ayuda de un rodillo, hasta conseguir un centímetro de grosor.
6. Con un molde o vaso de cinco centímetros de diámetro, cortar la pasta.
7. Distribuir la pasta en una fuente para horno, previamente espolvoreada con harina.
8. Llevar la fuente al horno y dejar cocer a temperatura media hasta que se doren (veinticinco minutos, aproximadamente).
9. Dejar enfriar en la misma fuente, espolvorear con azúcar de lustre y envolver con papel de seda cada polvorón.

18 de Diciembre

El menú de cada día

Judías de la huerta con almejas (pág. 155)

Rabas fritas (calamares)

Buñuelos de manzanas (pág. 158)

Ingredientes para 4 personas:

* 600 g de rabas
* 2 dientes de ajo
* 150 g de harina
* 100 g de pan rallado
* un limón, aceite y sal

RABAS FRITAS (CALAMARES)

Tiempo de preparación: 45 minutos
Dificultad: baja

Preparación:

1. Lavar las rabas, quitarles la piel, cortarlas en rodajas y secarlas.
2. Picar los dientes de ajo en el mortero, esparcirlos sobre las rodajas de rabas y dejar macerar durante 30 minutos.
3. En un plato, mezclar la harina y el pan rallado. Salar el pescado, pasarlo por las harinas y sacudirlo.
4. Calentar abundante aceite en una sartén y freír las rabas con el aceite caliente, pero no demasiado para que se cuezan por dentro y se doren por fuera. Servir enseguida rodeados con rodajas de limón.

19 de Diciembre

El menú de cada día

Sopa de ajo a la Tía Remigia

Mero con mejillones (pág. 192)

Filloas con crema (pág. 179)

Ingredientes para 4 personas:

* 4 dientes de ajo
* 250 g de pan
* 1 cucharada de pimentón dulce
* sal
* aceite de oliva
* 8 cucharones de agua
* 8 huevos

SOPA DE AJO A LA TÍA REMIGIA

Tiempo de preparación: 40 minutos
Dificultad: baja

Preparación:

1. Pelar los dientes de ajo y triturarlos.
2. Cortar el pan en rodajas de 1/2 centímetro de espesor.
3. En una sartén con 8 cucharadas de aceite de oliva, freír un poco los dientes de ajo triturados.
4. Añadir 1 cucharada de pimentón y para que el pimentón no se queme, rociar con el agua hirviendo, agregar las rebanaditas de pan y la sal.

20 de Diciembre

El menú de cada día

Sopa de espinacas (pág. 18)

Salmón al vino tinto de Liébana

Confitura de calabaza (pág. 170)

Ingredientes para 4 personas:

* 4 rodajas de salmón fresco de 200 g cada una
* 2 escalonias
* 400 g de patatas
* 1 l de vino tinto de Liébana
* 2 dl de nata líquida
* 1 dl de aceite de oliva
* perejil, pimienta verde y sal

SALMÓN AL VINO TINTO DE LIÉBANA

Tiempo de preparación: 40 minutos
Dificultad: media

Preparación:

1. En una cazuela con aceite caliente, rehogar las escalonias finamente picadas, dejar freír unos segundos y añadir las rodajas de salmón, previamente sazonadas con sal y pimienta verde. Freír durante 2 minutos cada lado del pescado.
2. Retirar el aceite y verter el vino tinto. Cocer durante unos 8 minutos. Retirar el salmón de la cazuela.
3. Mantener la cazuela a fuego muy suave, añadir la nata líquida, espolvorear con pimienta verde molida, dejar unos 15 minutos para reducir y ligar la salsa.
4. A continuación, pasarla por el colador chino, verter la salsa en una fuente de servir caliente, colocar el salmón encima y adornar con las patatas cortadas a dados, fritas y espolvoreadas con perejil.

21 de Diciembre

El menú de cada día

Tomates horneados
(pág. 191)

Maganos santanderinos (Calamares)

Bizcochos de Calatayud
(pág. 155)

Ingredientes para 4 personas:

* 8 calamares medianos
* 2 cebollas
* 3 dientes de ajo
* 3 huevos frescos
* 50 g de pan rallado
* 100 g de harina
* 1 dl de vino blanco
* perejil, pimienta, aceite y sal

MAGANOS SANTANDERINOS (CALAMARES)

Tiempo de preparación: 1 hora y 15 minutos
Dificultad: media

Preparación:

1. Limpiar los calamares; reservar sus tintas y cortar en trozos pequeños los tentáculos; dejar enteras las bolsas del cuerpo. Secarlos con un paño.
2. En un cazo con aceite, rehogar una cebolla cortada fina a fuego muy lento, añadir dos dientes de ajo picados, los tentáculos, perejil picado, sal y pimienta.
3. Cuando esté todo rehogado, espolvorear con el pan rallado, verter un chorro de vino blanco y remover.
4. En un bol, batir los huevos, echarlos al cazo, remover varias veces y dejar que cuaje, con el fuego muy suave.
5. Rellenar las bolsas de los calamares con este preparado, cerrarlas con un palillo, pasarlos por harina y freírlos en aceite. Finalmente ponerlos en una cazuela.
6. En el aceite de freír los calamares, rehogar una cebolla pequeña y un diente de ajo. Cuando empiece a tomar color, espolvorear con una cucharada de harina, dejar cocer y verter el resto de vino blanco.
7. En un poco de agua, disolver las bolsas de tinta de los calamares; añadirlo todo a la cazuela, moviéndola varias veces hasta que los calamares estén tiernos. Debe cocerse siempre con el fuego muy lento.

22 de Diciembre

El menú de cada día

Migas de Teruel

Sepia guisada
(pág. 193)

Bizcocho de nueces
(pág. 6)

Ingredientes para 6 personas:

* 1 pan de pueblo de 2 días antes
* 100 g de puntas de jamón magro
* 6 cucharadas de puré de tomate
* 3 dientes de ajo
* aceite de oliva y sal

MIGAS DE TERUEL

Tiempo de preparación: 35 minutos
Dificultad: baja

Preparación:

1. Desmenuzar la corteza y la miga del pan en pedazos del tamaño de un garbanzo.
2. Disponer el pan en un trapo de cocina bien limpio y salpicar con agua hasta que quede remojado por todas partes.
3. Espolvorear el pan humedecido con sal y taparlo con otra servilleta, dejándolo reposar toda la noche.
4. Cortar el jamón en trocitos.
5. En una sartén amplia con aceite caliente, freír los dientes de ajo ya pelados, retirarlos y añadir las migas de pan y el jamón, a la vez.
6. Ir removiendo con rasera o cuchara de madera durante 15 minutos, hasta que las migas queden bien secas.
7. Seguidamente añadir el puré de tomate y mezclar de nuevo.
8. Servir las migas bien calientes.

23 de Diciembre

El menú de cada día

Tumbet mallorquí (verduras en cazuela) (pág. 194)

Congrio con patatas (pág. 191)

Mamia (Cuajada vasca)

Ingredientes para 4 personas:

* 1 l de leche de oveja
* 1 g de cuajo de cordero o 1 cucharadita de cuajaleche
* sal

MAMIA (CUAJADA VASCA)

Tiempo de preparación: 2 horas
Dificultad: baja

Preparación:

1. En un cazo, poner a hervir la leche con un poquito de sal. Dejar hervir bien, retirar del fuego y dejar entibiar.
2. Desleír el cuajo o la cucharadita de cuajaleche en agua y añadir a la leche a casi 26 °C de temperatura.
3. Remover vivamente con una espátula y repartir seguidamente en los moldes adecuados para servir la cuajada; dejar reposar en lugar fresco y no moverlos hasta que la leche haya cuajado.
4. Servir acompañada de azúcar o de miel.

24 de Diciembre

El menú de cada día

Olla podrida

Truchas a la asturiana (pág. 188)

Bunyols del Pirineu (Buñuelos del Pirineo) (pág. 140)

Ingredientes para 4 personas:

* 250 g de carne de pecho de vaca
* 250 g de espalda de carnero
* 100 g de jamón magro
* 1 oreja y 1 pie de cerdo
* 200 g de chorizo de cocina
* 100 g de zanahorias
* 100 g de rabo de cerdo
* 100 g de puerros
* 100 g de nabos
* un repollo y una lechuga
* 200 g de patatas
* 100 g de garbanzos remojados
* 1 cabeza de ajos
* 1 ramillete de hierbas aromáticas
* una gallina y un pichón
* sal, pimienta y aceite

OLLA PODRIDA

Tiempo de preparación: 5 horas
Dificultad: alta

Preparación:

1. En una olla grande, marmita o puchero, con tapadera, poner todas las carnes lavadas con cuidado, menos la gallina, el pichón y el chorizo. Cubrir con agua fría, salpimentar y dejar cocer a fuego normal. Espumar de vez en cuando y añadir el ajo, el ramillete y los garbanzos. Seguir la cocción unas dos horas.
2. Mientras, pelar las hortalizas y cortarlas en trozos pequeños y las patatas en trozos desiguales.
3. Dorar en aceite la gallina vaciada y limpia, el pichón y el chorizo.
4. Al cabo de 2 horas de cocción de las carnes, añadir la gallina, el pichón y el chorizo. Dejar a fuego normal unos cuarenta minutos más.
5. Luego, añadir los vegetales, menos las patatas, que se añadirán 20 minutos antes de acabar la cocción.
6. Dejar la olla a fuego normal unas dos horas más; retirar las viandas que estén demasiado cocidas, con el fin de que no se deshagan, dejándolas con un poco de caldo y agregar a la olla justo en el momento de retirarla definitivamente del fuego.
7. Escurrir el caldo y conservarlo para servirlo como sopa con unas rebanadas de pan natural o bien con arroz o fideos.
8. Servir la «olla podrida» con las carnes en una fuente, las verduras en otra y la sopa en una sopera.

El menú de cada día

Escudella i carn d'olla (Cocido catalán)

Tortilla a la maña *(pág. 137)*

Plàtans a la catalana (Plátanos) *(pág. 181)*

Ingredientes para 6 personas:

* 500 g de carne de ternera
* 1/4 de gallina
* 1 pollo
* los menudillos del pollo
* 200 g de oreja y morro y 1/2 pie de cerdo
* 1 hueso de jamón seco
* 100 g de tocino graso
* 1 hueso de espinada
* 1 hueso de rodilla de ternera
* 150 g de butifarra blanca
* 150 g de butifarra negra
* 250 g de garbanzos remojados
* 250 g de patatas
* 1 col verde de olla
* 1 nabo
* 1 zanahoria
* 1 chirivía
* 1 puerro
* 1 rama de apio

«Pilota»

* 150 g de carne de cerdo picada
* 150 g de carne de ternera picada
* 100 g de tocino vetado, picado
* 1 huevo; un poco de miga de pan remojada en leche
* 1 ajo
* perejil
* sal
* canela en polvo
* 1 cucharada de harina

Para la sopa de caldo

* 300 g de «galets» grandes

ESCUDELLA I CARN D'OLLA (COCIDO CATALÁN)

Tiempo de preparación: 3 horas y 30 minutos
Dificultad: alta

Preparación:

1. Limpiar, chamuscar y lavar el pie de cerdo, la oreja y el morro, la gallina y el pollo.
2. Poner una olla al fuego con 4 litros de agua, añadir todas las carnes y huesos, llevar a ebullición. Tan pronto empiece a hervir, espumar bien, quitando todas las impurezas que suben a la superficie. Echar entonces los garbanzos (previamente en remojo, en agua tibia, durante 12 horas) y dejar hervir un rato.
3. Añadir la zanahoria, nabo, chirivía, apio, puerro, volver a espumar. Dejar hervir 1 hora y 30 minutos, aproximadamente; entonces, las carnes ya estarán bastante blandas. Añadir la col, las patatas cortadas a trozos y la «pilota» (que ya habremos preparado), añadir también las butifarras. Dejar hervir 30 minutos. Rectificar de sal.
4. Cuando esté todo bien cocido, colar el caldo.
5. Preparar la sopa con el caldo colado y los «galets», que echaremos cuando el caldo hierva y los dejaremos cocer de 12 a 15 minutos.
6. Se sirve la sopa bien caliente y, luego, en una fuente bien puestas las verduras y en otra las carnes, cortadas a trozos, retirando los huesos. Se sirve todo bien caliente.

Preparación de la «pilota»:

7. En un cuenco, poner la carne de ternera, la de cerdo y el tocino vetado, todo picado, añadir el huevo, perejil y ajo picados, la miga de pan remojada en leche; sazonar con sal y pimienta y un poco de canela en polvo; trabajar bien primero con un tenedor, luego puede hacerse con las manos, hasta que quede todo amalgamado, formar entonces la «pilota», una pelota, en forma un poco ovalada, enharinar y poner al caldo.

26 de Diciembre

El menú de cada día

Sopa de almendras
(pág. 29)

Ostras a la pimienta negra
(pág. 195)

Compota de Navidad

Ingredientes para 6 personas:

* 200 g de ciruelas secas
* 200 g de orejones
* 3 peras de invierno
* 3 manzanas reinetas
* 100 g de almendras crudas
* 100 g de pasas
* 125 g de azúcar
* 1 rama de canela
* 1 l de vino tinto

COMPOTA DE NAVIDAD

Tiempo de preparación: 30 minutos
Dificultad: baja

Preparación:

1. En un cazo al fuego, poner el vino junto con el azúcar y la rama de canela; dejar derretir el azúcar y añadir los orejones. Cuando empiece a hervir, dejar cocer unos diez minutos.
2. Luego, incorporar las ciruelas y las pasas y dejar cocer unos diez minutos más.
3. Añadir las manzanas cortadas en seis trozos sin pepitas, dejar 5 minutos y poner las peras también peladas y cortadas en seis trozos, sin pepitas; añadir las almendras y cocer todo junto unos 5 minutos.
4. Si ha quedado muy caldoso, dejar reducir un poco más, pero vigilando pues, cuanto más hierva más dulce quedará, y la fruta no estará tan entera.
5. Debe cocerse siempre con la tapa puesta.
6. Este postre puede servirse templado o bien frío.

27 de Diciembre

El menú de cada día

Tiznao (guiso manchego de patatas y bacalao)
(pág. 185)

Tronco de merluza con almejas

Merengues dobles
(pág. 8)

Ingredientes para 4 personas:

* 1 merluza de 1 1/2 kg
* 600 g de almejas vivas
* 2 dientes de ajo
* un poco de harina
* 2,5 dl de aceite
* 1 zanahoria
* 1 hoja de laurel
* 1 cebolla
* perejil
* sal
* pimienta

TRONCO DE MERLUZA CON ALMEJAS

Tiempo de preparación: 1 hora y 10 minutos
Dificultad: media

Preparación:

1. Hacer un caldo de pescado con la cabeza y un trozo de cola de la merluza con 3/4 de litro de agua, un tallo de perejil, una cebolla troceada, la hoja de laurel, una zanahoria en trozos. Llevar a ebullición y dejar hervir 30 minutos tapado. Después, colar y reservar el caldo.
2. De la parte central de la merluza, cortar 4 troncos del mismo tamaño.
3. Enharinar, salpimentar y freír en el aceite sin dejar dorar.
4. En la misma cazuela, sacando el aceite, añadir 1/4 de litro de caldo preparado, volver a poner la merluza, añadir las almejas, los ajos y un poco de perejil picado.
5. Cuando las almejas se abran, añadir un poco de harina, y ligar sin dejar de remover. Comprobar el punto de sal.
6. Se deja a fuego lento para que vayan cociéndose el tronco y las almejas.
7. Servir en la misma cazuela, caliente.

28 de Diciembre

El menú de cada día

Garbanzos a la andaluza

Huevos al plato (pág. 11)

Fiorones (pág. 190)

GARBANZOS A LA ANDALUZA

Tiempo de preparación: 2 horas y 10 minutos
Dificultad: media

Ingredientes para 4 personas:

* 500 g de garbanzos
* 250 g de cebollas pequeñas
* 250 g de tocino fresco
* 1/4 de kg de pimientos verdes
* 1 vaso de vino
* 1 hoja de laurel
* aceite y sal

Preparación:

1. Poner en remojo los garbanzos durante 12 horas.
2. Poner una olla al fuego con 1 1/2 litros de agua. Cuando empiece a hervir, echar los garbanzos y dejar cocer a fuego lento durante una hora.
3. Pasado este tiempo, y sin que deje de hervir, añadir las cebollas partidas por la mitad, el tocino en trozos grandes, el vino, el laurel y un poco de sal. El agua debe cubrir justo los garbanzos.
4. Dejar cocer a fuego lento con la olla tapada hasta que los garbanzos estén tiernos.
5. Freír los pimientos en aceite y echar sobre los garbanzos.
6. Servir caliente.

29 de Diciembre

El menú de cada día

Ropa vieja (Restos de cocido) (pág. 21)

Conill a l'allioli (Conejo al «allioli») (pág. 145)

Orejones de Navidad

OREJONES DE NAVIDAD

Tiempo de preparación: 1 hora y 10 minutos
Dificultad: baja

Ingredientes para 4 personas:

* 1/2 kg de orejones de melocotón
* 1/2 kg de ciruelas
* 200 g de higos secos
* 4 cucharadas de moscatel
* 2 ramas de canela
* azúcar

Preparación:

1. Poner en remojo los orejones, las ciruelas y los higos en un recipiente con agua fría y dejarlos durante toda la noche.
2. En una cazuela con un poco de agua del remojo, el moscatel, la canela y el azúcar, poner los orejones, las ciruelas y los higos.
3. Disponer la cazuela sobre el fuego y, cuando empiece a hervir, dejarla a fuego lento durante 1 hora.
4. Dejar enfriar, poner en un recipiente de cristal y servir.

30 de Diciembre

El menú de cada día

Revuelto de verduras
(pág. 159)

Rape mozárabe

Bizcocho de manzanas
(pág. 149)

Ingredientes para 4 personas:

* 1 l de fumet de pescado
* 2 kg de rape
* 100 g de cebollas
* 100 g de zanahorias
* 25 g de pasas de Corinto
* brandy, aceite y sal

RAPE MOZÁRABE

Tiempo de preparación: 30 minutos
Dificultad: media

Preparación:

1. En una cazuela de barro con aceite caliente, rehogar la cebolla y las zanahorias finamente picadas con anterioridad.
2. Sazonar y enharinar el rape y freírlo en una sartén, dándole vueltas.
3. Añadir el rape a la cazuela del sofrito junto con las pasas y el brandy.
4. Cubrir el rape con el fumet de pescado y dejar cocer todo junto durante 15 minutos.

31 de Diciembre

El menú de cada día

Sopa de vigilia

Pierna de cordero al horno
(pág. 209)

Turrón de guirlache
(pág. 207)

Ingredientes para 4 personas:

* 100 g de rape
* 1 cabeza de rape
* 150 g de judías blancas cocidas
* 1 cebolla
* 4 puerros
* 1 zanahoria
* 1/2 col
* 2 tomates maduros
* 1 huevo duro
* 1 hoja de laurel
* 1 1/2 l de agua
* 3 gramos de pimienta negra
* tomillo, perejil, aceite y sal

SOPA DE VIGILIA

Tiempo de preparación: 1 hora
Dificultad: baja

Preparación:

1. En una olla al fuego con 1 1/2 l de agua, poner media cebolla troceada, la cabeza de pescado, el rape, una hoja de laurel, tomillo y perejil, sal y pimienta. Cuando empiece a hervir, espumar y dejar cocer a fuego fuerte durante unos 20 minutos.
2. En una cazuela aparte con aceite, rehogar la zanahoria y los puerros pelados y cortados en finas rodajas, la col bien lavada y troceada y el resto de cebolla laminada.
3. Remover y, al cabo de unos minutos, añadir los tomates pelados, sin semillas y picados pequeños. Dejar rehogar bien el conjunto.
4. Mojar con el caldo colado de la cocción del pescado y dejar hervir lentamente.
5. Cuando las verduras estén tiernas, añadir las judías y el rape cortado en pequeños trozos; dejar cocer 10 minutos más y retirar del fuego.
6. En el momento de servir añadir el huevo duro picado.

Índice

Índice

Índice